»Nordsee«

Wilfried Brandes (Hrsg.)

»Nordsee«

Geschichten über die größte deutsche Fischdampfer-Reederei

Mit 224 Abbildungen und sieben Karten

EDITION TEMMEN

Die Deutsche Bibliothek – CIP-Einheitsaufnahme

Nordsee : Geschichten über die größte deutsche Fischdampfer-Reederei /
Wilfried Brandes (Hrsg.). – Bremen : Ed. Temmen, 1998
ISBN 3-86108-721-9

© Edition Temmen
Hohenlohestr. 21 – 28209 Bremen
Tel. 0421-34843-0, Fax 0421-348094
Alle Rechte vorbehalten
Gesamtherstellung Edition Temmen

Satz und Gestaltung: L.P.G. Uhlandstraße, Bremen

ISBN 3-86108-721-9

INHALT

VORWORT 7

EINFÜHRUNG 9
Deutsche Hochseefischerei 9
Das »Drei-Säulen-Modell« der NORDSEE 11
Die Reederei mit dem schwarzen Schornstein 13
Von Bremen nach München 15
Von der Marinadenabteilung zu
   Frozen Fish International 16
NORDSEE-Nachrichten 17
NORDSEE 1998 –
   »Wir wollen unsere Netze weiter werfen« 19

FANGGEBIETE 21
Die Forschung sucht Fisch für die Praxis 21
Fischereischutz und Fanggebiete 22
Funkbetrieb und Wetterbeobachtungen 23
Strandungen und Untergänge 26
Pelagische Netze in der Hochseefischerei 27
Gute Fänge bei den »drei Schwestern« 29
Meine erste Heringsfangreise 29
Heringsfang mit Hindernissen 31
Heringsfang vor Islands Küsten 33
Mit der NÜRNBERG auf Frischfischfang 33
Fischfang vor Island 34
Fangreise nach Kap Kanin 37
Auf Rotbarschreise 38
Die schnellste Reise
   des Kapitäns Walter Beckmann 40
Dem Blauen Wittling auf der Spur 41
Von der NORDSEE nach Marokko 43
Heilbuttfang mit der Angel 45
Die Salzfischreise der ESSEN 45
Neue Fanggebiete an der kanadischen Küste 46
»Delta-Foxtrott-Oskar-Papa« 48
Leckage und beschlagnahmter Fang 49
Georges-Bank – Der Silbersegen
   vor der amerikanischen Ostküste 51
Expeditionsreisen 55

SEEMANNSGESCHICHTEN 57
Von Ostfriesland zur NORDSEE 57
Von Ostpreußen zur NORDSEE 58
Vier Generationen bei der NORDSEE 59
Von Portugal zur NORDSEE 61
Heuerbaas in Wesermünde 62
Heuerbaas in Cuxhaven 63
Seemannsamt 64
Von der NORDSEE zur NORDSEE 65
Ausbildung im Landbetrieb 67
Seefahrtsschule Cuxhaven 68
NORDSEE-Seebetriebsrat 69
Rettet die Hochseefischerei! 71
Marinesoldat auf Vorpostenboot »1104« 72
Tag der Hochseefischer 74
Qualitätsfänge 75
Internationale Fischereiausstellung in Leningrad 76
Kapitänstreffen 77
Abschied 78
Hallo Taxi! 79
Hohe Luft in Cuxhaven 80
He hett nickt! 81
Seute Deern auf der KÖLN 82
Hein Gante auf Entenjagd 82
Rettungsaktion Hecktrawler MÜNCHEN 83
Gedenken auf hoher See 84
Dem nassen Tod entrissen 85
Hein Matjes 87
Der NORDSEE-Schiffsfotograf 87
Weihnachten im Onundarfjord 88
Fischdampfer aus Streichhölzern 89

SCHIFFSBIOGRAPHIEN **90**	**DEUTSCHE SEEFISCHEREI 1998** **216**
Einführung 90	Deutsche Fischfang-Union, Cuxhaven 216
Die Entwicklung der deutschen Fischdampfer 92	Fischfang vor der norwegischen Küste 217
Die Seitentrawler der NORDSEE 97	Keine schwarze Magie: Die Black-Box 218
Reedereibetrieb in Nordenham 101	
Germanischer Lloyd 104	**ANHANG** **220**
Fischdampfer im Marinedienst (Erster Weltkrieg) 107	NORDSEE-Jubilare: Seeleute der Reederei 220
Seeberufsgenossenschaft 110	Jubilarslaufbahnen 222
Ein Fischdampfer wird ausgerüstet 114	Gedenkbuch für die Hochseefischer 224
Reedereibetrieb in Wesermünde/Bremerhaven 117	
Schiffs–Schulpartnerschaften 120	**INDEX DER SCHIFFSNAMEN** **230**
Fischdampfer im Marinedienst	
(Zweiter Weltkrieg) 123	**LITERATUR** **234**
Probefahrt im Nebel 127	
Von der Kohle- zur Ölfeuerung 130	**BILDQUELLEN** **234**
Ende einer Ära 133	
Die Entwicklung der deutschen Hecktrawler 136	
Indienststellung Fangfabrikschiff BONN 140	
Seeumschlag vom Hecktrawler zum Kühlschiff 143	
Umbauten Fangfabrikschiffe 145	
Beteiligung, Kauf, Charter und Bereederung 148	
Reedereibetrieb in Cuxhaven bis 1967 151	
Landbetrieb Cuxhaven: Metallwerkstatt 165	
Landbetrieb Cuxhaven: Holzwerkstatt 168	
Fangschiffe außer Dienst 170	
Landbetrieb Cuxhaven: Platzgang 177	
Landbetrieb Cuxhaven: Fangeinsatzleitung 183	
Landbetrieb Cuxhaven: Nautische Abteilung 186	
Landbetrieb Cuxhaven: Netzwerkstatt 189	
Landbetrieb Cuxhaven:	
Zentralwerkstatt Baader-Maschinen 192	
Schwimmende Fabriken 195	
Reedereibetrieb in Cuxhaven ab 1968 198	
NORDSEE und die »Hanseaten« 202	
Landbetrieb Cuxhaven: Magazin 204	
NORDSEE-Schiffe in Chile 208	
Aufliegezeiten 212	
Landbetrieb: Hafenschlepper 214	

VORWORT

Während die Situation der deutschen Fischwirtschaft heute von massiven Problemen wie Fangquoten und Überfischung gekennzeichnet ist, werden vor allem in den größeren Hafenstädten noch Traditionen gepflegt, die von besseren Tagen in der Hochseefischerei erzählen. Bremerhaven und Cuxhaven zählen zu diesen Hafenstädten, in denen nach wie vor etliche Zeitzeugen leben, die ein authentisches Bild von ihrem Arbeitsalltag und ihren Erlebnissen an Bord vermitteln können. Aus Gesprächen mit diesen Zeitzeugen, den Seeleuten und Mitarbeitern ehemaliger Reedereien, ergeben sich für den Historiker immer wieder neue Einsichten in die über 100jährige Geschichte der deutschen Hochseefischerei.

Maßgeblich beeinflußt wurde die Entwicklung der Fischwirtschaft und der Hochseefischerei durch die Deutsche Dampffischerei-Gesellschaft NORDSEE. Das Neue an der Gründung der NORDSEE im Jahre 1896 war die Kopplung von Fischfang und -handel, zu denen später noch die Verarbeitung hinzukam. »Seefisch – Vom Fang bis zum Kunden« lautete das Motto des Bremer Unternehmens. Diese Pionierleistung ermöglichte eine durchgehende Transportkette vom Fangschiff bis zur NORDSEE-Ladentheke.

Die vorliegende sozialgeschichtliche Dokumentation ist nun alles andere als eine nüchterne Firmenchronik. Sie enthält eine Sammlung von kurzen Berichten über die Hochseefischerei und das Unternehmen NORDSEE. Außerdem werden die einzelnen Fanggebiete der Nordsee-Schiffe vorgestellt – von Island bis zum Südatlantik. Weitere zentrale Kapitel des Buches widmen sich den Kurzbiographien aller Fanggschiffe und den sogenannten Seemannsgeschichten, die zahlreiche Ereignisse und Erlebnisse auf hoher See wieder lebendig werden lassen. Ein Personenregister benennt zudem alle Jubilare der NORDSEE, ein weiteres Register führt alle Seeleute auf, die mit ihren Schiffen auf See geblieben sind.

Bei dieser Sammlung von Geschichten aus einem Unternehmen der Hochseefischerei konnten wir nicht nur auf Interviews mit Zeitzeugen zurückgreifen, auch die Betriebszeitung NORDSEE-Nachrichten war eine wichtige Quelle, auf die sich einige der Berichte stützen. Firmendokumente aus den Anfängen der Nordsee sind heute leider nicht mehr zugänglich, da das Verwaltungsgebäude im Zweiten Weltkrieg zerstört worden ist. Weiteres Material zum Thema NORDSEE findet sich in den beiden Firmenbroschüren: »Logbuch 1896–1971« und »100 Jahre Frische«. Die Geschichte der Hochseefischerei-Reedereien muß noch geschrieben werden – und vielleicht ergeben sich aus dieser Veröffentlichung neue Impulse für ein solches Projekt.

An dieser Stelle möchte ich mich recht herzlich bei Volkmar Heuer-Strathmann für die Textkorrektur und bei Wolfgang Walter für die Bearbeitung der Schiffsbiographien bedanken. Wolfhard Fechner sowie Karl Keirat und der Kapitänsrunde danke ich herzlich für die Mitarbeit. Für die Bearbeitung der zahlreichen Schiffsfotos aus dem NORDSEE-Archiv gebührt den Mitarbeitern des Deutschen Schiffahrtsmuseums großer Dank. Ein abschließendes Dankeschön des Herausgebers gilt allen Co-Autoren, Informanten sowie den zahlreichen Privatpersonen, die uns ihr Fotomaterial zur Verfügung stellten.

Wilfried Brandes

EINFÜHRUNG

Deutsche Hochseefischerei

Die Feierlichkeiten der deutschen Hochseefischerei zum Jubiläumsjahr 1985 standen unter keinem guten Stern, denn noch im gleichen Jahr endete das Zeitalter der traditionellen Seefisch-Reedereien, und die Zukunft sah keineswegs rosig aus. Eduard Hoffmann, Fischereiexperte und langjährige NORDSEE-Mitarbeiter, lieferte die Grundlage für den folgenden historischen Rückblick:

Als 1882 der englische Fischdampfer »Prince Consort« in Geestemünde seinen Fisch löschte, wurde dieses Schiff von den einheimischen Fischern verächtlich als »Smeukewer« bezeichnet. Allerdings war für Friedrich Busse, der zusammen mit August Bade seit 1870 einen erfolgreichen Fischgroßhandel betrieb, diese Ankunft das Signal, im Jahr 1884 den ersten deutschen Dampfer, die »Sagitta«, zu bauen. In den Anfangsjahren fuhr das Schiff abwechselnd auf Fischfang und als Schlepper auf der Weser. Der Bau weiterer Fischdampfer und die Anlandung größerer Fischmengen ermöglichten den Betrieb von Fischauktionen in Hamburg, Altona und Geestemünde, es folgten 1896 bzw. 1908 großflächige Fischereihäfen in Geestemünde und in Cuxhaven. Die Dampferflotte entwickelte sich zum Motor der Fischwirtschaft, wobei technische Neuerungen wie Dampfantrieb und Eismaschine für eine rasante Aufwärtsentwicklung sorgten. Von 1900 bis zum Ausbruch des Ersten Weltkriegs stieg die Zahl der Schiffe von 113 auf 254. Die Anlandungen in den Fischmärkten betrugen 180.000 Tonnen Seefisch. Nach der Wiederaufnahme der Fischerei 1918 gab es erstmals Tarifverträge in der Hochseefischerei. Die Reeder gründeten einen Interessenverband, den Verband deutscher Hochseefischerei, und die Schiffsbesatzungen waren in Gewerkschaften organisiert. Die ersten Jahre waren infolge des gewaltigen Nachholbedarfs »Boomzeiten«, wärend die nachfolgenden Jahre der Geldentwertung und Kohleknappheit den Schiffseignern schlechte Bilanzen beschreten. Als Folge mußten die Reedereien ihre Fänge oft in Auslandshäfen anlanden, um dort Preise zu erzielen. Die Weltwirtschaftskrise 1929 hinterließ auch in der Hochseefischerei deutliche Spuren – es war die Zeit der Konkurse und Übernahmen. Die Deutsche Dampffischerei-Gesellschaft NORDSEE entwickelte sich bis 1934 zu größten europäischen Reederei in der Hochseefischerei.

Die Zeit von 1933 bis 1939 war von einer massiven Förderung der Seefischerei seitens der NS-Machthaber geprägt. Die Ziele der Vier-Jahres-Wirtschaftspläne sahen eine Verdoppelung der Fangmengen vor. Im letzten Vorkriegsjahr 1938 landeten 373 Fischdampfer 630.000 Tonnen Seefisch an.

Der Wiederbeginn nach 1945 gestaltete sich schwierig. Als im Herbst 1946 der Kontrollrat der alliierten Siegermächte den Bau von neuen Fischdampfern freigab, wurde eine maximale Größe von 400 BRT festgesetzt. Diese sogenannten »Einheitsdampfer«, erwiesen sich jedoch als unwirtschaftlich. Erst durch ein intensives Neubauprogramm Konnte die Zahl der Fischdampfer bis 1955 wieder auf 213 ansteigen. Die Seefischmärkte konnten mit frischem Seefisch und Hering versorgt werden, wobei die jährlichen Heringsanlandungen in dieser Zeit Mengen zwischen 180.000 und 250.000 Tonnen erreichten.

Die seit 1930 geltenden internationalen Bestimmungen über den Fang in Küstengewässern änderten sich Ende der 50er Jahre, als Island, Norwegen, Dänemark und Grönland ihre Fischereigrenzen auf 12 Seemeilen festlegten. Der bis dahin gültige Grundsatz »Freies Fischen auf allen Meeren« wurde durch internationale Seerechtskonferenzen außer Kraft gesetzt. In den Jahresberichten der deutschen Fischwirtschaft finden sich dazu folgende Hinweise: Am stärksten betroffen von diesen war Einschränkungen war der nahegelegene Fangbereich Nordsee. Hier gingen innerhalb von zwei Jahren die Anlandungen um 55% zurück. In den mittleren Fanggebieten wie Faröer, Island und norwe-

Wappen und Wahlspruch der Deutschen Dampffischereigesellschaft »NORDSEE«

gische Küste ging der Anteil an den Gesamtanlandungen von 25 auf 22% zurück, die Fernfischerei in Grönland, Labrador und Neufundland nahm dagegen von 19 auf 28% zu.

Somit verlor die deutsche Hochseefischerei innerhalb weniger Jahre über die Hälfte ihrer traditionellen Fanggebiete. Die Arbeitsschiffe der Hochseefischerei, die Fischdampfer, wurden immer unrentabler und mußten aus der Fahrt genommen werden. In den nächsten Jahren unterstützte die Bundesregierung mit Hilfe von Abwrack-, Fang- und Qualitätsprämien sowie durch Neubaudarlehen massiv die Flottenumstrukturierung. Inzwischen konnten die neuen Fangschiffe, Hecktrawler für den Frisch- und Frostfisch, erfolgreich erprobt und eingesetzt werden. Wegen des rückläufigen Frischfischabsatzes mußte die Fangkapazität der Trawler an den Bedarf angepaßt werden. Dies führte 1967 dazu, daß 40% der Anlandungen an Fischmehlfabriken bzw. zu gedrückten Preisen in den Export verkauft wurden. Bis 1971 wurden 30 ältere Fangschiffe aus der Fahrt genommen, und ein Teil der Frischfischtonnage blieb das ganze Jahr Auflieger.

In der Fernfischerei wurden daraufhin verstärkt Fanggebiete unter Grönland sowie vor der kanadischen und amerikanischen Küste, die zum Teil mehr als 2000 Seemeilen entfernt waren, frequentiert. In den Jahren 1977 bis 1985 nahm die Tonnage der deutschen Hochseefischerei um 78% ab, die Anzahl der Schiffe verringerte sich im gleichen Zeitraum um 80%. An dieser Stelle sollen Meldungen über Einschränkungen der Jahre 1976 bis 1983 die einschneidenden Veränderungen in der deutschen Hochseefischerei dokumentieren:

1976 Beschluß über die Einführung des EG-Meeres
1977 Einführung der 200-Seemeilen-Zone im Nordatlantik. Die deutsch-isländischen Fischereiverträge werden nicht verlängert, ein Teil der Frischflotte aufgelegt
1978 Die USA verweigern Heringsfangquoten auf der Georgesbank. Die Fangfabrikschiffe finden zum Teil keine Alternativen
1979 Drittländer wie Kanada, Norwegen und Faröer reduzieren die Fangquoten in ihren Gewässern

1980 Absichtserklärung der EG-Regierungschefs für eine gemeinsame Fischereipolitik
1981 Keine einheitliche EG-Fischereiregelung, Großteil der Fangflotte Aufleger
1982 Dänemark blockiert eine EG-Regelung
1983 Nach einer 10jährigen Übergangsphase gemeinsame EG-Fischereipolitik

Für die deutsche Hochseefischerei kam diese Einigung zu spät. In der »Übergangsphase« mußten über 50% der Fangflotte aufgelegt, verschrottet oder ins Ausland verkauft werden. Mit der Außerdienststellung der Schiffe gingen auch viele Arbeitsplätze in der Fischwirtschaft verloren. Die Fangquoten und Verträge mit den Drittländern verschlechterten sich von 1984 bis 1985 dermaßen, daß die verbliebenen Reedereien ihren Betrieb einstellen mußten. Die Quotenverteilung nach der Einigung über eine EG-Fischereipolitik 1983 und das im Frühjahr 1984 geschlossene Abkommen der EG mit Grönland bildeten die Geschäftsgrundlage für das »Neue Strukturkonzept deutscher Hochseefischerei«, das 1984/85 von der Hochseefischerei und der Bundesregierung entwickelt worden war. Die neuen Reedereien in Cuxhaven und Bremerhaven landeten 1988 54.800 Tonnen Frostfisch und 31.800 Tonnen Frischfisch an, allerdings konnte der Bedarf der Industrie an Frisch- und Frostfisch nur mit etwa 15% aus diesen Fängen gedeckt werden. 1997 wurde der letzte Frischfischfänger aus der Fahrt genommen. Die Fangschiffe der deutschen Hochseefischerei landen heute nur noch Frostfisch an.

Das »Drei-Säulen-Modell« der NORDSEE

Der Bremer Segelschiffreeder Adolf Vinnen verhandelte Anfang 1896 mit der oldenburgischen Regierung über den Bau eines Fischereihafens in Nordenham, um diesen seiner zukünftigen Fischereigesellschaft zur Verfügung zu stellen. Mit Hilfe des Bremer Bankiers Loose gelang es Vinnen am 23. April 1896, mit einem Aktienkapital von 3 Mio. Mark die Deutsche Dampffischerei-Gesellschaft NORDSEE zu gründen. Der Wahlspruch des Unternehmens lautete »Pro toto quid contribuamus! – Laßt uns zum Ganzen beitragen!« Von den 42 Gründungsaktionären waren die meisten Bremer Bürger; die Hauptverwaltung nahm ihren Sitz in der Bremer Hakenstraße. In die neue Aktiengesellschaft wurden die Fischdampfer-Reederei J.F. Lampe und die Fischhandlung F. Burmeister eingegliedert.

Das Neue an dieser Gesellschaft war die kombinierte Ausrichtung auf den Fischfang und den Handel. Durch die Übernahme einer Fangflotte konnte die NORDSEE noch im Gründungsjahr mit dem Fangen beginnen. Nach der Fertigstellung der Nordenhamer Anlage mit einer Bahnstation konnte die NORDSEE von hier aus Frischfischladungen in ihre Filialen versenden. Die Belieferung des größer werdenden Filialnetzes mit Seefischen wurde durch die wachsende Flotte gesichert. Da nicht alle Fische zum Verkauf geeignet waren, errichtete die NORDSEE im Spätsommer 1897 in der Nordenhamer Anlage eine Räucherei und eine Marinieranstalt, die die Verarbeitung kleiner Fische ermöglichten. Damit betrieb die NORDSEE eine vertikale Gliederung mit den Sparten Fischfang, -handel und -verarbeitung – ein in der deutschen Fischwirtschaft einmaliges »Drei-Säulen-Modell«. In dieser Form führte kein anderes Unternehmen seine Geschäfte. Tatsächlich gehören die NORDSEE-Fischspezialgeschäfte in Deutschland seither zu den Pionieren und Trendsettern im Fischverkauf.

Während der Wirtschaftskrise 1908 geriet auch die NORDSEE in eine Absatzkrise. Adolf Vinnen schied 1909 aus dem Aufsichtsrat aus, und inzwischen hatten zwei Banken ein beträchtliches Aktienkapital übernommen. Mit ihrer Hilfe und durch ein umfangreiches Sanierungsprogramm konnte die NORDSEE einen Gesundungsprozeß erzielen. Nach dem Großbrand in den Nordenhamer Anlagen im Jahr 1905 verhandelte die NORDSEE erneut mit der oldenburgischen Regierung um eine Verlängerung ihres Pachtvertrages. Dieser für die NORDSEE vorteilhafte Vertrag hatte eine Laufzeit bis zum 30. Juli 1940, zudem war die NORDSEE in Nordenham an anderen Firmen beteiligt. 1925 bestand die NORDSEE-Fangflotte aus 33 Schiffen, die 66 Verkaufsstellen in 17 Städten mit Frischfisch belieferten. Mit dem Übergang zu reglementierten Fischauktionen in Wesermünde, Cuxhaven und Altona in den 20er Jahren orientierte sich die NORDSEE durch die Einrichtung von Einkaufsniederlassungen an den Preisen der Seefischmärkte. 1926 gab es bereits 123 NORDSEE-Geschäfte in 43 Städten. Die Übernahme mehrerer Reedereiflotten und Fischverarbeitungsbetriebe Anfang der 30er Jahre machten das Unternehmen zum größten deutschen Anbieter von Fischprodukten. Nach der Fusion mit der Cuxhavener Hochseefischerei 1928 wurde aus der *Deutschen Dampffischerei-Gesellschaft NORDSEE* die *NORDSEE Deutsche Hochseefischerei*.

Die Weltwirtschaftskrise 1929 und ihre Folgen für Deutschland brachten auch für die NORDSEE schlechte Geschäftsabschlüsse, hinzu kam der Bankrott der beiden Großaktionäre Danatbank in Berlin und der Schröder Bank in Bremen. 1934 erfolgte der Reedereiumzug von Nordenham nach Wesermünde, wo die NORDSEE durch einen Vertrag mit der preußischen Regierung im Frühjahr 1933 ein großes Gelände an der Ostseite des alten Handelshafens erworben hatte. Auch die Hauptverwaltung, die sich bisher in Bremen befunden hatte, wurde nach Wesermünde verlagert. Nach einigen Jahren wechselnder Besitzverhältnisse wurde 1936 die Margarine-Union in Hamburg, ein Tochterunternehmen des britisch-niederländischen Unilever-Konzerns, größter Aktionär. Ein weiterer Großaktionär war die Bremer Bank, die später von der Dresdner Bank übernommen wurde. Im Jahr ihres vierzigjährigen Bestehens, 1936, verfügte die NORDSEE über 167 Fischdampfer und 151 Verkaufsstätten in 77 Städten. Als im Herbst 1936 der preußische Ministerpräsident Hermann Göring offizieller Beauftragter für den Vierjahresplan der NS-Regierung wurde, verlangte er von der deutschen Hochseefischerei eine Verdoppelung ihrer Anlandungen. Aus der NORDSEE wurde ein NS-Musterunternehmen. Als erstes Unternehmen in Deutschland entwickelte die NORDSEE 1938 in Zusammenarbeit mit der Firma Baader das maschinelle Filetieren. Angeregt durch Erfahrungen des NORDSEE-Direktors Roloff mit dem Produkt Tiefkühlkost in den USA, erwarb die Unilever eine Lizenz für das beste technische Verfahren (»Birds-Eye«). Tiefgekühlte Fischfilets wurden in den NORDSEE-Betrieben »Fisch-ins-Land« und »Seeadler« und ab 1940 bzw. 1942 in Tiefkühlbetrieben im besetzten Norwegen und in Frankreich hergestellt. (1954 nahm die NORDSEE dieses Verfahren in dem Werk »Seeadler« wieder auf und verhalf einige Jahre später den tiefgekühlten Fischfilets zum Markterfolg.) 1939 gründete die NORDSEE für die Belieferung von Großkunden die Handelsgesellschaft »Deutsche See«. Der Zweite Weltkrieg verschone auch die NORDSEE nicht – in Wesermünde hatte ein Bombenangriff am 18. September 1944 fast den gesamten Gebäudekomplex der Reederei mit der Zentralverwaltung schwer beschädigt. In Cuxhaven wurde das Werk II des »Seeadler-Betriebes« zerstört.

Nach Ende des Zweiten Weltkrieges wurde die NORDSEE mit ihren Tochterunternehmen in der damaligen amerikanischen und britischen Zone einer Treuhandverwaltung unterstellt, die jedoch im Geschäftsjahr 1948/49 wieder aufgehoben wurde. Von den 302 Geschäften und Großhandelsbetrieben, die die NORDSEE 1939 im Reichsgebiet, in Österreich sowie in Böhmen und Mähren betrieben hatte, waren 1945 in den drei westlichen Besatzungszonen noch 152 verblieben. Das 50jährige Jubiläum im April 1946 fand ohne eine Feier statt – in den folgenden Jahren widmete sich die NORDSEE dem Wiederaufbau von Fangflotte, Handelsorganisation und Industriebetrieben.

Die Verarbeitungsbetriebe in Bremerhaven und Cuxhaven wurden rationalisiert, indem man die bisher handwerkliche auf eine industrielle Produktion umstellte. 1952 verfügte die NORDSEE im Bundesgebiet wieder über 220 Ladengeschäfte, eine Gaststätte, sechs Verkaufswagen, vier Feinkost- und Bratküchen sowie 20 Großhandelsniederlassungen. Auch in kleineren Städten eröffnete die NORDSEE moderne Fischspezialgeschäfte.

In den 50er Jahren ging der Fischverzehr in der Bundesrepublik zurück. Die Folge – es entstanden Überkapazitäten und eine ruinöse Preispolitik. Auch als die Erträge der eigenen Industriebetriebe auf einem Tiefpunkt angelangt waren, hielt die NORDSEE an ihrem Prinzip fest, hochwertige Qualität zu wirtschaftlich vertretbaren Preisen anzubieten. Wirksame Struktur-

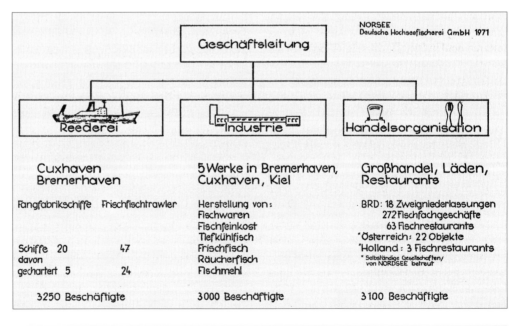

Das »Drei-Säulen-Modell« der NORDSEE 1971. Bild: NORDSEE-Archiv

maßnahmen verbesserten bald die Wirtschaftlichkeit der NORDSEE-Industriebetriebe, und so wurden die einzelnen Produktionsgruppen bei »Fisch-ins-Land« oder bei »Seeadler« zusammengefaßt. Anfang 1957 übernahm die NORDSEE das Geschäft der Unilevertochter Bolma Heringshandel in Berlin als Zweigniederlassung der »Deutschen See«, drei Jahre später wird die NORDSEE in eine GmbH umgewandelt, Hauptgesellschafter sind die Deutsche Unilever und die Dresdner Bank. Im gleichen Jahr, 1960, wird durch die Einführung der Marke »Norda« eine neue Verkaufsorganisation geschaffen. Das Norda-Sortiment bildet später zusammen mit den »Lysell«-Produkten die Palette der NORDSEE-Fischwarenprodukte.

Im 75jährigen Jubiläumsjahr der NORDSEE, 1971, gab es in allen NORDSEE-Filialen und -Restaurants Sonderangebote unter dem Motto »NORDSEE hat Weltmeer-Erfahrung«, einen Festakt in Bremerhaven sowie »Tage der offenen Tür« in den Verarbeitungsbetrieben in im Reederei-Landbetrieb. Es waren über 10.000 Menschen, die sich bei den Betriebsbesichtigungen einen Einblick in die NORDSEE-Betriebe verschaffen konnten. Bis zum Jahr 1973 hatte sich die NORDSEE-Restaurantkette zum zweitgrößten Gaststättennetz der Bundesrepublik Deutschland entwickelt, und so wurde ein Jahr darauf in Göttingen das 100. »Quick-Restaurant« eröffnet. Der Hauptgesellschafter Deutsche Unilever übernimmt 1982 die restlichen Anteile von der Dresdner Bank. In den folgenden Jahren werden die Aktivitäten der Unilever-Tochter NORDSEE neu geordnet. Das »Norda/Lysell«-Sortiment wird von der neugegründeten Novia-Lebensmittel GmbH übernommen, die dann mit der Unilevertochter »Union Deutsche Lebensmittelwerke« fusioniert. In den NORDSEE-Verarbeitungsbetrieben »Seeadler Cuxhaven« und »Fischindustrie Bremerhaven« wird das Fischwarengeschäft bzw. das Tiefkühl-Fischsortiment der Deutschen Unilever konzentriert. Die »Fischindustrie Bremerhaven« wird 1990 als Geschäftsbereich »Frozen Fish« geführt. Seit 1995 firmiert diese Geschäftssparte als eigenständiges Unternehmen »Frozen Fish International GmbH« unter dem Dach der Deutschen-Unilever-Gruppe. Die anderen NORDSEE-Aktivitäten werden unter NORDSEE-Restaurants & Handel zusammengefaßt. 1995

Die NORDSEE-Reedereiflagge weht im Wind. Foto: DSM

gibt es bundesweit 158 NORDSEE-Fisch-Fachgeschäfte und 131 Restaurants. Am 23. April 1996 kann die NORDSEE ihren 100jährigen Geburtstag mit prominenten Gästen unter dem Motto »100 Jahre Frische« feiern.

Die Reederei mit dem schwarzen Schornstein

In den Gründerjahren konnte die NORDSEE durch Neubauten und Zukäufe eine bedeutende Fangflotte aufbauen. So waren es 1907 46 Fischdampfer mit dem schwarzen Schornstein unter der blau-weißen Flagge mit dem goldenen Schlüssel, die auf Fischfang in der Nordsee und vor Island »dampften«. Die Schiffe brachten ihre Fischladung in den eigenen NORDSEE-Hafen Nordenham, wo sie gelöscht und für die neue Fangreise wieder ausgerüstet wurden. Innerhalb der NORDSEE war die Reederei lange Zeit die größte und wichtigste Abteilung.

An den Expeditionsfahrten zu neuen Fangplätzen nach 1900 nahmen auch zahlreiche

Die Reedereileiter Berthold Freyberg und Marx-Henning Rehder. Foto: NORDSEE-Archiv

NORDSEE-Schiffe teil, doch die wirtschaftlichen Krisenjahre nach 1906 machten sich auch bei der NORDSEE bemerkbar. Dem sollte ein umfangreiches Sanierungsprogramm entgegenwirken – die Flotte wurde modernisiert und die älteren zugekauften Fischdampfer abgestoßen. Im Ersten Weltkrieg wurden die Fischdampfer von der kaiserlichen Marine gechartert und die älteren Schiffe konnten in einem kleinen Gebiet der Nordsee auf Fischfang gehen. Kriegsbedingt gab es auch einige Verluste bei den Schiffen.

In der Zeit bis 1928 wurde die NORDSEE-Flotte durch einige Neubauten und den Erwerb von Kriegsfischdampfern ergänzt. In den folgenden Inflationsjahren brachten die Schiffe ihre Fische oft in ausländische Häfen, da dort die Erlöse um ein Vielfaches höher lagen. Mit der Einführung von Fischauktionen für ganze Schiffsladungen in Wesermünde, Cuxhaven und Altona veränderte sich die Struktur des eigenen Hafens in Nordenham. Normalerweise löschten die Fischdampfer ihre Auktionsware in den Seefischmärkten und wurden danach in Nordenham für die neue Reise ausgerüstet. Dieser Standortnachteil bewog die NORDSEE dazu, sich 1934 in Wesermünde anzusiedeln.

Durch die Fusion der NORDSEE mit der größten deutschen Fischdampfer-Reederei, der Cuxhavener Hochseefischerei, im November 1928 erhielt das Unternehmen einen zweiten Reedereistandort. Trotz der Krisenjahre ab 1929 erwarb das Unternehmen weitere Reedereibeteiligungen, so daß 1936 fast die Hälfte der deutschen Fischdampfer unter der NORDSEE-Flagge fuhr. Im Zweiten Weltkrieg wurden aus Fischereischiffen »Kriegshilfsschiffe«, dabei verlor die NORDSEE wesentlich mehr Schiffe als im Ersten Weltkrieg.

Nach Ende des Zweiten Weltkrieges waren es 36 zum Teil ältere Fischdampfer, die in den geräumten Gebieten Fischfang betreiben konnten. Einige Fischdampfer, die von den Besatzungsmächten beschlagnahmt worden waren, konnten 1954 von der NORDSEE wieder zurückgekauft werden. 1946 wurde der Bau von 100 Fischdampfern vom alliierten Kontrollrat freigegeben. Diese sogenannten »Einheitsschiffe« von 400 BRT bildeteten ab 1949 das Rückgrat der modernisierten Fangflotte. Durch die Freigabe des Fischdampferbaus im Petersberg-Abkommen vom November 1951 begann der Bau größerer Schiffe mit einem erweiterten Aktionsradius. Die NORDSEE gehörte zu jenen Reedereien, die mit dieselelektrischen Anlagen und Turbinenantriebsanlagen neue Wege in der Weiterentwicklung der Fangschiffe beschritten.

Die Reedereiabteilungen in Bremerhaven und Cuxhaven förderten in den 50er Jahren einen Wettbewerb der Schiffsbesatzungen, die die größten Fangergebnisse und die besten Erlöse auf dem Seefischmarkt erzielten. Von der Reedereileitung

Fischhalle in Bremen. Foto: NORDSEE-Archiv

wurden dann Belobigungen und Prämien ausgesprochen. Der Reedereileiter in Cuxhaven, Berthold Freyberg, und sein Nachfolger, Marx-Hennig Rehder, die später auch als Vorsitzende der NORDSEE-Geschäftsführung tätig waren und zahlreichen Gremien der deutschen Fischwirtschaft angehörten, prägten die NORDSEE-Reedereigeschichte nach 1945 entscheidend.

Der Standort Cuxhaven, der schon seit 1928 den größten Teil der NORDSEE-Fangflotte betreute, wurde 1961 gegenüber Bremerhaven aufgewertet, hier liefen alle wichtigen Reedereiaktivitäten zusammen. Auch wenn in Bremerhaven 1968 ein modernes Kühlhaus für die seegefrostete Ware der Fangfabrikschiffe gebaut wurde – mit der Einweihung der NORDSEE-Reedereibetriebsanlage im neuen Cuxhavener Fischereihafen entstand im März des gleichen Jahres der größte europäische Komplex eines Hochseefischereiunternehmens. An der langen Kajenanlage von 1120 Metern konnten neben den Reedereischiffen auch die zahlreich bereederten Schiffe und die durch eine Kooperation verbundene zweitgrößte Reederei, die »Hanseatische Hochseefischerei« aus Bremerhaven, ausgerüstet werden.

Die vielseitigen Gewerke des Landbetriebes bearbeiteten auch Aufträge aus anderen NORDSEE-Abteilungen. Als einige Jahre später die Fangflotte wegen des Wegfalls traditioneller Fanggebiete reduziert wurde, veränderte sich auch die Arbeit des Landbetriebes: Es wurden Abteilungen zusammengefaßt, mehr Fremdaufträge bearbeitet und die Mitarbeiterzahlen über Sozialpläne verringert.

Im hundertsten Jahr der deutschen Hochseefischerei, 1985, endeten die Reedereiaktivitäten der NORDSEE und der anderen Reedereien. Die neue Reederei »Deutsche Fischfang-Union« in Cuxhaven übernahm von der NORDSEE die Betriebsanlagen und die verbliebenen Schiffe – sogar die schwarze Schornsteinfarbe. Im hundertsten Jubiläumsjahr der NORDSEE verkaufte die Frozen Fish International GmbH ihren Gesellschafteranteil an die isländische Firma Samherjihf.

Von Bremen nach München

Die erste Verkaufsstelle der NORDSEE wurde im Gründungsjahr 1896 in Bremen am Bahnhof Neustadt mit Gleisanschluß und Pferdestall eröffnet. Die NORDSEE-Fischverkäufer zogen mit Handkarren durch die Stadt, und anfangs war der Absatz beträchtlich: Täglich rollten bis zu zwei Waggons mit Fisch aus Nordenham an den Schuppen heran; ein Pferdefuhrwerk belieferte dann Hotels und Gaststätten. Der Straßenhandel hatte seine Schwächen, da es immer wieder vorkam, daß einige Verkäufer die Einnahmen anderen Zwecken zuführten. Deshalb wurde der ambulante Fischhandel durch die Einführung von »Fischhallen« ersetzt. Auf der gegenüberliegenden Weserseite, in der Hutfilterstraße, eröffnete die NORDSEE noch im gleichen Jahr die erste feste Verkaufsstelle, ein Fischspezialgeschäft. Mit Anzeigen über große Islandfänge in der örtlichen Presse wurden die ersten guten Geschäfte gemacht. Das war der Auftakt für den Aufbau einer eigenen Handelsorganisation – in den nächsten Jahren entstanden in Deutschland und Österreich weitere NORDSEE-Filialen.

1898: »Achtung, die Preußen kommen – Jetzt haben sie in unserer Stadt eine NORDSEE-Fischhalle eröffnet«, empörte sich ein Münchner in der Tageszeitung, denn am Viktualienmarkt hatte die NORDSEE ein Fischspezialgeschäft auf-

NORDSEE-Filiale Viktualienmarkt in München, 1993. Foto: NORDSEE-Archiv

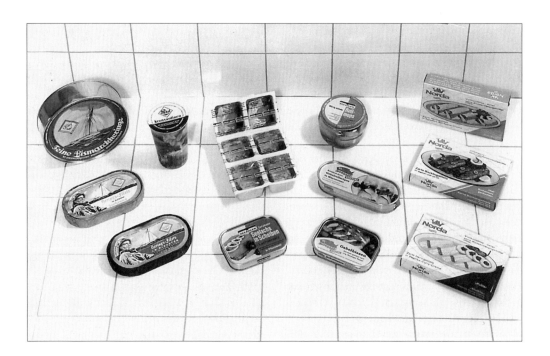

Fischprodukte (Nordsee – »Seeadler« – Norda). Foto: NORDSEE-Archiv

gemacht. Dem Bericht einer Münchner Bilderzeitschrift zufolge wurden um 1900 in der Fischhalle der NORDSEE in einer Woche 6000 Zentner frische und 130 Zentner geräucherte Seefische verkauft.

70 Jahre später: Die größte NORDSEE-Filiale am Viktualienmarkt bietet auf einer Verkaufsfläche von 140 qm Räucherfisch, Feinkost, Salate, Flußfische und »Norda«-Fischspezialitäten an. Von hier aus wird auch ein Teil des Fremdgeschäftes des NORDSEE-Großhandelsunternehmens »Deutsche See« abgewickelt, und diese Geschäftsbeziehungen reichen bis in die Anfänge der Filiale zurück. Der Kundenkreis umfaßt Krankenhäuser, Universitätskliniken, Betriebskantinen und Klöster ebenso wie Hotels und Restaurants. Das NORDSEE-Geschäft befindet sich in zentraler Citylage, umgeben von einem ständigen Gemüse- und Gärtnermarkt. 1998 feiert die NORDSEE-Filiale Viktualienmarkt ihren 100. Geburtstag und ist als international bekanntes »Gourmet-Zentrum« Anziehungspunkt für rund eine Million Kunden im Jahr. An der 20 Meter langen Verkaufstheke werden die Kunden von 30 Mitarbeiterinnen und Mitarbeitern bedient.

Von der Marinadenabteilung zu Frozen Fish International

In dem Nordenhamer Betrieb wurden der Beifang und die kleinen Fische in der Braterei, Marinaden- und Räucherabteilung zu NORDSEE-Fischprodukten verarbeitet. Die Übernahme der Cuxhavener Hochseefischerei 1928 brachte auch die »Deutsche Seefischhandel«, die seit 1921 Fischprodukte verkaufte, zur NORDSEE. Ein Jahr später nahm im Geestemünder Fischereihafen die 1926 erworbene Fischverarbeitungsfirma »Fisch-ins-Land«, vormals Friedrich Nary, die Fischwarenproduktion auf. In den ersten Jahren arbeitete der Betrieb jedoch unrentabel und wurde deshalb dem Cuxhavener Betrieb angegliedert. Der NORDSEE-Betrieb »Fisch-ins-Land« wurde 1935 wieder selbständig, da sich das Geschäftsvolumen positiv entwickelte. In Bremerhaven wurde der gesamte Frischfischverkauf der NORDSEE abgewickelt.

Als eine der ersten Fischverarbeitungsfirmen in Deutschland übernahm »Fisch-ins-Land« im Frühjahr 1939 das aus England stammende

»Bird-Eye«-Plattenfroster, ein Schnell- und Tiefgefrierverfahren für tiefgekühltes Fischfilet. In den Kriegsjahren baute die NORDSEE in Norwegen und Frankreich Tiefkühlfischfabriken, das Werk Bodö in Norwegen wurde die größte Tiefkühlfabrik in Europa. 1954 begann die NORDSEE wieder mit der Produktion von tiefgekühlten Fischfilets.

Die NORDSEE-Tochter »Deutsche Seefischhandel« in Cuxhaven wurde 1944 in »Seeadler« umbenannt. Mit dem Neubau der »Seeadler«-Werke in Cuxhaven 1957 entstand die erste NORDSEE-Industrieproduktion, und später wurde hier die Fischwarenproduktion konzentriert. Zehn Jahre darauf entstand in Bremerhaven die zweite Industrieanlage für die Fischverarbeitung. Die NORDSEE-Betriebe »Fisch-ins-Land« und die inzwischen übernommenen Firmen Baumgarten, Wollmeyer und Lysell wurden zur »Fischindustrie Bremerhaven« zusammengefaßt. Das universelle Produktionsprogramm reichte von Frischfisch, Räucher- und Tiefkühlfischartikeln bis zu Dauerkonserven, Marinaden und Fischsalaten.

Die NORDSEE war mit ihren Industriebetrieben in Cuxhaven und Bremerhaven der führende Anbieter von Fischereiprodukten in der gesamten Bundesrepublik. Nach der Neuordnung der Hochseefischerei 1986 übernahm die inzwischen zur Union Deutscher Lebensmittelwerke GmbH gehörende »Seeadler«-Fischindustrie das gesamte NORDSEE-Fischwarensortiment. Aus der Fischindustrie Bremerhaven wurde »Frozen Fish International«, die 1995 als eigenständige Unternehmenseinheit der Deutschen Unilever-Gruppe eingerichtet wird. Bereits 1991 war Frozen Fish internationales Entwicklungs-, Produktions- und Qualitätssicherungszentrum für das europäische Tiefkühlgeschäft Unilevers geworden.

NORDSEE-Nachrichten

Nach der Übersiedlung der Zentralverwaltung von Bremen nach Wesermünde wurden Konzepte für ein Mitarbeiter-Nachrichtenblatt entwickelt – ganz nach dem Muster der erfolgreichen NORDSEE-Werbezeitschriften. Der damalige Werbeleiter Hans Keune, bekannt durch unzählige NORDSEE-Werbevorträge in Deutschland, war der Initiator und Koordinator. Im Mai 1935 erschien die erste Nummer der NORDSEE-Nachrichten mit dem »Bojenfisch«, der auch noch heute das Firmenzeichen des Betriebes ist.

Titelseite der »NORDSEE-Nachrichten« mit dem Fischdampfer NÜRNBERG. Foto: NORDSEE-Archiv

Nachfolgerin der »NORDSEE-Nachrichten« ist die Mitarbeiter-Illustrierte »Boulevard«.
Ausgabe September 1998.

In den Ausgaben wurden Themen wie ein Verhaltensknigge für den Umgang mit »König Kunde«, Tips und Anweisungen für wirksame Warendarbietung sowie Schaufenster-Wettbewerbe behandelt. Vor 1939 gab es auch Berichte vom Fischfang und der Verarbeitung, doch in den Kriegsjahren entsprachen die Meldungen mehr der üblichen Kriegsberichterstattung der NS-Regierung. Die Mitarbeiterzeitung erschien unregelmäßiger, 1944 wurde sie schließlich ganz eingestellt.

Im September 1953 war es dann wieder soweit mit einer Neuausgabe: zuerst als Beilage in der NORDSEE-Illustrierten für die Kunden, später als eigenständige Betriebs-Nachrichten für die Mitarbeiter. In einem Titelwettbewerb 1954 wurde der alte Name »NORDSEE-Nachrichten« favorisiert und dann wieder eingeführt. Ab 1955 erschien die Betriebszeitung der »NORDSEE Deutsche Hochseefischerei und ihre Tochtergesellschaften« regelmäßig mit zwölf Seiten monatlich. Später waren es acht Ausgaben pro Jahr mit 20 bis 28 Seiten. Die »NORDSEE-Nachrichten« waren in der deutschen Fischwirtschaft einmalig und wurden von anderen Werkzeitungsredakteuren gelobt. 1963, zehn Jahre nach dem Erscheinen der ersten Nachkriegs-Ausgabe, war die Auflage auf bereits 10.000 Exemplare gestiegen.

Der Pensionär Walter Winter, Nachrichtenredakteur von 1957 bis 1981, meint heute rückblickend: »Im Versandverteiler der NORDSEE-Nachrichten spiegelte sich auch ein wachsendes Interesse in der Außenwelt. Zuhause im größten und vielseitigsten Unternehmen der Fischereiwelt war der Hauspresse die Rolle auch als PR-Magazin praktisch vorgezeichnet. In unserem externen Empfängerkreis gaben sich Tages-, Fach- und Werkzeitungen ein Stelldichein mit Behörden und Verbänden, mit Geschäftsfreunden, Gewerkschaften und Patenklassen von NORDSEE-Schiffen.«

Noch heute schwärmt Ex-Redakteur Walter Winter von seinem Beruf, der die Aufgaben des verantwortlichen Themenwählers, Texteschmieds und Layouters vereinte. Unterstützt von seinen Mitarbeitern, bestritt er auch die meisten abgedruckten Fotos, eingeschlossen deren Verarbeitung im redaktionseigenen Labor: »Themen flossen uns zu in Hülle und Fülle. Großen Nachschub lieferten schon allein die interkontinentalen Aktivitäten der Reederei. Und binnen wie buten: Auch in unseren Einblendungen in die eingespielte Teamarbeit der ›Admiralität‹ sowie im in Cuxhaven konzentrierten Landbetrieb – ausgelegt zur Rundumversorgung einer großen Fischereiflotte – klang eine besondere menschliche Note mit an: der gemeinsame derbherzliche Zungenschlag in dieser rund zweieinhalbtausendenköpfigen Mannschaft.

Ein Dauerbrenner für unsere Nachrichten war die permanente Erneuerung der Flotte. Das Entstehen des Typschiffs einer neuen Bauserie habe ich vor Ort mit Kamera und Schreibzeug verfolgt, angefangen von der Kiellegung über die Stapelläufe bis hin zu den festlichen Taufakten und Jungfernfahrten mit vielen animierten geladenen Gästen an Bord. Ganz oben im Redaktionsplan rangierten aber wie eh und je die Einsätze der NORDSEE-Schiffe. Mitsamt ihren Besatzungen waren sie Schwerarbeiter in Seegebieten weit abseits der ›ausgeschilderten‹ maritimen Verkehrsrouten. Mit ›Vor-Ort-Berichten‹ haben wir sie begleitet bis zum angesteuerten Horizont ihrer Fernfahrten. Gemeint sind Gewässer vor den Küsten vor Südafrika und Argentinien auf der Suche nach alternativen lohnenden Fanggründen.

Doch über diesen erfolgreichen Expeditionen wetterleuchtete bereits der heraufziehende Fast-Untergang der deutschen Hochseefischerei. Meinem Nachfolger Wolfhard Fechner fiel es zu, einen Exitus zu verkünden, der zu meiner Zeit schon eingesetzt hatte: der unwiderrufliche stille Abschied bewährter Schiffe von ihrem Heimathafen.

Im Rahmen dieser gerafften Revue über die Reederei muß mancherlei Erwähnenswertes außen vor bleiben. Die Erinnerung an ein herausragendes Ereignis aber sei Ihnen nicht vorenthalten: Der 75. Geburtstag der NORDSEE am 23. April 1971. Dieses Jubiläum, auch in breiter Öffentlichkeit stark beachtet, hat das Unternehmen nicht nur an der Küste mit volkstümlichen Veranstaltungen akzentuiert. Der Ablauf dieses Tages bewies es einprägsam: In ihrer angeborenen Statur und Wesensart hat das Unternehmen sich darauf verstanden, Gedenktage, kleine wie große, nobel zu feiern. Die Festschrift ›Logbuch‹, aus diesem Anlaß erschienen, verrät mich im Impressum als den Verfasser.

Wo immer ich in meiner beruflichen Heimat aufgekreuzt bin, hat mich eine Grundstimmung umfangen, die charakteristisch war für das Klima in allen Bereichen. In dem Zusammenhang sprachen ›alte Hasen‹ vom NORDSEE-Geist. Dieser etwas verschwommene Begriff stand für ein Phänomen, das in aller Kürze auch jeden ergriff, der neu dazugekommen war. Gemeint ist ein beispielhafter Teamgeist, jenes fest eingewurzelte Wir-Gefühl, das unwillkürlich in unsere Berichterstattung mit einfloß. Teamgeist und Wir-Gefühl, sie klangen an auch in unseren Reportagen beispielsweise über die turnusmäßigen Arbeitstagungen des Gesamtbetriebsrats, Begegnungen mit führenden Vertretern der im Unternehmen zuständigen fünf Gewerkschaften. Als dominierender Akkord klangen diese Werte auf in unserer beliebten Serie: ›Wiedersehen mit Pensionären‹.«

Nach Walter Winter war Wolfhard Fechner bis Ende 1995 für die NORDSEE-Nachrichten verantwortlich. Seit 1996 arbeitet ein Redaktionsteam an der visuell aufwenig gestalteten neuen Werkszeitschrift mit dem Titel »NORDSEE-Boulevard«.

NORDSEE 1998 – »Wir wollen unsere Netze weiter werfen«

Karl-Ludwig Willemsen, seit 1994 Vorsitzender der NORDSEE, hat 1996 in einem Interview anläßlich der 100-Jahr-Feier der NORDSEE die Zukunftsperspektiven des Unternehmens skizziert. Die neue Geschäftsstrategie trägt den wegweisenden Titel »Vision 2004«.

»Die NORDSEE hat sich in der Vergangenheit in erster Linie auf die Fischliebhaber konzentriert. Jetzt sagen wir ganz dagegen: Jeder Mensch hat Hunger. Es liegt an uns, diesen Hunger in Appetit auf Fischprodukte umzuwandeln. Mit dieser neuen Sichtweise sollte es uns gelingen, unseren Marktanteil und damit unseren Umsatz in den nächsten sieben bis acht Jahren zu verdoppeln.

Dabei gehen wir von einem Grundbedürfnis aus: dem Hunger. Für die Überlegung, wie Hunger mit Fischprodukten befriedigt werden kann, muß man zuerst wissen, wie und wo der Hunger in unserer Gesellschaft entsteht. Wir kennen den »Arbeitshunger« vergangener Zeiten ja kaum noch. Er brauchte eine ganz andere Antwort als der Hunger, den wir heute haben: Der entsteht immer häufiger während unserer Freizeit. Wir haben immer mehr Freizeit, wir nutzen sie immer aktiver und bewußter, und wir erwarten immer mehr Spaß und Erfüllung von ihr. Für die Befriedigung unseres Hungers heute gewinnt deshalb die Lust- und Genußkomponente in einem Maß Bedeutung, wie sie das früher gar nicht haben konnte. Dieser Umstand hat eine unmittelbare Auswirkung auf unser

Geschäft, eine ganz starke sogar, und zwar auf unsere beiden Geschäftsbereiche Meeresbuffet und Restaurant.

Unsere Restaurants hatten früher eher den Charakter eines Schnell-Imbisses: Sie gingen dort hinein, für weniger als zehn Mark erhielten Sie ein Fischfilet mit Kartoffelsalat, verzehrten es und verließen das Geschäft nach 15 Minuten wieder. In den 60er Jahren war dieses Konzept der NORDSEE sehr erfolgreich.

Die Verhältnisse haben sich aber seitdem gewandelt. Wir müssen uns auf eine Klientel umstellen, die bei uns nicht mehr einfach nur satt werden will, sondern die den Besuch unserer Restaurants auch als lustvolles Erlebnis genießen will. Wir reagieren darauf mit einem jugendlichen, frischen und einladenden Ambiente und mit der Weiterentwicklung unserer Produkte. Unsere Produkte müssen den Kunden zum kleinen, schnellen Verzehr anregen, nicht so sehr zum ›einmal richtig Sattessen‹.

Ein ganz neues Kapitel hat NORDSEE aufgeschlagen, als sie im Herbst vergangenen Jahres in Frankfurt ihr erstes Drive-in-Restaurant für Fischgerichte eröffnete, den ›NORDSEE-Drive‹. Mit diesem völlig neuen Konzept bieten wir unseren Gästen die einzige echte Alternative zu anderen Drive-in-Restaurants. Weitere NORDSEE-Drives werden in den nächsten Jahren folgen. Damit wird NORDSEE für die junge, genußorientierte und mobile Generation der Zukunft noch attraktiver.

Auch bei den NORDSEE-Meeresbuffets hat sich eine deutliche Veränderung vollzogen. Dort ist der Anteil der Gastronomie in den vergangenen Jahren kontinuierlich gewachsen. Im Schnitt sind heute fast 50 Prozent der Umsätze eines Meeresbuffets Gastronomieumsätze. Das hängt mit dem Wertewandel zusammen. Die Menschen wollen ihre Grundbedürfnisse nicht mehr in den Innenstädten befriedigen, wo wir unsere Standorte haben. Sie wollen sich in ihrer Freizeit amüsieren. Shopping ist zu einer Freizeitbeschäftigung geworden. In der Folge kauft man in den Innenstädten immer weniger frischen Fisch ein. Was sollte man damit auch tun – etwa drei Stunden lang in der Tüte durch die Kaufhäuser tragen?

Aber auch dort, wo die Menschen ihren Frischfisch tatsächlich kaufen, müssen wir ihren veränderten Wünschen nachkommen: ihrem Bedürfnis nach mehr Genuß, mehr Bequemlichkeit und Abwechslung. Deshalb bieten wir auch in den Meeresbuffets immer mehr vorgefertigte Produkte an zum Mitnehmen und Erwärmen in der Mikrowelle oder im Herd.

Aus all diesen Überlegungen folgt, daß unsere beiden Gastronomiebereiche NORDSEE-Restaurants und NORDSEE-Meeresbuffets einheitlich weiterentwickelt werden zu einem modernen, vielseitigen und genußorientierten Fischangebot.«

Mit freundlicher Genehmigung des *Fisch-Magazin*, Hamburg

Das neue Logo der »Nordsee«-Holding

FANGGEBIETE

Die Forschung sucht Fisch für die Praxis

1870 wurden der Deutsche Fischerei-Verein und die »Königlich preussische Kommission zur Erforschung der Deutschen Meere im Interesse der Fischerei« gegründet, um die weitgehend unbedeutende und meist unrentable Fischerei vor den deutschen Küsten zu fördern. In den folgenden Jahren gehörten Männer wie V. Hensen, C. Macard, W. Herwig, H. Duge und F. Rose zu den tatkräftigen Wegbereitern zum Aufbau einer Fischereiforschung mit internationalen Kontakten. Aus dem Deutschen Fischerei-Verein entstand 1894 der Deutsche Seefischerei-Verein (DSV), der bis zu seiner Auflösung 1938 ebenfalls entscheidende Fischereiforschungsvorhaben unternahm.

Bereits 1871 und 1872 fanden Orientierungsfahrten statt, um durch Erkunden der Bodenverhältnisse Hinweise auf lohnende Fischgründe in der Nord- und Ostsee zu bekommen. 1887 waren die Forscher zuerst mit einem Frachter und 1889/90 mit dem gecharterten Fischdampfer »Sophie« in der nördlichen und zentralen Nordsee unterwegs. Mit der Befischung der aufgefundenen Fangplätze löste sich die im Aufbau befindliche deutsche Hochseefischerei in größerem Umfang von den Küstenvorfeldern. 1898 wurden die Fischbestände und deren Fangmöglichkeiten im Bereich Bäreninsel/Spitzbergen untersucht. Ein Jahr später wurden drei Schiffe von der DSV gechartert, um von einem Basishafen, dem sogenannten »Herwig-Hafen« auf der Bäreninsel, die Nutzung der Kabeljau-, Schellfisch-, Eishai- und Walbestände sowie die Kohlevorkommen auf der Insel zu untersuchen. Allerdings entsprachen die Ergebnisse des Unternehmens nicht den Erwartungen.

Weitere Forschungsexpeditionen in diese fischreichen polaren Gewässer folgten, die auch wissenschaftliche Erfolge waren. Die nächsten Reisen fanden 1913 mit dem Reichsfischdampfer »Poseidon« und 1937 mit dem gecharterten Fischdampfer »H.Wilhelms« statt. Zwischen dem Ersten und Zweiten Weltkrieg nutzten die Forscher auch die Reisen mit kommerziellen Fangfahrzeugen sowie den Fischereischutzschiffen »Ziethen«, »Elbe«, »Weser« und dem Forschungs- und Vermessungsschiff »Meteor« zu Fangplatzerkundungen, z.B. vor der norwegischen Küste und unter Island.

Die Bundesforschungsanstalt für Fischerei (BFA), zum Bundesministerium für Ernährung, Landwirtschaft und Forsten gehörend, erhielt 1955 endlich ihr eigenes hochseegehendes Forschungsschiff, die »Anton Dohrn« (I). Noch im selben Jahr machte dieses Schiff eine spektakuläre Entdeckung für die Fischerei-Praxis. Auf der sechsten Reise der »Anton Dohrn« im September und Oktober 1955 fanden Fahrtleitung und Schiffsführung auf einem bisher international wenig genutzten Fangplatz in der Dänemarkstraße äußerst ergiebige Rotbarschvorkommen. »Das mit Steuergeldern erbaute neue Forschungsschiff »Anton Dohrn« hat sich allein durch die Entdeckung dieses ostgrönländischen Fanggebietes mehr als amortisiert«, so urteilte die deutsche Presse. Landete doch die deutsche Flotte 1956 von hier, der dann auch international so genannten »Dohrn-Bank«, Rotbarsch im Wert von über 40 Mio. DM an.

Im Nordostatlantik stagnierten schon ab 1955 die Fangerträge. So tauchte ab Mitte der 50er Jahre in Bitten an die Forschung immer häufiger das Stichwort »Suchreisen« auf. Infolge der Seerechtsentwicklung gingen wichtige Fanggebiete verloren, so daß verstärkt ein eigenes Programm zur Erschließung neuer Fangplätze umgesetzt wurde. Dies geschah mit Schiffsdampfern, von der Hochseefischerei und der Wissenschaft gechartert, bis in die erste Hälfte der 60er Jahre im Nordatlantik. Dann wurden die Expeditionen der Bundesforschungsanstalt auf entferntere Meeresgebiete wie den Südatlantik ausgedehnt. Das Forschungsschiff »Walter Herwig« (I) untersuchte 1966 die fischereilichen Möglichkeiten der Grundfischbestände auf dem südamerikanischen Schelf zwischen Südbrasilien und Feuerland. Den Fangmöglichkeiten von Seehecht auf dem westafrikanischen Schelf zwischen Luanda (Angola) und dem Kap der Guten Hoffnung galt 1967 eine Expedition des gleichen Schiffes. Politische und logistische Gründe verhinderten jedoch die langfristige kommerzielle Fischerei.

In den folgenden Jahren dehnten sich die Forschungsreisen bis in den atlantischen Sektor der Antarktis aus. Die Krill- und Fischvorkommen sollten mit den Reisen von »Walter Herwig« (II) 1975/76 und 1977/78 erschlossen werden. 1980/81 beteiligte sich die »Walter Herwig« (II) im Rahmen der internationalen FIBEX-Expeditionen mit 14 Schiffen an einer Untersuchung der Krill- und Fischbestände sowie deren biologischen Einbindungen. Diese wissenschaftlichen Arbeiten brachten der jungen Antarktisforschung der Bundesrepublik internationale Anerkennung.

Die Bestandssituation auf den tradtionellen Plätzen führte am Ende der 70er Jahre zu notwendig gewordenen rigorosen Fangbeschränkungen bei den traditionellen Fischarten wie Kabeljau, Hering und Schellfisch. Die BFA bemühte sich intensiv, der deutschen Hochseefischerei bei der Erschließung neuer Fangmöglichkeiten zu helfen. An diesen Reisen nahmen auch gecharterte NORDSEE-Schiffe teil.

Zu geringe Quoten in den traditionellen Fanggebieten und das Inkrafttreten der gemeinsamen Fischereipolitik der EG 1983 zwangen die Reedereien, ihre Flotten drastisch zu reduzieren. Die Folge – die Forschungsbereiche wie die Weiterentwicklung der Fernfischerei erwiesen sich als überflüssig. In der Bundesforschungsanstalt für Fischerei wurden die entsprechenden Stellen gestrichen.

G. Wegner, Hamburg

Fischereischutz und Fanggebiete

Der Fischereischutz ist eine hoheitliche Aufgabe, die auf dem Internationalen Vertrag vom 6. Mai 1882 und dem Zusatzabkommen vom 3. Juni 1955 beruht. Durch die Ausweitung der Fanggebiete gibt es seit 1976 ein internationales Abkommen über den Fischfang im Nordatlantik. Es enthält Vorschriften über die Registrierung und Kennzeichnung der Fischereischiffe, über die von ihnen zu verwendenden Sichtzeichen und Schallsignale sowie Regeln für das Verhalten auf den Fangplätzen und für die Überwachung der Fischerei.

Einen besonderen Auftrag hatten die Fischereischutzboote 1972–1975 während des »Kabeljaukonfliktes« vor Island und im November 1977 bei den auslaufenden deutsch-isländischen Fischereiabkommen. Zsätzlich zu den bereits vorhandenen Schiffen wurden vorübergehend die beiden NORDSEE-Schiffe NORDENHAM und MINDEN sowie ein weiterer Fischdampfer gechartert. Die Fischereischutzboote hatten für die deutschen Fischdampfer eine Überwachungsfunktion und mußten die Schiffspositionen an isländische Küstenwachboote übermitteln sowie bei Kontrollen mithelfen. Da die deutschen Trawler isländische Häfen bei Reparaturen oder zum Bunkern von Treibstoff und Trinkwasser

Dr. Messdorf vom Institut für Seefischerei Hamburg mit einem Assistenten bei Kabeljau-Untersuchungen. Foto: H. Wölbing, Langen

nicht mehr anlaufen durften, leisteten die Fischereischutzboote Hilfestellung direkt auf See oder machten eine Schleppfahrt in einen Schutzhafen auf den Färöer-Inseln.

In der Zeit nach dem Zweiten Weltkrieg gab es immer wieder Hilfsaktionen der Fischereischutzboote, bei denen Fischdampfer aus Seenot geholt werden konnten. Nachstehend ein Auszug aus einer Liste von beteiligten NORDSEE-Schiffen von 1954 bis 1981:

März 1954: »Meerkatze«: Dem Fischdampfer WITTEN wird in sechsstündiger Taucherarbeit ein 60 m langes Drahtseil aus der Schraube entfernt.

April 1954: »Meerkatze«: Fischdampfer RENDSBURG, bei dem Teile eines Netzes in die Schraube gekommen waren, wird unter schwierigen Umständen (Windstärke 7-10) in die Keflavikbucht geschleppt. Der Versuch, die Schraube vom Netz zu befreien, führt zu keinem Erfolg. Das Schiff muß nach Reykjavik geschleppt werden.

Dezember 1965: »Meerkatze«: Der in schwerem Sturm in einem isländischen Fjord gestrandete Fischdampfer SAARBRÜCKEN wird wieder flottgemacht.

Oktober 1973: NORDENHAM: GLÜCKSTADT wird von Thorshavn nach Cuxhaven geschleppt (Maschinenschaden).

Januar 1974: »Frithjof«: Die mit einem Netzsteert in der Schraube treibende MÜNCHEN wird in 50 Stunden nach St. John geschleppt.

Mai 1974: NORDENHAM: Die mit Getriebeschaden treibende GLÜCKSTADT wird 36 Stunden geschleppt und an die TÜBINGEN zur Heimreise übergeben.

März 1975: NORDENHAM: In 62stündiger Schleppfahrt wird die KÖLN nach Thorshavn geschleppt.

Juli 1976: MINDEN: In 44stündiger Schleppzeit wird die manövrierunfähige WÜRZBURG zur Elbmündung gebracht.

Die NORDENHAM war vom 1. August 1973 bis zum 30. April 1976 im Einsatz. In den 735 Seetagen bzw. 18 Seereisen wurden 485 Krankheitsfälle an Bord behandelt, 756 technische Hilfeleistungen gegeben und fünf Bergungen durch Einschleppen ausgeführt. Die MINDEN hatte ähnliche Ergebnisse.

Die »Frithjof« bebunkert die BREMEN 1974 auf hoher See. Foto: Bundesministerium für Ernährung, Landwirtschaft und Forsten, Bonn / Bundesanstalt für Fischerei, Hamburg

Seit 1974 gehören die Fischereischutzboote »Seefalke«, »Meerkatze« und »Warnemünde« zum Koordinierungsverbund Küstenwache. 1998 sind diese Schiffe nur noch zur Überwachung der Fischerei in den nationalen Gewässern der Nord- und Ostsee tätig.

Funkbetrieb und Wetterbeobachtungen

Neben Aufgaben wie den allgemeinen Seefunkdienst abzuhören und Telegramme aufzugeben, mußte der Funker auch Wetterberichte einholen sowie nautische Warnnachrichten auffangen. Eine Gemeinschaftsaktion aller auf See befindlichen Trawler waren die sogenannten »Fänge«, die Fangmeldungen. Dies geschah täglich zu vier festgesetzten Zeiten, mit dem Hauptprogramm um 18 Uhr (MEZ). Dann gab der Kapitän die genauen Angaben zu den Tages- und Gesamtfängen heraus, die in den vorherigen 24 Stunden aufgelaufen waren. Um diese Meldungen »einzusammeln«, fiel auf jedem Fangplatz dem Funker die »Leitung« zu, der zuerst in diesem

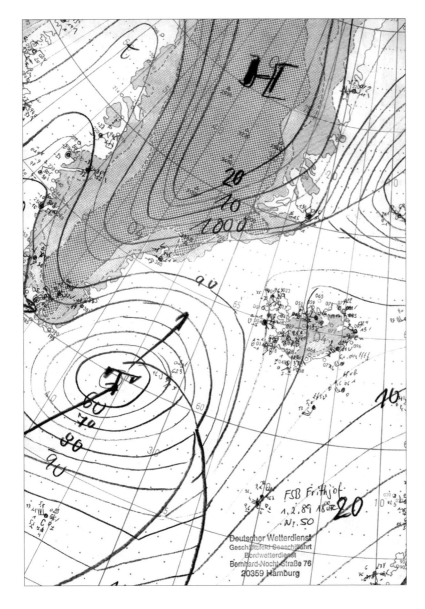

*1. Feburar 1989: Wettersituation in grönländischen Gewässern. Tiefdruckgebiete in der Irminger See/Davisstraße sorgen für stürmische Winde.
Arbeitswetterkarte des Deutschen Wetterdienstes Hamburg, Geschäftsfeld Seeschiffahrt*

Seegebiet war. Wenn dann sein Schiff auf Heimreise ging, übernahm der zuletzt Angekommene diese Aufgabe. Der Funker des Leitschiffes forderte zu den Programmzeiten auf 1621 bzw. 1609 kHz die Schiffe namentlich auf, d.h. per Telegrafie mit ihren Rufzeichen, »Meldung zu machen«.

Mit den anderen Leitschiffen entfernterer Fangplätze wurden Funkverbindungen aufgenommen, um die Fangergebnisse auszutauschen. Dieser Funkverkehrskreis, der von den Funkern auch »Linie« genannt wurde, erstreckte sich auch mit Hilfe von unterwegs oder dazwischenliegenden Fangplätzen vom Englischen Kanal nach Spitzbergen und Island, von der Barentssee nach Grönland und später nach Labrador. Die gesammelten Fangergebnisse mit Sorten und Heimreiseangaben gingen an einen Funker an der deutschen Nordseeküste, der diese Angaben über Norddeich Radio per Funktelefon an die Seefischmärkte in Bremerhaven und Cuxhaven weiterleitete.

Für viele Kapitäne lag der Wert des Funkers auch in der engen fachlichen wie menschlichen Zusammenarbeit während der Fangreise. Was des Kapitäns »Nase«, ist des Funkers »Ohr«. Welche Fischgründe angesteuert werden sollten, ist natürlich, im Einvernehmen mit der Reederei, Sache des Kapitäns. Kein Kapitän, der ganz für sich allein oder mit einer kleinen Gruppe »dicke Säcke« einfängt, kann das lange geheimhalten. Doch jeder Code ist zu knacken. Mit etwas Einfühlungsvermögen und Erfahrung aus den offenbar belanglosen oder blumenreichen Mitteilungen die richtigen Schlüsse zu ziehen, grenzt schon fast an Geheimdienstmethoden. Um auch noch einen weiteren Anhaltspunkt zu haben, hatte ich es mir zu Gewohnheit gemacht, von so einem Mitteiler nach Möglichkeit gleichzeitig eine Funkpeilung zu machen. Denn die Richtung, in der er sich befand, ließ zusätzliche Schlüsse zu. Kreuzte die so ermittelte Standlinie auch noch eine bestimmte Tiefenlinie (Schelfkante), war auch seine Position deutlich. Eine weitere Möglichkeit, den Standort eines »Gegners« ausfindig zu machen, war das Mitlesen von Wettertelegrammen, den sogenannten »OBS«, die über Norddeich Radio für das Wetteramt in Hamburg bestimmt waren.

Grundlage einer Wetterkarte ist natürlich die jeweilige Wetterlage. Diese wird in zwischenstaatlicher Zusammenarbeit anhand der Wettermeldungen von Landstationen und Schiffen erstellt. Die Genauigkeit einer Wetterlage hängt von der Anzahl der eingehenden Wettermeldungen ab und bestimmt somit die Qualität der Vorhersage. Weltweit werden deshalb alle drei Stunden zu den sogenannten synoptischen Terminen, 03.00, 06.00, 09.00 usw., Messungen und Beobachtungen durchgeführt und an die dafür zuständigen meteorologischen Institute geschickt. In Deutschland ist es das Wetteramt Hamburg. Auf deutschen Fischdampfern war es in der Re-

gel Aufgabe des Funkers, die Beobachtungen zu machen. Jeweils zu den besagten Zeiten mußte ich meine warme Funkbude verlassen und draußen an Luvseite folgende Werte ermitteln:
- Windrichtung- und -geschwindigkeit (Windstärke)
- Seehöhe (Wellenhöhe), eventuell eine anders verlaufende Dünung
- Lufttemperatur mit einem Schleuderthermometer
- Wassertemperatur mit einer gummierten Schlagpütz
- Bewölkungsgrad in Achteleinteilung
- Art und Menge von Niederschlägen
- Luftdruck und seine Tendenz (fallend oder steigend)

Anschließend wurden die Daten in ein Beobachtungstagebuch eingetragen, das Ganze in Ziffergruppen verschlüsselt und als Wettertelegramm an Norddeich Radio gefunkt. Als besonderer Kundendienst des Seewetteramtes wurde den Reedereien mitgeteilt, wo sich ihre Schiffe, die OBS'e schickten, befanden. Der Funkpeiler diente den Nautikern in erster Linie als Hilfsmittel der eigenen Ortsbestimmung, denn oftmals waren tagelang weder Sonne noch Sterne zu sehen. Da war die Funknavigation gefragt.

Ein besonderes Erlebnis war es für mich, als ich im Juli 1955 mit der KARLSRUHE als einer der ersten Fischdampfer über den Atlantik um Kap Farewell in die Davisstraße an die Westküste von Grönland fuhr. Zum Funkpeilen war ich auf die im Nordatlantik stationierten Wetterschiffe und die Sendungen von Küstenfunkstellungen angewiesen. Zudem kamen ungewohnte Aufgaben auf mich zu, wie der Eiswarndienst, gesendet von Halifax-Radio/Kanada, der Treibeis und größere Eisberge meldete. Damit bei der mehrtägigen Atlantiküberfahrt das Schiff immer richtig im Kurs lag, waren die speziellen Wetterkartenanalysen von Portishead-Radio/Großbritannien sehr nützlich. Es waren Zifferngruppen, die verschlüsselt Markierungspunkte der Isobaren und Fronten enthielten. Diese Punkte vermerkte ich auf vorgedruckten Metro-Karten und zeichnete danach die entsprechenden Linien ein. Das Auswerten war dann Sache des Kapitäns.

Vielfältig waren die Wege, auf denen man zur Hochseefischerei kommen konnte. Meist war es nur der Zufall. Oft gerade die Gelegenheit. Nach meiner seemännischen Grundausbildung 1942 hatte ich den Wunsch, Kapitän auf großer Fahrt zu werden. Leider mußte ich nach einem schweren Unfall auf See durch Giftgas von aufgefischten Bomben davon Abschied nehmen. Als leidenschaftlicher Radiobastler hatte ich dann 1951 nach einer Funkausbildung die Gelegenheit, in der Hochseefischerei anzuheuern. In den 14 Jahren Hochseefischerei als Funker brachte ich es auf 148 Fangreisen von der Nordsee bis nach Grönland/Labrador.

Als die guten Zeiten der Hochseefischerei Anfang der 60er Jahre zu Ende gingen, wechselte ich in den gemächlicheren Funkdienst auf Handelsschiffen. Aber auch hier ging es bald mit dem herkömmlichen Funkdienst zu Ende, so daß ich zu einem totalen Berufswechsel in eine Landstellung gezwungen war. Auch heute nach meinem Berufsleben bin ich noch mit dem »Ohr« auf Funksendungen aus der Seefahrt.

H. Wölbing, Langen

Funker Wölbing bei der Arbeit.
Foto: H. Wölbing, Langen

Fischdampfer unter Eispanzer.
Foto: NORDSEE-Archiv

Strandungen und Untergänge

In den Gründungsjahren der deutschen Hochseefischerei kam es immer wieder zu extremen Schiffsverlusten auf Fangplätzen der nördlichen Nordsee und Island. Die Kapitäne besaßen zur damaligen Zeit nur unzureichendes Kartenmaterial, somit kam es immer wieder zu Strandungen vor der isländischen Küste. In den Winterstürmen 1903 gingen allein sieben Schiffe mit 64 Mann verloren.

In der Untersuchung des Seeamtes und der Seeberufsgenossenschaft stellte sich heraus, daß die Schiffe nicht stabil genug gebaut waren und nicht genügend Speigatten besaßen, die das überkommende Wasser ablaufen lassen konnten. Als Konsequenz wurden Sicherheitsvorschriften der Seeberufsgenossenschaft eingeführt. Geschlossene Ruderhäuser und die Back auf dem Vorschiff gehörten zu den Bauvorschriften neuer Fangschiffe. Fast die Hälfte der 18 Schiffsverluste der NORDSEE-Flotte mit dem Verlust der Besatzungen ereignete sich bis 1914. Das deutsche Konsulat und die isländische Regierung errichteten vorsorglich Schutzhütten, da die entkräfteten Überlebenden in den menschenleeren Gebieten oft tagelang keine Hilfe antrafen.

In den Wintermonaten gab es neben den Stürmen, der Nässe und Kälte eine weitere Gefahr für das Schiff und die Besatzungen: Innerhalb kürzester Zeit konnte das Schiff mit einem »schweren Eispanzer« überzogen sein. Die Seeleute mußten dann mit Spitzhacken die schweren Eisstücke entfernen, da sonst die Gefahr einer Kenterung bestand.

Im nördlichen Atlantik bestand Kollisonsgefahr mit den schwimmenden Eisbergen. Wenn der Funker Meldungen über eine extreme Wetterlage mit einer Sturmwarnung erhielt, mußte die Fischerei unterbrochen und ein Schutzhafen angelaufen werden. Eine weitere Gefahr für die Schiffe war der Fischfang in der Nähe der Packeisgrenze. Auf dem Fangplatz »Georges-Bank« an der nordamerikanischen Küste konnte es passieren, daß sich Schiffe auf kurzer Distanz nicht erkennen konnten, da regelmäßig »Nebelbänke« die Fischerei erschwerten.

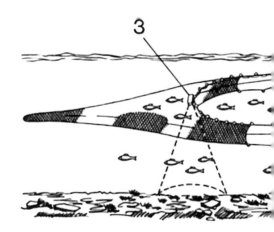

Pelagische Netze in der Hochseefischerei

1895 wurde das aus England stammende Grundschleppnetz mit Scherbrettern in Deutschland eingeführt. Die mit Fischdampfern betriebene Hochseefischerei läßt sich in zwei Fangperioden einteilen, und zwar 1. die Frischfischfangzeit mit dem Grundschleppnetz und 2. die Heringssaison mit dem Schleppnetz. Bei dem Schleppen über Grund kommt es immer wieder vor, daß ganze Netze reißen und verlorengehen. Jeder Fischdampfer hat deshalb mehrere Grundschleppnetze an Bord.

In der Hochseefischerei und der Fischereiforschung wurden Ende der 50er Jahre Versuche mit neuen Netzen gestartet, um die nachlassenden Fänge mit dem Grundschleppnetz zu verbessern. So war ein Fischen in beliebiger Wassertiefe mit dem Schleppnetz nicht möglich, da es nur über den Meeresgrund gezogen werden konnte und nur Schwärme erfaßte, die wenige Meter über dem Meeresboden stehen. Die höher liegenden Wasserschichten sind mit dem Grundschleppnetz nicht erreichbar.

Zu den Schwarmfischen, die mit den neuen Netzen gefangen werden, gehört der Hering, der nur zum Laichen auf den Grund geht. Das Grundschleppnetz oder »Trawl«, wie es in der Hochseefischerei verwendet wird, ist nicht für den freischwebenden Einsatz geeignet. Die NORDSEE gehörte zu den Pionieren im Einsatz und der Weiterentwicklung der pelagischen Netze. Das Netzmaterial besteht aus Kunstfasern, die erheblich leichter sind als das Manilagarn des Grundschleppnetzes. Die Höhenstellungen des Netzes auf die gewünschte Wassertiefe werden durch entsprechende Längen der Zugleinen, durch Beschwerung des Grundtaues mit verschiedenen Gewichten und durch die Schleppgeschwindigkeit des Schiffes bewirkt. Ein weiterer Aspekt ist die Kontrolle der Schwärme. Durch den Einsatz von Echolot und Fischlupe lassen sich die Fischschwärme von Bord aus auf ihre Höhe hin nur dann genau orten, wenn sie sich unter dem Schiff befinden.

Der Kapitän hatte bisher keine Kontrolle über die Höhe des pelagischen Netzes im Wasser. Um diesen Mangel zu beseitigen, wurde eine Netzsonde - ein Echographgerät - entwickelt, das an der Oberkante des Netzes angebracht ist. Diese Netzsonde war in der Lage, dem Kapitän die jeweilige Höhe des pelagischen Netzes und die Höhe der Fischschwärme mitzuteilen. Danach konnte das Netz auf die erfaßte Höhe eingestellt werden. Der Kapitän hat während des Fischens eine genaue Kontrollmöglichkeit über die Höhe des Netzes, der davorstehenden Schwärme und damit des Fangergebnisses.

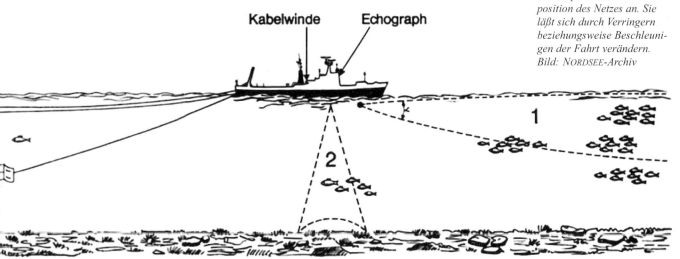

Gezielte Fischerei durch Anwendung der pelagischen Methode.
Das Horizontallot (1) ortet den Heringsschwarm nach vorn in Fahrtrichtung, das Vertikallot (2) erfaßt den Schwarm unter dem Schiff und die Netzsonde (3) zeigt dem Kapitän die Höhenposition des Netzes an. Sie läßt sich durch Verringern beziehungsweise Beschleunigen der Fahrt verändern.
Bild: NORDSEE-Archiv

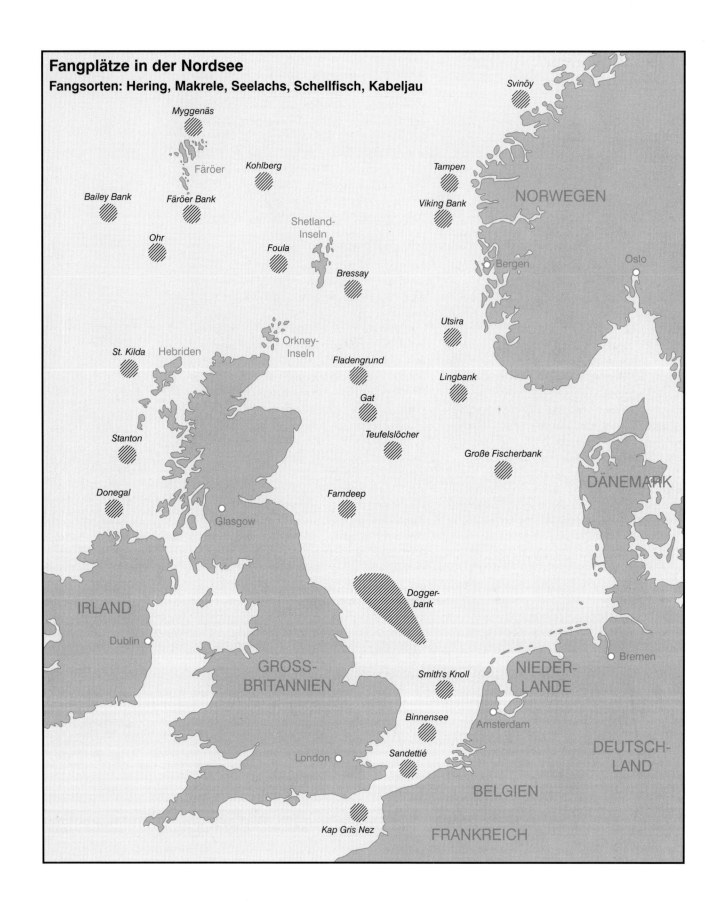

Gute Fänge bei den »drei Schwestern«

Am 1. Dezember 1953 kam die FREIBURG I.BR. mit der gewaltigen Ladung von 6809 Zentnern Hering in Cuxhaven an. Die Fischlöscher, erfahren im Umfang mit großen Fischmengen, staunten über die rieseige Ausbeute. Die FREIBURG I.BR. hatte mit dieser Ladung das Spitzenergebnis aller NORDSEE-Schiffe erreicht. Bei diesem Großfang handelte es sich um eine gute Qualität von Heringen. Von den 6000 Zentnern in den Fischräumen wurden lediglich 30 Pfund beim Löschen zertreten. Von den 809 Zentnern Decksladung waren 450 marktfähig. Der Rest konnte auf See nicht mehr konserviert werden, da das Salz zur Neige ging.

Als die FREIBURG I.BR. im November auf dem Fangplatz im englischen Kanal ankam und mit über hundert anderen Fischdampfern den Hering jagte, ahnte von der Besatzung noch niemand etwas von dieser erfolgreichen Reise. Nachdem der Funker gute Fänge bei Sandettie, gegenüber von Calais, gemeldet hatte, gab der Kapitän Walter Jakobeit Kurs auf die Fanggründe »Bei den drei Schwestern«, das sind drei Bojen in der Nähe von Kap Gris Nez. Dort angekommen, wurden sofort die Netze ausgeworfen. Es kamen solche dicken Fänge an Bord, daß der Fischraum in kurzer Zeit mit 6000 Korb knüppelvoll war. Die Reederei gab dem Kapitän Anweisung, hier weiterzufischen und Decksladung zu nehmen. In wenigen Stunden lagen 800 Zentner an Deck, wo es bald keinen Platz mehr für weitere Hols gab. Die FREIBURG I.BR. nahm mit achterlichem Wind vor der gemeldeten Schlechtwetterfront Kurs auf Cuxhaven. Zehn Tage waren seit der Ausfahrt vergangen.

Sechs Jahre später, Anfang 1959, kam die FREIBURG I.BR. mit einer Fangmenge von 5191 Korb, davon allein rund 4970 Korb Heringe, in Cuxhaven an, für die ein Rekorderlös erzielt wurde. Wie kam es zu diesem Fang? Die FREIBURG I.BR. hatte in den Tagen vor Weihnachten in der irischen See ohne nennenswerte Fänge gefischt. Der Kapitän Walter Jakobeit und seine Besatzung freuten sich schon auf eine fröhliche Silvesterfeier in Cuxhaven. Von dem Dampferbüro in Cuxhaven hieß es über Funk: »Abwarten.« Am nächsten Tag machte der Kapitän in der Fischlupe die so lange vermißte »schwarze Wand«, das heißt einen mächtigen Heringschwarm, aus. Bereits der erste Hol brachte 300 Zentner und von da ab gab es auf dem Schiff keine Freiwache mehr. Der Tagesfang betrug bis zu 1700 Korb.

Meine erste Heringsfangreise

Inzwischen war ich fünf Jahre in der Hochseefischerei im Frischfischfang. Viele meiner Kumpels erzählten mir von ungeahnten Heringsfängen in der sommerlichen Laichzeit dieses schmackhaften Fisches. Ich kannte ihn nur als Rollmops nach einer durchzechten Nacht oder als leckeren Bückling. Dies sollte sich in Kürze ändern. Mein Freund Rolf, der schon längere Zeit auf NORDSEE-Schiffen mit dem Heringsfang Erfahrung gesammelt hatte, lotste mich nach Ende der üblichen Aufliegezeit der Dampfer an Bord der DONAU.

An einem freundlichen Junimorgen, pünktlich um 7 Uhr, sollte abgelegt werden. Die Reise konnte noch nicht beginnen, obschon alle Matrosen an Bord waren und das Fanggeschirr, Ausrüstung und dergleichen Dinge vertäut waren. Auf der Elbe war es pottendicker Nebel und die DONAU hatte kein Radar. Die Besatzung wartete in der nahen Gaststätte »Tante Paula« auf Sichtbesserung. Nach diversen »lüttjen Lagen« (ein Korn und ein kleines Bier) kam endlich unser erster Steuermann, um uns an Bord zu holen. Der Nebel hatte sich gelichtet und die Reise konnte losgehen.

Ich wurde der Tageswache zugeteilt und mußte mit dem Netzmacher und drei weiteren Matrosen das Fanggeschirr zusammenstellen und anschlagen. Für mich war es noch recht ungewohnt, denn wo sonst recht derbe Rollengestelle und schwere Scher- sowie Ponybretter Platz hatten, gab es jetzt die etwas leichteren Heringsbretter mit den Eisenknüppel vorne und hinten an den Galgen, an denen das Heringsnetz mit wesentlich kleineren Maschen im hinteren Netzteil an langen Standern geschäkelt war. Aber auch dies

Das ganze Deck voller Heringe!
Foto: J. Schulz, Bremerhaven

hatte ich schnell begriffen, denn im wesentlichen glichen sich die Fangmethoden von Rundfisch und Hering. In den Pausengesprächen wurde ich ständig mit mir unbekannten Begriffen konfrontiert.

Wohin die Reise gehen sollte, war nicht bekannt. Die Nacht kam, und wir von der Tageswache gingen in die Koje. Tags darauf ließ der »Alte« (Kapitän) die Katze aus dem Sack: Der »Fladengrund« sollte unser Reiseziel sein. Nach fast zwei Tagen tauchten am frühen Morgen die ersten Qualmwolken von Fischdampfern am Horizont auf. »Utsetten« (Netz aussetzen) grölte der von der Brücke kommende Wachmatrose. Ein geschäftiges Treiben begann. Das Netz wurde gelöst, die Scherbretter außenbords gehievt. Kurze Zeit später klingelte der Maschinentelegraf auf »Maschine stop«. Nun wurde das Netz endgültig zu Wasser gebracht. Bei der geringen Wassertiefe von ca. 30 Metern ging das recht schnell. Schon nach 25 Minuten endete dieser Hol durch einen Haker. Vermutlich ein Wrack. Nachdem das Geschirr an Deck war, mußte zunächst ein relativ kleines Loch im Unternetz geflickt werden, um schnell wieder auszusetzen. Der Fang hatte sich nämlich gelohnt. Die Ausbeute betrug 150 Zentner. Bei der kurzen Schleppzeit schon beachtlich.

Wir hatten zusätzlich 100 Heringsfässer an Bord. Die Heringe wurden nach dem Fang gekehlt und gesalzen. Danach wurden die obersten Schichten sorgfältig mit dem Rücken nach unten, Schwanz gegen Schwanz gepackt. Diese Arbeit mußte je nach Fang und Wetterlage öfters unterbrochen werden. Nach einigen Tagen hatten auch wir hatten unsere Viertelfässer mit Heringen gefüllt.

Sehr oft wurde die Arbeit durch ein kaputtes Netz oder durch einen dicken Fang behindert, denn der Fang mußte wegen schneller Verderblichkeit baldmöglichst und sauber verarbeitet werden. Auch kam es vor, daß wir mit dem Fanggeschirr eines anderen NORDSEE-Schiffes ins Gehege kamen. Auch das war für mich Neuland, denn nur diese enge Fischerei, zeitweilig kaum eine Schiffsbreite Abstand, war an dieser Panne Schuld. Beim Frischfischfang war das äußerst selten, höchstens unter Island kam so etwas schon mal vor, weil die isländischen Trawler auch über Backbord-Seite ihr Fanggeschirr schleppten. Deutsche Fischdampfer fischten jedoch seit langem nur noch über Steuerbord.

Die Fangreise verlief relativ ruhig und schon fast angenehm, denn das Wetter war sommerlich warm und Windstille. Das Aussetzen und Einholen der Netze – das durch etwas Wind immer begünstigt wird – erfolgt immer auf der Luvseite. Bei Windstille klappt dieser Vorgang nicht so recht. Die Maschine muß ständig bei Steuerbord-Ruderlage vorwärts und rückwärts umgesteuert werden, um das Fanggeschirr weit genug von der Bordwand zu halten. Eine etwas umständliche, zeitraubende und kräftezehrende Tätigkeit. Nach zehn Fangtagen mit wechselnden Fängen hatten wir 3500 Korb Hering, die mit 150 Tonnen Eis gekühlt wurden. Hinzu kamen die 100 Salzheringsfässer und 120 Kisten Hering.

Die Heimreise konnte beginnen. Nun wurde das Schiff gereinigt und die Besatzung machte sich landfein, denn in wenigen Stunden war man wieder auf der Elbe. An Bord roch es nur noch nach »4711« und Birkin-Haarwasser. Wir erreichten das Feuerschiff Elbe 1 am Nachmittag des 14. Reisetages und übernahmen einen Lotsen nach Cuxhaven. Schnell wurde noch für ihn ein Fischpaket gepackt. Das war so üblich. Nachdem wir die Kugelbake an Steuerbord querab passiert hatten, machten wir später die Leinen an der Fischhalle fest. Sofort begann die Löschgang mit der Arbeit. Wir beeilten uns, nach der Zollabfertigung das Schiff zu verlassen. 36 Stunden später sollte es wieder in See gehen.

Mittlerweile sind viele Jahre vergangen. Ich machte mein Patent, um dann noch 13 Jahre als Steuermann und Kapitän auf einem Fischdampfer zu fahren. 1970 war Schluß mit der Hochseefischerei. Jedoch blieb ich dem Wasser treu. 25 Jahre fuhr ich auf Versorgungsschiffen des Wasser- und Schiffahrtsamtes, bevor ich dann 1995 endgültig abmusterte und in den Ruhestand ging. Auch heute beschäftige ich mich noch mit der Hochseefischerei, indem ich Besuchern auf dem Fischerei-Museumsschiff in Bremerhaven die harte Arbeit auf diesen Schiffen erkläre. Ein weiteres Hobby ist die Sammlung von Mützenflaggen – natürlich von Fischdampfer-Reedereien.

J. Schulz, Bremerhaven

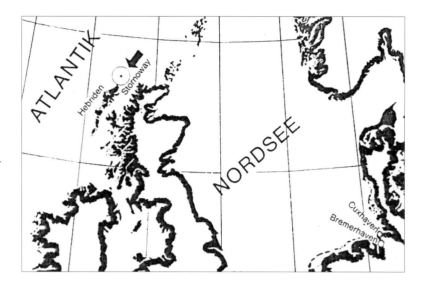

Heringsfang mit Hindernissen

Am Freitag, dem 10. Juli 1981, gegen 15 Uhr hatten die britischen Korvetten »Jura« und »Sulesker« die Fangfabrikschiffe KIEL und HANNOVER wegen angeblicher illegaler Heringsfischerei westlich Schottland vor den Äußeren Hebriden aufgebracht. Am 13. Juli mußten sich die beiden Kapitäne vor einem britischen Gericht in der schottischen Hafenstadt Stornoway deswegen verantworten und wurden »ermahnt«.

Die KIEL war am 2. Juli nachmittags mit rund 80 Mann Besatzung ausgelaufen. Ihr erstes Ziel war Südnorwegen, wo das neu eingebaute Verarbeitungsdeck geprüft wurde. Nach den Hols an der norwegischen Küste ging es zu den Hebriden zum Heringsfang. Die HANNOVER, die Cuxhaven einige Tage früher verlassen hatte, operierte zunächst in den Gewässern unter Ostgrönland und bekam dann von der Reedereileitung ebenfalls Order, die Äußeren Hebriden zum Heringsfang anzulaufen. Dort trafen sich die beiden Trawler rund acht Seemeilen vor der Insel Butt of Lewis an der Nordspitze der Hebriden und fischten auf Hering. Einige Zeit später tauchten zwei englische Fischereiaufsichtsboote auf, die dann die Kapitäne aufforderten, den Fang sofort einzustellen und in den schottischen Hafen Stornoway einzulaufen.

Nach Rücksprache per Funk mit der Reederei blieben die Trawler auf Position. Erst nach einer weiteren Rücksprache mit dem Bundesernährungsministerium, das die gültigen Vereinbarungen bestätigte, erfolgte die Weisung, Stornoway anzulaufen. Nach einer Verhandlung vor einem örtlichen Gericht bekamen die Kapitäne eine »Verwarnung«. Der Fang von 102 Tonnen bereits filetierter und tiefgefrorener Heringe wurde beschlagnahmt. Das Fanggeschirr, das grundsätzlich bei Verstößen gegen Fangbestimmungen beschlagnahmt wird, wurde nicht eingezogen.

Gegen die Aufbringung und die Verurteilung der NORDSEE-Schiffe legten die Reederei und die Bundesregierung bei den britischen Behörden Protest und Rechtsmittel ein, da die Fanglizenzen vollkommen zu Recht erteilt wurden. Entstanden ist diese Aufbringung der Trawler durch die Verschiebung einer EG-Ministerratssitzung, auf der nach dem Heringsfangverbot, das bis 30. September 1980 galt, neue Fangquoten aufgrund wissenschaftlicher Empfehlungen festzulegen gewesen wären. Deshalb entschloß sich das Bundesernährungsministerium, für die verbliebene Heringsfangsaison eigene Fangquoten an die Reedereien zu vergeben. Nach Ansicht der deutschen Behörden waren nationale Fangbeschränkungen ohnehin nur nach enger Abstimmung mit der EG-Kommission zulässig. Nach diesem Zwischenfall »dampften« die beiden NORDSEE-Trawler zu Fangplätzen vor Norwegen und Grönland.

Fanggebiet vor den Äußeren Hebriden.
Foto: NORDSEE-Archiv

Fangplätze bei Island
Fangsorten: Hering, Kabeljau, Seelachs, Schellfisch, Leng / Lumb, Heilbutt, Rotbarsch, Katfisch

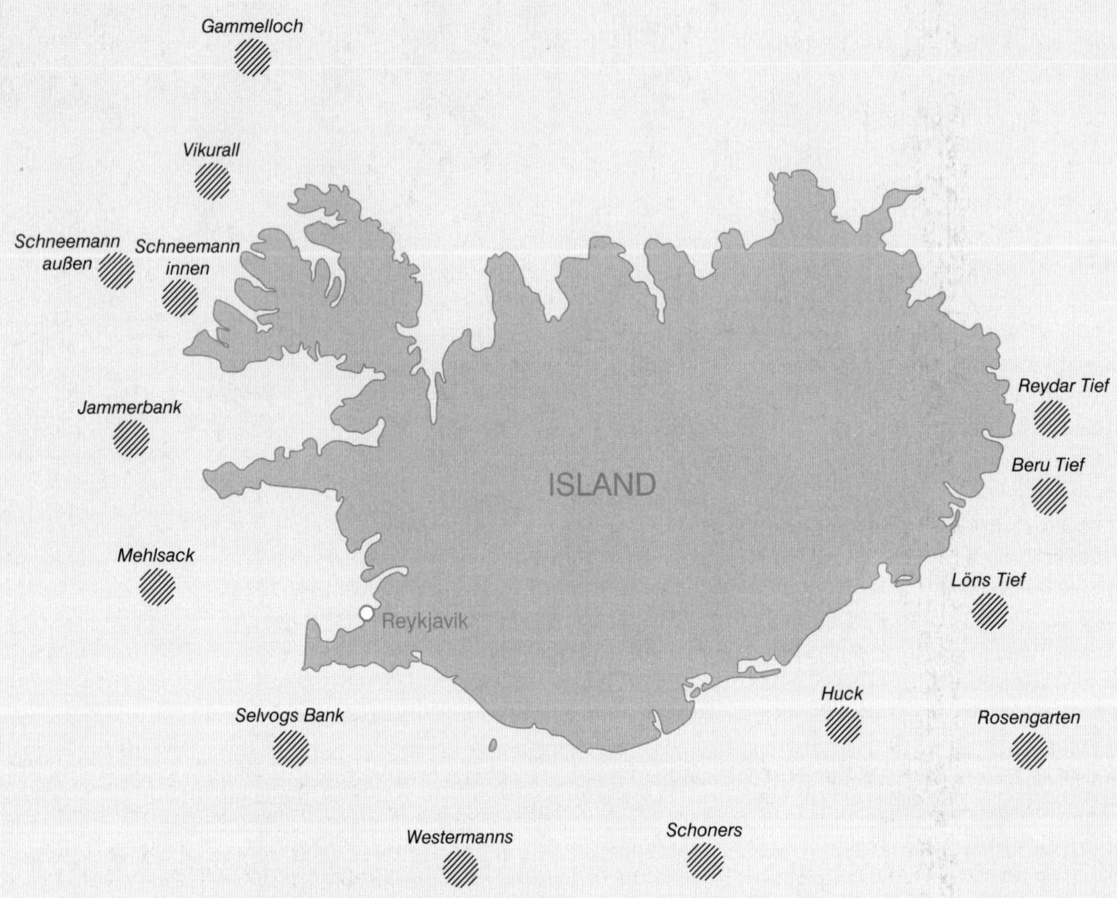

- Gammelloch
- Vikurall
- Schneemann außen
- Schneemann innen
- Jammerbank
- Mehlsack
- Reykjavik
- Selvogs Bank
- Westermanns
- Schoners
- Huck
- Rosengarten
- Löns Tief
- Beru Tief
- Reydar Tief
- ISLAND

Heringsfang vor Islands Küsten

Die NORDSEE-Schiffe fischten schon vor 1898 versuchsweise vor Island. Die älteren NORDSEE-Fischdampfer wurden 1899 bei der Seebeck-Werft für die Islandfahrt verlängert und bekamen ein Stürzdeck. Mit der Heringsfischerei begann die NORDSEE 1905. Sie bot den Dampfern in den absatzschwachen Sommermonaten eine Alternative zu der Herbst- und Winterfischerei. Als Stationsschiff diente die 1500 BRT große Segelbark STANDARD. Sie wurde im Juni 1906 in Nordenham ausgerüstet und fuhr mit einer Fangflotte von fünf Dampfschiffen nach Island. Das erste Auslaufen des Windjammers nach Island war ein Ereignis für Nordenham. Die NORDSEE-Pier war voll von Menschen, als das Schiff unter Führung von Kapitän Roelofs auslief. Die Fischdampfer schleppten das scherzhaft »Heringsbark« genannte Mutterschiff nach Island und nach Ende der Heringssaison wieder zurück nach Nordenham. Heringsfässer und andere Ausrüstungsgegenstände wurden in Norwegen an Bord genommen. Für die Bord-Verarbeitung der Heringe wurde norwegisches Fachpersonal für die Saison angeheuert.

Der Heringsfang bei Island wurde mit der Ringwade betrieben. In der Bucht von Akureyri errichtete die NORDSEE eine Landstation, an deren Gründung auch Landbeschäftigte aus Nordenham beteiligt waren. Hier lag die STANDARD vor Anker. Die Fischdampfer fuhren zum Fangplatz, fischten und brachten die gefangenen Heringe zum Stationsschiff, wo sie dann an Deck geschüttet und vom angeheuerten Fachpersonal verarbeitet und in Fässer gepackt wurden. 4000 bis 6000 Faß Heringe pro Fangsaison, die vom 15. Juli bis zum 15. September dauerte, betrug die jährliche Fangmenge. Der größte Teil wurde von eigenen Fischdampfern nach Schweden transportiert. Den Rest der Fänge brachte die STANDARD nach Nordenham, wo die Heringe geräuchert wurden. Der Island-Hering wurde als Lachshering in den NORDSEE-Geschäften sehr stark nachgefragt. 1914, mit Beginn der Fangeinstellung infolge des Ersten Weltkrieges, endete der Heringsfang mit der Ringwade vor Island. Nach 1919 verbot die Regierung die Verarbeitung der Fische an Land, so daß die NORDSEE diese Form der Fischerei nicht wieder aufnahm.

*Fangplatz vor Island.
Foto: H. Wölbing, Langen*

Mit der NÜRNBERG auf Frischfischfang

Am 13. Januar 1956 um 7 Uhr sollte die NÜRNBERG vom Pier in Bremerhaven zu einer dreiwöchigen Fangreise nach Island auslaufen. Schon seit 5 Uhr waren die Heizer und Maschinisten damit beschäftigt, Dampf aufzumachen. Nach und nach traf dann auch die übrige Besatzung ein. Nachdem der Schlepper den Fischdampfer längsseits genommen hatte, ging die Reise dann los. Schleuse, Außenweser, Rotersand-Leuchtturm und das Weser-Feuerschiff sind die letzten Stationen, bevor das Schiff in der Nordsee der Kurs nordwärts in Richtung Faröer Inseln einschlägt. Bis zum Fangplatz Dohrnbank westlich Islands sind noch fünf Tage und Nächte mit voller Kraft zu dampfen.

Gegen Abend kommt Island in Sicht, die Ortschaft Reykjanes an der südwestlichsten Ecke der Insel. An Backbordseite kann man am Horizont einen 80 Meter hoch aufragenden riesigen Felsblock erkennen, den Mehlsack, der dem hier gelegenen Fanggebiet den Namen gegeben hat. Bald nach Mitternacht haben wir die Anton-Dohrn-Bank erreicht, wo dann bei völliger Dunkelheit das Netz ausgesetzt wird.

Nachdem ungefähr 1000 Meter weggefiert sind und das Netz in etwa 250 Metern Tiefe den Grund erreicht hat, beginnt der Schleppzug. Nach 1½ Stunden gibt der Kapitän Anweisung zum Hieven. Die Dampfwinde beginnt zu laufen, und während sich die Leine auf die Trommel spult, nimmt jeder Mann der Besatzung an Bord seinen Arbeitsplatz ein. Dann erscheint plötzlich der mit Gewalt nach oben schießende pralle Netzsteert an der Wasseroberfläche an Bord. Der erste Hol hatte ca. 200 Korb Rotbarsch. So fischten wir bei gutem Wetter noch 1½ Tage 1500 Korb. Der Wetterbericht hatte für die nächsten 24 Stunden noch schönes Wetter angesagt, als sich ganz plötzlich aus Richtung Nordost ein starker Wind aufmachte. Die See wird unruhiger und die Arbeit für die Männer, die dann oft genug bis zum Bauch im Wasser stehen, schwieriger. Als der Wind auf Windstärke 8–9 zunimmt, bricht der Kapitän den Fang ab. Die Netze werden an Deck festgezurrt. Der Maschinentelegraph geht auf langsame Fahrt, und mit dem Bug in den Wind gelegt arbeitet das Schiff schwer in der See.

Die Dampfer auf den benachbarten Fangplätzen melden bessere Wetterverhältnisse, so daß sich der Kapitän entschließt, die Dohrnbank zu verlassen und den Kurs ostwärts auf die Vikurall-Bank zu nehmen. Tatsächlich besserte sich das Wetter. Die Hols sind nicht so gut wie auf der Dohrnbank. In den Netzen ist weniger Rotbarsch als Kabeljau und Schellfisch. Während das Netz im Wasser ist und geschleppt wird, muß der Fisch an Deck verarbeitet und unter Deck verstaut werden. Leider wird die Arbeit oft unterbrochen, weil das Netz irgendwo am Meeresgrund hakt und zerrissen wieder an Deck kommt. Wenn der Schaden nicht gleich behoben werden kann, muß ein neues Netz angeschlagen werden.

Der Kapitän änderte den Kurs in Richtung Fangplatz Dohrnbank. Dort angekommen, befindet sich die Backbordseite des Schiffes an der festen Packeisgrenze. Am sechsten Fangtag hatten wir den größten Hol, 400 Zentner. Inzwischen sind die Fischräume fast voll. Am späten Nachmittag des nächsten Tages wird das Netz zum letzten Mal gehievt, und während die Fische an Deck noch verarbeitet werden, läuft das Schiff schon mit südöstlichem Kurs in Richtung Heimathafen. Nach der Ankunft in Bremerhaven wird der Fang auf der Auktion versteigert. Die Besatzung hat zwei freie Tage. Währenddessen wird die NÜRNBERG im Landbetrieb für die nächste Fangreise vorbereitet.

W. Vogt, Bremerhaven

Fischfang vor Island

Island gehörte seit 1905 zu den bevorzugten Frischfisch-Fanggebieten der NORDSEE-Schiffe. Island selbst besaß nur eine kleine Küstenfischerei und konnte deshalb auch nicht mit den Fangmengen der größeren Fischdampfer konkurrieren. Nach dem Zweiten Weltkrieg nahm die kommerzielle Fischerei auf den ergiebigen Fanggebieten, die größtenteils außerhalb der Drei-Seemeilen-Zone lagen, enorm zu. Es gab in den 50er Jahren schon Bestrebungen, Fanggebiete für ausländische Fischdampfer zu sperren. 1958 wurde eine Vier-Seemeilen-Zone etabliert.

Mit der einseitigen Einführung der 50-Seemeilen-Zone 1972 begann eine »konflikträchtige Fischerei«, die dann später in dem bekannten »Kabeljau-Krieg« endete. Mit der Einführung der 200-Seemeilen-Wirtschaftszone endete dann auch endgültig »die Freiheit, überall zu fischen«. Damit ging für die deutsche Hochseefischerei und der NORDSEE einer der ertragreichsten Fangplätze verloren.

Hans Georg Holländer, Jahrgang 1933, aufgewachsen in Labiagienen, Ostpreußen, kam nach dem Krieg nach Bremerhaven, wo er nach seinem Schulabschluß eine Bäckerlehre machte. Vater Holländer, Zeit seines Lebens Fischer, hatte seinem Sohn sehr von der Hochseefischerei abgeraten. Aber die Sehnsucht nach dem Meer war dann doch größer. Zunächst Jungmann auf Küstenmotorschiffen und in der Passagierfahrt, heuerte er dann 1952 in der Hochseefischerei an. Matrose, Steuermann und dann ab 1960 als Kapitän auf dem Fischdampfer »Mosel« waren die weiteren Stationen. Ab 1972 bekam er das Kommando auf der SAARBRÜCKEN.

Das bevorzugte Fanggebiet des Kapitäns Holländer wurden die Küsten von Island. Hier kannte er sich mit der Zeit besser aus als auf der Bürgermeister-Smidt-Straße in Bremerhaven. Von 1960 bis zur Einführung der 200-Seemeilen-Zone 1977,

*Das isländische Wachtschiff »Odin« begleitet die SAARBRÜCKEN.
Foto: H.G. Holländer, Bremerhaven*

also in 17 Jahren, sind es nach seiner eigenen Schätzung um die 240 Fangreisen geworden. Eine Reise dauerte im Durchschnitt 21 Tage. Unter den NORDSEE-Kapitänen war der Rat des »Islandkapitäns« sehr gefragt. Einer seiner schnellsten Reisen dauerte 15 Tage mit einer Fangmenge von 5336 Zentnern Seelachs und Rotbarsch. 1970 stammten 62% der Frischfischanlandungen von den isländischen Schelfküsten.

Die isländischen Fanggründe wurden mit der Erweiterung der Schutzzonen 1972 auf 50 Seemeilen ein »schwieriges Fanggebiet« für die ausländischen Hochseefischerei und hier besonders für die deutsche Flotte. Bis Ende Juni 1973 wurden nach Informationen der Bundesregierung 90 deutsche Trawler durch isländische Wachtboote am Fang behindert.

Kapitän Holländer bekam hier »hautnah« die Durchsetzung von isländischen Fischereiinteressen zu spüren. Seine Schiffstagebuch vermerkt in dieser Zeit viele Begegnungen mit isländischen Schutzbooten.

In seinen persönlichen Aufzeichnungen erinnert er sich an eine direkte Begegnung mit einem isländischen Schutzboot am 8. April 1972:

04.10. Uhr morgens: Die SAARBRÜCKEN befindet sich auf einem Fangplatz und ist am »Schleppen«, als das Wachtboot »Agir« längsseits kommt und die Steuerbord-Kurrleine kappt. Mit einem gewagten Schiffsmanöver »hart Backbord und volle Fahrt voraus« gelingt es dem Kapitän, die Backbord-Kurrleine zu schützen. Danach beginnt eine »Verfolgungsfahrt« zwischen den beiden Schiffen, immer hart an direkten Zusammenstößen. Es gelingt der Schiffsbesatzung während dieser Aktion, das Netz doch noch an Deck zu bekommen.

7.20 Uhr: Nach drei Stunden endet die »Verfolgungsfahrt«. Das Wachtboot dreht ab und die SAARBRÜCKEN kann wieder ihre Netze aussetzen und weiterfischen.

In den nächsten Tagen gab es noch fünf Begegnungen mit den beiden Wachtschiffen »Agir« und Odin«, bei denen das Fanggeschirr hochgeholt und der Fangplatz gewechselt werden mußte.

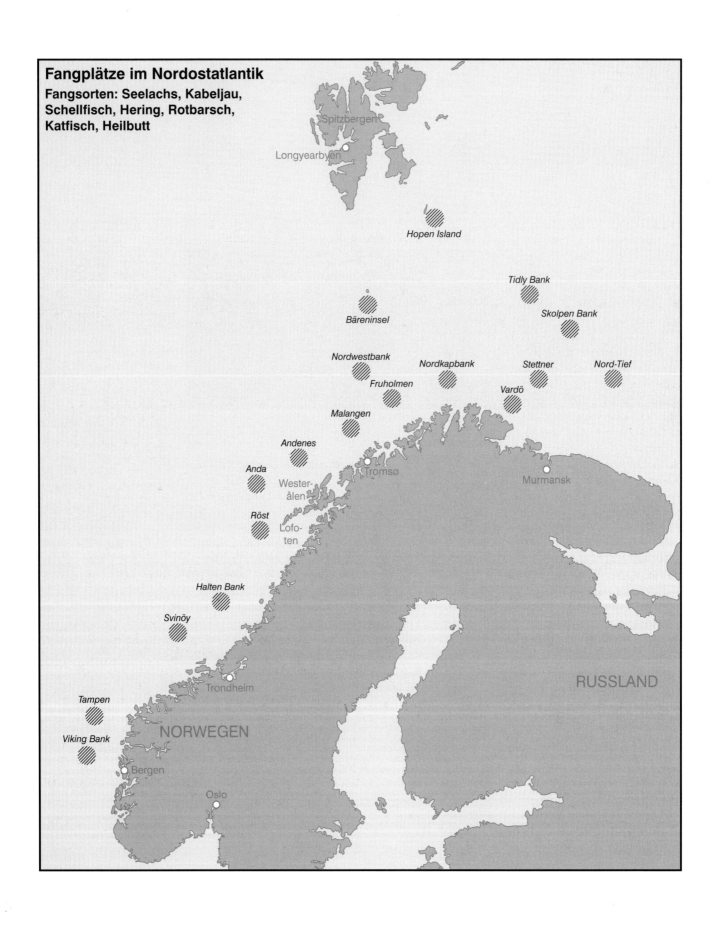

Fangreise nach Kap Kanin

Mit halber Fahrt gleitet die KIRCHWÄRDER Anfang Januar 1927 in die Elbe hinaus, unter einem langen Sirenenton wird die Einfahrt passiert. Dann »Vull vorut« – Kurs Elbe 1! Schnee und Nebel sind unsichere Kantonisten für den Nautiker. Bei Elbe 3 wird es immer »dicker«. Gegen 22 Uhr klart es plötzlich auf. An Backbord, zwo Strich achterlich als dwars, geistert der bleiche Lichtarm von Helgoland durch die Nacht. Im leichten Schiebewind von achtern blubbert unser Zampano dahin; »ramm tamm tamm« stampfen die Kolben, Kurs Witt-See!

36 Stunden schaukelt die KIRCHWÄRDER bis Koppervik Lotsenstation. Der Lotse, ein Schifferoriginal, kommt an Bord und verstaut seine »Hebammentasche« (Lotsentasche) im kleinen Kartenhaus. Es wird für fünf Tage und Nächte das Lotsenkabuff sein. Nach fünf Dampftagen ist Honningsvaag erreicht. Der Lotse geht hier von Bord. An Backbord empfängt uns das offene Meer, die Barentsee. Von Steuerbord herüber blinken die Leitfeuer der Küstenpositionen Nordkyn, Vardö.

Die Nacht wird furchtbar. Gewaltige »Rollers« (Sturzseen) drücken beständig den Bug unter Wasser. Wir machen knapp vier Meilen Fahrt und die Vereisung nimmt zu. Wie ein tröstendes Licht leuchtet aus der Ferne das Feuer von Seleny. Langsam loten wir uns an die schwierige Einfahrt heran. Die Hände erstarren beim Einholen der sofort an der Luft gefrierenden Handlotleine. Als es zu tagen beginnt, hat auch der Sturm nachgelassen. Wir hieven den Anker auf und nehmen wieder Kurs auf Kap Kanitzka. Nach einer kalten, sternenklaren Nacht erreichen wir gegen 16 Uhr den Fangplatz bei Kap Kanin. Die See ist ruhig. Das Termometer zeigt 18 Grad unter Null. Utsetten! Das Netz muß erst wieder losgetaut werden. Scherbretter und »Bobby« (Roller) werden mit dem Bobbyhaken aus ihrer erstarrten Verankerung gerissen. Der Steert, normalerweise per Hand über die Reeling geworfen, hängt wie eine große Eisgardine im Sliphaken und versinkt nach dem Slippen lautlos im Wasser, das einem milchigen Brei gleicht. Der erste Hol hat begonnen, wie lange wird der letzte auf sich warten lassen - höchstens 24 Tage darf die Reise dauern, das heißt in einer Woche 1500 Zentner fangen oder mit einem Minimum nach Hause fahren. Hier ist man im Gegensatz zu Island arg darauf bedacht, die Hoheitsgrenze zu respektieren.

Ist das Schlachten von Fischen bei normalen Temperaturen eine Kleinigkeit, wurde es hier mitunter zum Martyrium. Die obere Schicht der Außenbordkameraden war in der Regel steif gefroren wie ein Brett. Nach dem Schnitt mußte der Fischleib gewaltsam auseinandergezerrt werden, um an Kütt und Leber zu gelangen. Die »Dödels« (Finger) sahen nach einigen Tagen aus wie die neueste Nummer der »Fliegenden Blätter« in Buntdruck.

36 Stunden standen wir mit sieben Mann, einschließlich der Steuerleute, erst einmal an Deck. Stunde um Stunde Aussetzen, Hieven, Schlachten, Netzflicken und Verstauen. Die Mahlzeiten wurden in fliegender Hast eingenommen. Allerhand, was den Händen bei diesen Temperaturen zugemutet wurde, abgesehen davon, daß gelegentliche Rotbarschhols nicht dazu beitrugen, die Risse und Schrammen zu glätten, zumal sie nicht durch Handschuhe geschützt werden konnten. Nach 1½ Tagen haben wir bereits 500 Korb im Raum, als uns der Alte für sechs Stunden in die Koje schickt und treiben läßt. Das Wetter bleibt beständig, ebenso die Beute, zwi-

»Die Außenbordkameraden waren in der Regel steif gefroren wie Granaten. Unsere Finger sahen nach einigen Tagen aus wie'ne Illustrierte in Buntdruck.« Illustration von Fuchs, NORDSEE-Archiv

*In den kurzen Freiwachen ist Zeit für eine Skatrunde.
Foto: C. Behrensen, Cuxhaven*

*»Schlafen, nur noch schlafen. Nach 90stündigem Am-Netz-und-in-den-Fischen-Stehen ist man fertig mit Jacke und Büx. Aber Brückenwache muß sein, Janmaat, bleib wach, egal wie!«
Illustration von Fuchs, NORDSEE-Archiv*

schen 50 und 100 Korb pro Hol. Insgesamt 87 Stunden standen wir diese Reise in den Fischen. KIRCHWÄRDER ist voll bis unter die Luken, 1500 Korb in 93 Stunden, einschließlich der sechs, die wir schliefen. Der Kapitän und der Steuermann übernehmen den ersten Törn der Heimreise und lassen die Besatzung schlafen.

Bereits nach 48 Stunden, Honningsvaag wurde soeben wiederum zur Nachtzeit passiert, ist aller Kummer vergessen. Den Lofotenlotsen an Bord, geht es heimwärts – wirklich? Ein Gerücht macht die Runde, es könne nach Grimsby gehen. Immerhin besteht der größte Teil unserer Ladung aus einer erstklassigen Sorte Schellfisch. In Kopervik bekommen wir Ordner nach Grimsby. In Grimsby erwischen wir einen dicken Markt. 18.000 RM netto und pro Mann zwölf englische Pfund für Tran und Rogen, alles in allem, einschließlich Heuer, rund 400 RM in 22 Tagen. Auf das Konto des Kapitäns kamen 1350 RM.

(Auszug aus einer der »Jakobeit«-Geschichten, die regelmäßig in den NORDSEE-Nachrichten erschienen. Rudolf Jakobeit, Hochseefischer, Navigationslehrer, Lotse, Kriegs- und Handelsschiffskommandant, hat regelmäßig Seemannsgeschichten für die NORDSEE-Nachrichten und andere maritime Zeitschriften geschrieben.)

Auf Rotbarschreise

Der Fischdampfer STUTTGART machte im April 1957 eine Fangreise ins Gebiet von »NW-Island«. Die Ladung, 5400 Zentner Kabeljau und 120 Fass Tran, wurden nach einer Order der Reederei in Grimsby/England gelöscht. Für diese Fangreise konnte ein gutes Fangerlös erzielt werden. Der Stammkapitän wurde dort von einem Vertreter abgelöst, da seine Ehefrau verstorben war. Nach zwei Tagen im Hafen von Grimsby lief die STUTTGART am 6. Mai nachmittags mit Kurs »Nord-Norwegen« zu einer neuen Fangreise aus.

Die zwölf Mann »vor dem Mast«, Netzmacher, neun Matrosen, zwei Leichtmatrosen, wurden vom ersten Steuermann und dem Netzmacher für die Wachen wie folgt eingeteilt:
– Brückenwache: Der erste und zweite Steuermann alle 6 Stunden im Wechsel; dazu sechs Matrosen, jeweils drei für 3 Stunden; der Rudergänger alle 2 Stunden abgelöst, der Aus-

guck auf der Brücke wurde auch regelmäßig besetzt
- Tageswache: 8 bis 17 Uhr; Netz- und Fanggeschirrarbeiten und andere Arbeiten.
- In der Maschine wechselten sich der erste und zweite Maschinist alle sechs Stunden ab. Die drei Heizer, die während der Fangreise zehn Tonnen Kohle pro Tag »schaufelten«, hatten vier Stunden Wache und acht Stunden Freiwache.

Nach einer fünftägigen Anreise wurde der Fangplatz »Südwest-Bäreninsel« erreicht. Diesmal kein Kabeljau, sondern Rotbarsch. Auf der Kommandobrücke wechselten sich der Kapitän und der erste Steuermann im Fangbetrieb ab. Die Tagesfänge lagen zwischen 600 bis 700 Korb. Die Schleppzeiten betrugen drei Stunden. Danach kam das Netz an Bord und der Fang wurde unter Deck im eisgekühlten Fischraum gestaut.

Während der Fangzeiten waren die Seeleute bei guten Fängen bis zu 48 Stunden an Deck. Die Schlafzeiten in den Freiwachen waren dann besonders kurz. Die Unfallrisiken waren bei dieser langen Arbeitszeit groß. Nach neun Tagen war die STUTTGART mit 5000 Korb Rotbarsch auf Heimreise. Die Tageswache war mit Reinigungsarbeiten auf dem ganzen Schiff und dem Messingputzen beschäftigt. Der erste Steuermann, gerade vom Lehrgang zurück, stellte bei seinem Rundgang fest, daß die Messingpfeife am Schornstein während seiner Abwesenheit einen anderen Farbanstrich erhalten hatte. Einige Matrosen wurden daraufhin zu der Arbeit verdonnert, die Pfeife wieder in ihrem Originalzustand herzustellen.

Am 24. Mai traf der Fischdampfer in Cuxhaven ein, wo die Ladung auf dem Fischmarkt einen guten Fangpreis erzielte. Nach diesen zwei Reisen wurde die STUTTGART für vier Wochen aus der Fahrt genommen, um in der jährlichen Aufliegezeit gründlich überholt zu werden. Ende Juni begann für die STUTTGART die neue Fangsaison mit Ziel »Gammelloch«, Nordwest-Island.

C. Behrensen, Cuxhaven

Der Rotbarsch wird unter Deck im Fischraum gestaut.
Foto: C. Behrensen, Cuxhaven

Die schnellste Reise des Kapitäns Walter Beckmann

Am 16. April 1957 verließ die DUISBURG Cuxhaven mit dem Ziel norwegische Küste/Barentssee. In den nächsten drei Tagen war die Besatzung mit der Bereitstellung des Fanggeschirres beschäftigt, als das jüngste Besatzungsmitglied über starke Beschwerden in der Brust klagte und hohes Fieber hatte. Über Norddeich Radio teilte Kapitän Beckmann dem Cuxhavener Arzt die Symptome des Kranken mit. Der Arzt riet dem Kapitän, dem Jugendlichen Penicillinspritzen zu geben und ihn in den nächsten Stunden zu beobachten. Sollte nach 24 Stunden keine Besserung eintreten, empfahl er, den nächstgelegenen Hafen anzulaufen und den Kranken in ein Spital einzuliefern. Mittlerweile hatte das Schiff seinen Fangplatz erreicht, der nächste Hafen wäre Harstedt an der norwegischen Küste gewesen.

Noch innerhalb der Beobachtungsfrist des Kranken entschloß sich der Kapitän, das Netz auszusetzen. Am »Malangengrund« wurde entlang der 300 Meter tiefen Kante zwei Stunden lang »gedampft«. Nach dem Einholen des Netzes war der Kapitän mehr als zufrieden über den selten guten Fang: Es waren an die 200 Zentner Seelachs und Rotbarsch. Die Weiterfahrt in nördliche Fanggründe wurde gestoppt, da sich Beckmann an diesem Fangplatz ergiebige Fänge versprach. Wenn das Wetter »mitspielte«, konnte das Schiff in innerhalb kürzester Zeit gefüllt sein. Und so war es auch.

Kapitän Walter Beckmann, der »Norwegenspezialist« der NORDSEE, konnte sich nicht daran erinnern, während seiner 20jährigen Fahrenszeit als Kapitän je wieder eine so schnelle Fangreise gemacht zu haben. Am 15. Reisetag war die DUISBURG mit 5000 Zentnern Frischfisch am Seefischmarkt Cuxhaven, zwischenzeitlich hatte die Genesung des Kranken an Bord gute Fortschritte gemacht – ein sehr gutes Omen für den erfolgreichsten Einsatz der DUISBURG.

Die Besatzung der DUISBURG, fünfter von links: Kapitän Walter Beckmann mit seinem Bordhund. Links neben dem Rettungsring der Schiffsjunge Vogt, der für die schnelle Reise sorgte.
Foto: W. Beckmann, Cuxhaven

Fangfabrikschiff MARBURG
Foto: DSM

Dem Blauen Wittling auf der Spur

Mit den eingeschränkten Fangmöglichkeiten, bedingt durch die internationale Seerechtsentwicklung und die Einführung der Fangquoten, wurden von der Bundesforschungsanstalt für Fischerei vermehrt Expeditionsreisen unternommen, um Fischarten für die kommerzielle Fischerei zu erkunden, die bisher als Beifang auf den Markt kamen wie Blauleng, Grenadierfisch, Polardorsch und Dodde. Der Blaue Wittling, ein fettarmer Weißfisch der Dorschfamilie, der noch ohne Fanglizenzen gefangen werden konnte, ist als Frischfisch und zur Verarbeitung von Fischstäbchen und anderen Tiefkühlprodukten geeignet. Das systematische Aufspüren dieser Fischart war Ziel einer viermonatigen Forschungsreise 1978 im Nordostatlantik mit der gecharterten MARBURG. An diesem Unternehmen beteiligten sich verschiedene Abteilungen der Bundesforschungsanstalt für Fischerei. Im August 1978 verließ die MARBURG Cuxhaven mit Kurs auf den »Blauen Wittling«. Das Projekt wurde in zwei Phasen durchgeführt, mit zwischenzeitlicher Rückkehr nach Cuxhaven.

Das Forschungsgebiet erstreckte sich von den Hebriden, den Färöern und dem Fangplatz Dohrn-Bank über die Barentssee und die Bäreninsel bis nach Spitzbergen. Die MARBURG hatte die neukonstruierte Baader-Maschine »121« an Bord, da die bisherigen Versuche mit älteren Verarbeitungsmaschinen Schwierigkeiten beim maschinellen Enthäuten ergeben hatten.

Dies war nicht die erste Reise eines NORDSEE-Schiffes auf »Blauen Wittling«. Bereits 1974 hatte die TÜBINGEN in den westbritischen Gewässern auf Blauen Wittling gefischt. Die Ausbeute betrug damals 600 Tonnen Tiefkühlfilet. 1975 fischten im Gebiet südlich von Spitzbergen drei NORDSEE-Fangfabrikschiffe insgesamt 1700 Tonnen »Blauen Wittling«. 1976 wurde das Gebiet zwischen Ost-Island und der Insel Jan Mayen von den NORDSEE-Fabrikschiffen erfolgreich befischt.

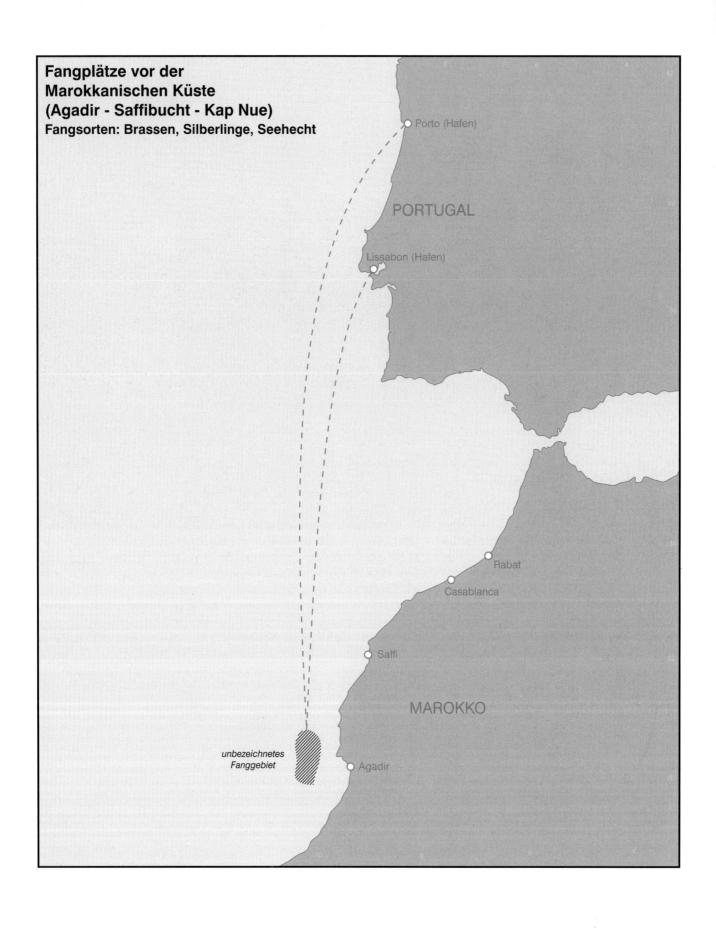

Von der Nordsee nach Marokko

Die ersten Versuche der Fernfischerei wurden 1902 mit der MAGDEBURG gemacht. Das Schiff war mit zwei Kapitänen besetzt und hatte Wissenschaftler an Bord, die die Eignung des an der afrikanischen Küste gefangenen Fisches für den deutschen Markt prüfen sollten. Zuerst fuhr das Schiff nach Huelva, Spanien, fand dort aber außer kleinen Brassen und kleinen Hechten keine nennenswerten Fischvorkommen. Danach dampfte die MAGDEBURG hinüber nach Marokko. Dort wurde zuerst an der Bucht von Saffi das Netz ausgesetzt und gefischt. Der Boden war stellenweise sehr felsig. Oft kam es vor, daß die Netze beschädigt wurden. Die Deutschen waren die ersten, die mit Schleppnetzen Versuche starteten. Erst vor Agadir erzielte das Versuchsschiff gute Fänge. Als sich der Fang auf etwa 500 Zentner belief, wurde die Heimreise angetreten. Die Silberlachse, Brassen und Seehechte waren frisch, stark vereist und wurden in Geestemünde gelöscht.

Ab der Fangsaison 1906 waren mehrere Fangschiffe der NORDSEE vor Marokko im Einsatz. Die Fänge vor der französischen und spanischen Küste bei Kap Ortegal, Vilano und Finisterre waren nicht so ergebig. Gute Ergebnisse gab es bei Agadir und Kap Nue. Die großen Brassen, Silberlachse und Seehechte wurden in Lissabon und in Porto gelöscht.

Auch von Schiffsunglücken ist die NORDSEE nicht verschont geblieben. Anhaltender Regen, Wolkenbrüche und große Überschwemmungen führten dazu, daß der Fischdampfer SACHSEN am 20. Dezember 1909 nicht von Porto auslaufen konnte. Das Wasser stieg ständig höher und die Strömung nahm immer mehr zu. Heiligabend brachen auf dem Schiff die Ankerketten, das Schiff trieb auf eine Barre und kenterte.

Nach der Gründung portugiesischer Fischdampfer-Reedereien und der Auswertung von Erfahrungen der NORDSEE-Schiffe wurde zum Schutz der eigenen Seefischerei und des einheimischen Fischmarktes vor ausländischen Anlandungen die Wiedereinführung eines älteren Gesetzes beschlossen. Dieses beinhaltete, daß ausländische Fischdampfer ihre Ladungen nicht mehr in Portugal absetzen konnten. Damit endete die erste Phase der NORDSEE-Fernfischerei. Die Marokkofischerei wurde zwar 1919 wieder aufgenommen, kam aber 1925 mit der Aufbringung der DORTMUND, LEIPZIG und HALLE zu einem vorzeitigen Ende. Die Kapitäne wurden von den französischen Kolonialbehörden in Mogador verhaftet und mit einem gleichzeitigen Landungsverbot in Spanien und Portugal belegt. Damit endete die Ära der NORDSEE-Marokkofischerei.

Die gestrandete SACHSEN
Foto: DSM

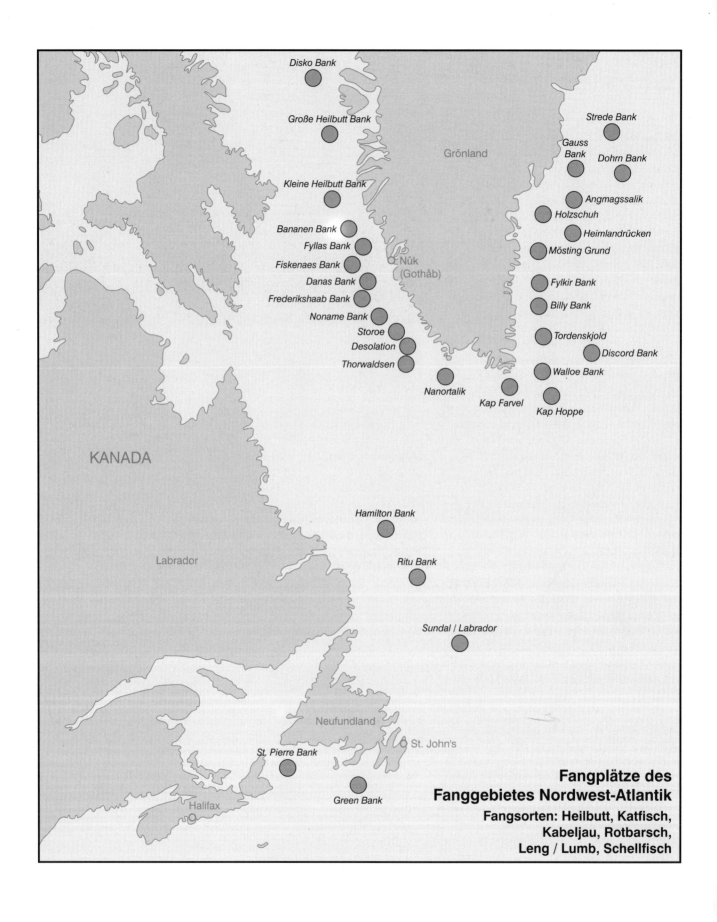

Heilbuttfang mit der Angel

1929 hatte die NORDSEE Kontakte zu englischen Reedern aufgenommen, die bereits seit einiger Zeit wichtige Erfahrungen beim Fischen vor Grönland sammeln konnten. Die NORDSEE war insbesondere am Fang von Heilbutt interessiert. Die Engländer fingen diesen in großen Mengen vor Grönland stehenden Fisch mit Hilfe von speziellen Angeln. Ein solches Angelgeschirr bestand aus 40 sogenannten Körben und Leinen. Jede Leine war 90 Meter lang und im Abstand von fünf Metern mit einem an einer etwa einen Meter langen Schnur befestigten Angelhaken versehen. Sieben dieser Leinen wurden in einem Korb verstaut und vor dem Aussetzen auf dem Achterdeck beködert. Um den richtigen Köder für den Heilbutt zu beschaffen, bediente man sich einer besonderen Methode. Von Grimsby wurde frischer Hering mitgenommen. Mit diesem Hering wurden zunächst Kabeljau und Katfisch gefangen. Der so gefangene Fisch wurde nun in viereckige, etwa ¼ Pfund schwere Stücke geschnitten, die als Köder für den Fang des Heilbutts benutzt wurden. »Der Heilbutt beißt auf Katfisch und Kabeljau«, war das Motto der Grönlandfischer.

Mit einer Mannschaft aus sieben Engländern und sieben Deutschen fuhr die ALBERT BALLIN am 11. Juni 1929 vom Grimsby aus zum Pentöandfirth und nach Kap Wrath mit westlichem Kurs zur Südspitze von Grönland. Nach einer bedrohlichen Eisfahrt hielt das Schiff nun nördlich auf die große Heilbuttbank Grat Hellefiske zu. Dort wurde bis zu einer Tiefe von 1300 Metern gefischt.

Der erste Reise dauerte 27 Tage und war ein voller Erfolg. Schon nach dreimaligem Aussetzen der Angeln konnte der Dampfer die Heimreise mit 1200 Zentnern Heilbutt antreten. Der kleinste wog zwei Pfund, während der größte Heilbutt 450 Pfund auf die Waage brachte. Der Fang wurde in Grimsby gelöscht, ein kleiner Teil wurde nach Cuxhaven gebracht. Die zweite Reise der ALBERT BALLIN ging bis zur Insel Disko. Sie dauerte 35 Tage und brachte eine etwas geringere Fangmenge.

Die Salzfischreise der ESSEN

Als erstes der insgesamt 17 Schiffe, die von der deutschen Hochseefischerei 1960 im Salzfischfang eingesetzt wurden, kam am 10. Juni die SAARBRÜCKEN nach 40tägiger Fangfahrt vor Grönland wieder in seinen Heimathafen zurück. Die Ware, die nach Reisen solcher Art in salzgarem Zustand und in Säcke eingenäht direkt aus der Halle zum Versand kommt, ist ausschließlich Kabeljau, der am Fangplatz sogleich geklippt und zur Konservierung schichtweise in Steinsalz gelagert wird. Der italienische Markt ist Ziel von Bahntransporten, während der zweite Handelspartner, Portugal, durch direkte Schiffsanlandungen in Lissabon, Aveiro oder Porto beliefert wird. Zuerst 1953 und seit 1957 ist der Salzfischfang eine wichtige Alternative zur traditionell »flauen« Sommerfischerei. Auch die NORDSEE beteiligt sich an der Salzfischproduktion. Den Anfang machte die ESSEN, die seit 1957 auf Salzfischreisen geht. 1959 waren fünf NORDSEE-Schiffe in der Salzfischproduktion, wobei die deutschen Produkte wegen ihrer guten Qualität in den Importländer sehr begehrt sind. Waren es 1953 880 Tonnen, so wurden 1962 bereits 8300 Tonnen produziert.

Wie in jedem Jahr seit 1957 geht die ESSEN auch heuer wieder auf Salzfischfang. Beladen mit

Fischdampfer WUPPERTAL ex ALBERT BALLIN Foto: DSM

einer Fracht von jeweils 250 bis 300 Tonnen Salz verläßt das Schiff Cuxhaven und steuert Thorshavn, die einzige Stadt auf den Faröer-Inseln, an. Hier werden Färinger Fischer übernommen, die als geübte Salzer bekannt sind. Einige von ihnen fahren schon seit Jahren mit der ESSEN auf Salzfischfang. Drei Tage später ist das Schiff nach dem Passieren von Kap Farvel, der Südspitze Grönlands, an den wichtigsten Fangplätzen: Storoey, Danas-Bank, Bananen-Bank, Fyllas Bank und den Heilbutt-Bänken. Das Schiff dampft weiter zur Fyllas Bank. Der Blick des Kapitäns ruht auf dem Echolotschreiber. Da, über dem Strich, der auf der Papierrolle den Meeresboden markiert, setzt plötzlich ein zweite Strich ein, und dann wird eine kompakte Wand daraus, dicht über dem Grund! Ein Blick auf den Fischfinder: Das ist Kabeljau! Dicke Anzeige. Raus das Netz! Zwei Stunden wird gekurrt, und dann kommen 320 Korb an Deck. Wieder und wieder kommt das Netz ins Wasser, und mit unterschiedlichem Erfolg wird gehievt. Während die deutsche Mannschaft den Fang sortiert und wegputzt, »mauern« die Färinger unten die Schichten aus Salz und maschinell gesplittetem Kabeljau. Nach etwa 50 Tagen ist der Laderaum voll. 350 Tonnen Salzfisch liegen sauber gestapelt im Fischraum. Die ESSEN nimmt südöstlichen Kurs auf Portugal. Unterwegs steigen die Färinger auf einen heimfahrenden Trawler über, der sie zu Hause absetzt. Die Färinger lassen die Fische im Wind trocknen, bis sie knüppelhart geworden sind.

Nach der Ankunft im portugiesischen Hafen kommt eine farbenprächtige Crew an Bord, bei deren Anblick der Hein Matjes sich die blanken Stielaugen reiben würde. 90 bis 120 Frauen quirlen auf das Vorschiff und beginnen mit der Entlöschung. Einige Männer führen die Aufsicht. Ein Bastkorb, den die Frauen tragen, wiegt ca. 40 Pfund. Die Einrichtung von Fließbändern auf den NORDSEE-Schiffen Anfang der 60er Jahre erleichterte den Frauen die Löscharbeiten.

Salzfischanlandung in Portugal: Die ESSEN liegt an der Pier.
Foto: DSM

Neue Fanggebiete an der kanadischen Küste

Die REGENSBURG gehörte nach 1950 zu den ersten NORDSEE-Schiffen, die neue Fanggebiete vor der Labradorküste und Neufundland erkundeten. Dicke Rotbarschschwärme gehörten zum Fangalltag. In der Fangsaison 1959 staunten die Hochseefischer, als schon nach kurzer Schleppzeit rund 650 Korb Rotbarsch ins Netz gerieten. Aber der schon greifbar nahe, prall gefüllte Steert hing nicht mehr am »seidenen Faden«. Das Netz war beim Auftauchen am »Hundertmaschenstück«, also etwa in der Mitte, abgerissen und trieb ohne Verbindung mit dem Schiff an der Oberfläche. Solche Überraschungen sind in den Gewässern von Labrador und Neufundland übrigens nicht ohne Parallelen. Die Rotbarschschwärme stehen hier zuweilen so dicht, daß die Netze schon nach 8- bis 15minütigem Schleppen prall gefüllt sind. Der Auftrieb ist bei einer solchen Massierung im Netz so stark, daß es am Hundertmaschenstück – es verbindet das Vornetz mit dem Steert – beim Auftauchen mitunter schon einmal auseinanderreißt.

Anzeige »In Fisch die Nr. 1«
Foto: NORDSEE-Archiv

Beim Steert kann immer noch die Verbindung zum »Ausreißer« hergestellt werden. Der im Netz eingebaute Flabber, eine trichterförmig aus Netztuch gearbeitete »Kehle«, verhindert, daß der Fang entweicht. Der Kapitän vermied es, den treibenden Netzbeutel direkt von Bord aus heranzuziehen und überließ das Befestigen der Wurfleine einem »Prisenkommando« im Schlauchboot. Danch konnte der gewaltige Fang von 15 Beuteln (fast 700 Korb Rotbarsch) an Bord gehievt werden.

1960 war die REGENSBURG im Auftrag der Bundesforschungsanstalt für Seefischerei auf einem 42tägigem Einsatz im Golf von St. Lorenz. Es wurden neue Fangplätze erkundet, eine Maßnahme, der angesichts der zunehmenden Ausdehnung der Fischereizonen erhöhte Bedeutung zukam. Anfang Mai lief die REGENSBURG als erster deutscher Fischdampfer Halifax an, um den Treibstoff zu ergänzen. Am 25. Mai kehrte die REGENSBURG mit 1500 Korb Fisch wieder in ihrem Heimathafen zurück.

Anfang 1966 konnten NORDSEE-Fangfabrikschiffe von der Labrador-Küste erfolgreiche Fangergebnisse melden. Schon nach kurzen Schleppzeiten wurden »dicke Büdels« an Bord gehievt, so daß die Fischwerker unter Deck unter Zeitdruck kamen, die großen Fänge kontinuierlich zu verarbeiten. Jede Tonne tiefgekühltes Kabeljaufilet entspricht etwa dem dreifachen Rohfisch-Fanggewicht. Nach sieben- bis achtwöchigen Reisen kehrten die Schiffe nach Bremerhaven zurück. Als erstes Schiff löschte am 23. Januar 1966 die BONN rund 650 Tonnen Tiefkühlfilet. In kurzen Abständen folgten vier weitere Schiffe.

Im Schiffstagebuch der MAINZ, die regelmäßig vor Labrador fischte, gibt es aus dieser Zeit folgende Eintragungen: Am 13. Dezember 1973 Auslaufen Kurs Labrador. Am 20. Dezember am Kap Chidley angekommen. Viel Eis und 20 Grad minus! Die ersten Fänge Kabeljau ergaben ca. 1000 Zentner am Tag, das entspricht einer Menge von 20 Tonnen Filet. Das Fangschiff fischte jeden Tag 20 Seemeilen südlicher, bis zur Hamilton-Bank. Später, auf der Ritu-Bank, wurde das Eis dicker. Hier fischten neben den Westdeutschen auch DDR- und UdSSR-Fangflotten. 600 Tonnen Filet waren bis dahin verarbeitet. Es ging Mitte Februar weiter in Richtung Flemich-Kap. Weniger Eis. In 14 Tagen waren die Grenze der Verarbeitungskapazität mit 900 Tonnen Filet erreicht. Wir gingen auf Heimreise. Die Reisedauer betrug 82 Tage. Der Fang wurde an der NORDSEE-Pier in Bremerhaven gelöscht. Die nächste Fangreise ging dann wieder nach Grönland.

Das Prisenkommando rudert zum Ende des Steerts, um auch den Teilstropp wieder an die Strippe zu kriegen.
Foto: H.Wölbing, Langen

»Delta-Foxtrott-Oskar-Papa«

Fischfang im Packeis.
Foto: G. Leidholdt, Cuxhaven

Cuxhaven, der erste Tag. Eine Dampfpfeife scheucht ein paar Möven an den Himmel. Jemand sagt: »Tscha, Hans, dann woll' wir mal!« Die Schleuse geht auf, eine blasse Mittwochmorgensonne verschwindet in einer Wolkenbank über der Elbmündung. Kein Ahoi. Die KÖLN mit dem Kurzwellencode »Delta-Foxtrott-Oskar-Papa« läuft aus. »Erst, wenn der erste Fisch an Deck ist, beginnt die Reise«, sagt der zweite Steuermann und korrigiert mit einer Knopfdrehung den Ruderautomaten, der das Schiff auf Kurs hält. Dann läuft der »Countdown«: Spätestens in zwanzig Tagen muß der Fang auf dem Seefischmarkt in Cuxhaven versteigert werden. Länger hält sich der Fisch nicht auf den 80 Tonnen Eis im Laderaum. Erst am dritten Tag wird die Reederei entscheiden, ob die KÖLN bei den Färöer-Inseln auf Kabeljau oder an der grönländischen Ostküste auf Rotbarsch fischen soll. Noch wartet man an Land die Fangmeldungen anderer Schiffe ab. »Wer-wird-wann-von-wo-was-wievielbringen?« heißt die Formel, nach der sich der Marktpreis richtet.

Der fünfte Tag. Die KÖLN hat Reykjavik angelaufen, weil das Hauptradar ausgefallen ist. Nach knapp drei Stunden hat ein Service-Mann das Gerät repariert. Die Reederei hat entschieden, die KÖLN vor Ostgrönland auf Rotbarsch fischen zu lassen, und genau dabei hängt vom Radar alles ab. So verläßt die KÖLN nach drei Stunden wieder Reykjavik, und die 23 Männer an Bord schaukeln mit 14 Knoten auf den Orkan zu und auf eine vereiste Felsklippe an der Küste Ostgrönlands, die irgend jemand aus irgendeinem Grund »Kap Wallöe« getauft hat.

Zwei Tage war die KÖLN im Orkan die grönländische Küste entlanggetrieben. Am Abend des neunten Tages flaute der Sturm ab. Hier, wo der Festlandsockel auf 2000 Meter Tiefe absinkt und die Kanten Namen tragen wie Angmagssalik oder Heimlandrücken, Kap Discord oder Fylkirbank, steht der Rotbarsch.

Kap Wallöe, der zehnte Tag. Die Sonne scheint, und der Nordatlantik glitzert so stark, daß sich der Kapitän eine Schweißerbrille aufgesetzt hat. Die Luft ist neun Grad kalt, das Wasser ist zwei Grad warm. Der Kapitän starrt in die Anzeigeröhre des Fischfinders. Es ist abends, 19 Uhr 40. Er drückt dreimal den roten Knopf: »Generalalarm«. Unter Deck schrillen die Glocken, in der Fischerei das Signal zur Arbeit. Die Matrosen ziehen ihre schweren Ölmäntel an und die hüfthohen Gummistiefel, streifen grüne Handschuhe über, setzen signalrote Helme auf und lassen das Fanggeschirr über die Heckschleppe ins Meer rutschen. Nach zehn Tagen auf See liegt endlich der erste Fisch an Deck. Zehn Zentner Rotbarsch, dann 100, beim dritten Hol 70. Eine Luke wird geöffnet, die Fische rutschen unter Deck, werden auf ein Fließband geschaufelt, durch eine Waschtrommel im Vorschiff geschleust und im Laderaum auf Eis gestapelt.

Von morgens bis abends schrillen diese verdammten Alarmglocken, und die zwölf Mann poltern die Leiter zum Deck hoch. Eine Zigarette noch, dann schwimmt das Netz auf, und du kannst schon schätzen, was drin ist. Über 100 Zentner sind es selten. 100 Zentner sind so um die 4000 Stück Rotbarsch, von dem der Kapitän meint, er sei »der Lieblingsfisch der deutschen Hausfrau«.

Fylkirbank, der sechszehnte Tag, der Fischraum füllt sich, aber mühsam, langsam. Immer wieder verhindern Eisbarrieren die Fahrt zu den Fangplätzen. Manchmal treiben Eisberge vorbei, manchmal überzieht sich das Schiff mit einer Eisschicht, die abgeklopft werden muß, weil sonst das Schiff kopflastig wird.

Angmagssalik, der zwanzigste Tag. Angmagssalik liegt schon fast am Polarkreis. Noch einmal ist die KÖLN nach Norden gedampft, und während der Wind stetig aufbriest, geht das Netz zum letzten Mal über Bord. Um acht Uhr abends kommt es wieder hoch, fast leer, die See wird steiler und schlägt schon ab und zu über das Heck. Die schweren Eisenkugeln des Netzes rollen über die Eisenplatten, wieder schlägt ein Brecher die Schleppe hoch und übersprüht Männer und Eisen. Jemand flucht: »Alles für nothing«, und dann ist es endlich soweit. Der Bug dreht sich langsam um 105 Grad. Winfried und die anderen an der Winsch brüllen »Heimreise – Heimreise – Heimreise«, und dann haut sich jeder erst mal in seine Koje und pennt. 2700 Zentner Rotbarsch liegen im Eisraum.

Der zweiundzwanzigste Tag. Der Sturm ist zum Orkan geworden. Auf dem Peildeck über der Brücke ist ein Eisscheinwerfer zerschlagen. Wer seine Kammer schon aufgeräumt hatte, hat Pech gehabt, und der Eintopf, den es abends gibt, fließt einigen über den Tisch.

Der sechsundzwanzigste Tag. Nach 26 Tagen sind die 23 Männer und die KÖLN wieder zu Hause. Seesäcke werden gepackt. Genau um drei Uhr nachmittags macht die KÖLN in Cuxhaven fest. Es ist Sonntag. Montag. Morgens um sieben wird der Fang auf dem Seefischmarkt versteigert. Dienstag: Die KÖLN verholt von der Markthalle zum Reedereikai und wird für die nächste Reise klargemacht. Mittwoch. Der Kapitän und seine Männer kommen an Bord. Um neun Uhr morgens läuft die KÖLN aus.

(Auszug aus einem GEO-Bericht [12/76] des Journalisten Klaus Imbeck)

Leckage und beschlagnahmter Fang

1983 wurde die MAINZ unter Malenebugten vom Inspektionskutter »Härdt« nach Nuuk assistiert. Was war passiert? Bei der Bordkontrolle stellten die Fischereibeamten eine Übermenge von Frostfisch fest. Es befanden sich 450 Tonnen Kabeljau- und Rotbarschfilet an Bord. Der Kapitän bekam einen Lotsen, der das Schiff zum Ankerplatz brachte. Danach nahm der Kutter den deutschen Kapitän an Bord und brachte ihn zu einer knapp zweistündigen Vernehmung an Land. Die Rückkehr auf die MAINZ klappte nicht sofort, da das Schiff inzwischen auf einem Felsen lag. Wie konnte das passieren? Der Anker hatte sich durch den zunehmenden Wind losgerissen, das Schiff trieb in Richtung Felsen, wo es dann bei Niedrigwasser auflief.

Inzwischen versuchte das deutsche Fischereischutzschiff »Meerkatze« erfolglos, die MAINZ freizuschleppen. Erst bei Hochwasser gelang es. Das Schiff mußte im Hafen von einem Taucher auf Unterwasserschäden untersucht werden. Die Reparatur dauerte acht Tage. Nach der Hinterlegung einer Kaution von 350.000 dänischen Kronen für den Frostfisch durfte die MAINZ den Hafen verlassen. Bei den Hebriden fischte das Schiff nach diesem Zwischenfall auf Hering weiter, bis die vollen Lade- und Verarbeitungskapazitäten erreicht waren.

MAINZ mit Schlagseite im Hafen von Nuuk / Grönland. Foto: H. Pallentin, Cuxhaven

Hecktrawler KÖLN Foto: DSM

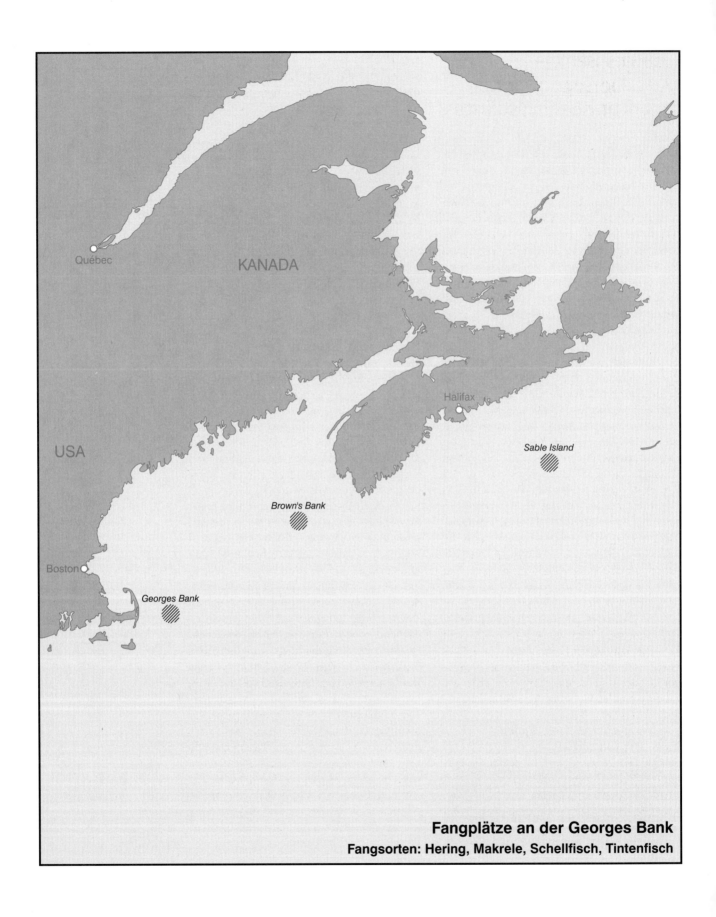

Georges-Bank – Der Silbersegen vor der amerikanischen Ostküste

Kaum hatte ich als junger Wissenschaftler die Universität verlassen und war im Sommer 1969 mit einem Forschungsschiff sechs Wochen auf vergeblicher Suche nach dem damals am Boden liegenden atlanto-skandischen Heringsbestand (»Norwegerhering«), da erreichte das Institut für Seefischerei und damit auch mich ein Hilferuf des Verbandes Deutscher Hochseefischereien: »Noch immer kein Laichgeschäft des Georges-Bank-Herings! Was ist dort los, Institut für Seefischerei?« »Dornheim, da mußt Du hin,« war die knappe Order meines damaligen Chefs, »ohne Widerrede!« Gesagt, getan.

Nach recht abenteuerlichem Flug über London, Halifax und Sydney/Neuschottland landete ich mit dem NORDSEE-Inspektor Kapitän Otto Lucht Ende August 1969 auf St. Pierre/Miquelon, dem damaligen Überlöschhafen und »kulturellen Mittelpunkt« der deutschen Fangflotte und deren Besatzungen. Das Fabrikschiff, das in den nächsten Wochen mein Zuhause und Arbeitsplatz werden sollte, war schnell gefunden: Die ERLANGEN, ein Schiff der »Universitätsklasse«. Kaum war die Ladung im Tag- und Nachteinsatz gelöscht, Frischgemüse und -obst an Bord, und schon ging's ab, in 40 Stunden mit Volldampf zum Fischplatz auf die Georges-Bank. Fast alles war neu und anfangs doch recht gewöhnungsbedürftig für mich: Kapitän und Steuerleute, Matrosen, Maschinisten und Fischwerker, Unterkunft und Verpflegung, Arbeitsplatz und Freizeitgestaltung, der Heringsfang, die Verarbeitung, die wissenschaftliche Aufarbeitung des Fanges, und dann vor allem die kommerzielle Fischerei, die ich bisher nur von gelegentlichen Kutterreisen in der Ostsee kannte.

Dem interessierten Leser bleiben ein paar Zahlen nicht erspart, um sich eine Vorstellung über die damalige Georges-Bank-Fischerei machen zu können: Bis 1967 waren es jährlich etwa 100.000 Tonnen Heringe, 1968 bereits 320.000 Tonnen. Die internationale Kommission, die für den Fischfang im Westatlantik zuständig ist, erkannte die steil ansteigende Entnahme und beschloß 1972, eine Höchstmenge von 151.000 Tonnen einzuführen. Auf die deutsche Fangflotte entfielen etwa 32.000 Tonnen. Schwammen nach wissenschaftlichen Berechnungen 1967 etwa 6,2 Milliarden Heringe – d.s. 1,3 Millionen Tonnen – älter als drei Jahre auf der Georges-Bank, waren es 1972, durch die intensive Fischerei hervorgerufen, nur noch 1,6 Milliarden Silberlinge, entsprechend 330.000 Tonnen! In den Folgejahren ließen die Fänge immer mehr nach, und schließlich kam – auch durch die Ausdehnung territorialer Hoheitsgewässer – in der zweiten Hälfte der siebziger Jahre die Heringsfischerei hier vollkommen zum Erliegen. 1976 fingen die NORDSEE-Vollfroster 8250 Tonnen Heringe. In den folgenden Jahren wurden die zustehenden Fangquoten nicht mehr abgefischt, da sich für die Reedereien aus ökonömischen und technischen Erwägungen diese Art der Fernfischerei nicht mehr lohnte.

Die hohe Zeit der deutschen Heringsfischerei vor der amerikanischen Ostküste war zweifellos um 1970. Mit eigenen Augen habe ich – seit 1969 war ich jährlich »drüben« auf nahezu allen Dampfern im Einsatz – an manchen Tagen und Nächten vierzig, fünfzig, sechzig Heringsfänger auf dem Radar gezählt. Anfangs hatte wohl jedes Schiff seinen eigenen »Heringspfahl«, den er befischte; im Jahr darauf buhlten schon mehrere Kollegen aus Polen, der UdSSR, aus Frankreich, Bulgarien, Rumänien, der DDR, aus USA, Kanada und Japan um eine ergiebige Laichkonzentration.

Meine Hauptaufgabe an Bord der NORDSEE-Schiffe war die Begutachtung der Fänge und der Fischerei aus fischereibiologischer Sicht. Vor allem waren möglichst mehrmals am Tag von den einzelnen Hols Längenmeßreihen von 400 bis 600 Heringen anzufertigen. Von ausgewählten Fängen wurden Proben eingefroren und später an Land im Institutslabor anhand der winzig kleinen Gehörsteinchen das Alter bestimmt, zur Rassentrennung die Wirbel und Kiemenreusenfortsätze gezählt sowie Geschlecht und Reife der Heringe bestimmt. Auch Umrechnungsfaktoren von Frischfisch zu Heringslappen bzw. Heringsfilets mußten laufend erstellt werden, um anhand des täglich gefrosteten Filets die Rohentnahme an Hering berechnen zu können.

Im Laufe der Jahre, mit dem Rückgang der Heringsvorkommen, nahmen der Fangdruck und die Risikobereitschaft der Kapitäne und ersten Steuerleute ständig zu. Zum Ausdruck kam dieser »Mini-Fischerei-Krieg« um Heringsanzeigen und -fänge in zahllosen kleinen und größeren Schiffs- und Netzkollisionen, auch natürlich hervorgerufen und beeinflußt durch den oft tagelangen, bleiernen Nebel auf der Bank. Trauriger Höhepunkt war in diesem Zusammenhang der Untergang des Fischdampfers »Ladiges« am 9. Juli 1970. Gottseidank kam kein Seemann zu Schaden. Mich wundert im übrigen heute noch, daß in diesen Jahren nicht mehr Unheil passiert ist. Das Passieren zweier Schiffe (»Backe-Backe«) mit einem halben Zehntel Abstand war fast eine Selbstverständlichkeit, wenn beide mitspielten, fast ebenso selbstverständlich wie das manchmal mehrmals tägliche Abfeuern der Signalpistole, um einen Mitkonkurrenten, der deutschen Sprache nicht mächtig oder auf anderem UKW-Kanal, zu warnen oder auch nur zu beeinflussen.

Auf der Georges-Bank tummelten sich nicht nur die verschiedenen Nationen, sondern auch diverse Schiffstypen - Seiten- und Heckfänger, Zubringer, Verarbeiter - mit mannigfachen Fangmethoden: Pelagische- und Grundschleppnetze, Ringwaden sowie noch 1968 Treibnetze der Loggerfischerei. Die Fänge, die von den deutschen Fabrikschiffen getätigt wurden, waren beachtlich: Wenn auch das eine oder andere Mal an einem Heringslaichpfahl (sehr dichte Konzentration von männlichen und weiblichen Heringen, die auf dem fahrenden Schiff in Streichholz-, Zigaretten- oder Zigarrenform im Echolot erscheinen) - besonders ergiebig als Doppelecho auf dem Lot zu erkennen - vorbeigefischt wurde, meist klappte es dann beim zweiten oder dritten Anlauf. Der Fang belief sich dann stets auf mehrere hundert Korb, und Fänge bis zu geschätzten 1500-2000 Korb (»Steert voll bis zu den kleinen Maschen im Tunnel«) waren durchaus keine Seltenheit.

Die Fänge der NORDSEE-Fabrikschiffe wurden fast ausnahmslos an Bord maschinell zu Heringslappen verarbeitet und in Platten gefrostet. Bei optimalen Bedingungen betrug die 24-stündige Tagesleistung ca. 30 Tonnen Heringslappen. Abfälle landeten überwiegend im »Bunker« und wurden zu Fischmehl, Öl bzw. Tran verarbeitet. Waren nun nach drei bis vier Wochen die Tiefkühlräume bis obenhin voll und ein paar Dutzend weitere Frostplatten in der Kochslast untergebracht, ging's in den ersten Jahren voraus Richtung St. Pierre/Miquelon, einer französischen Mini-Inselgruppe vor der Südküste Neufundlands. Hier wurde anfangs mit Bordpersonal und einheimischen Arbeitern der Frostfisch gelöscht. Wer von der Schicht kam, telefonierte nicht nur vom Postamt mit Hilfe der »Schwarzen Marie« - die Dame von der Post hieß Marie und hatte schwarze Haare - mit der Heimat, sondern ging anschließend »für 'nen Schluck« in die eine oder andere Kneipe, wo man für 100 Francs jedes Getränk, egal ob Wasser, Whisky oder Wein im Viertel-Liter-Glas bekam. Böse Zungen behaupten, daß Scheine am Holzbalken der jeweiligen Kneipe aufgespießt wurden, der Wirt brauchte dann nur noch abzureißen! Und im Yacht-Club, dort konnte man bei meist schummriger Beleuchtung mit den einheimischen Damen oder kanadischen Touristinnen auch »mal 'ne Sohle aufs Parkett legen.«

So gab es zahlreiche Geschichten, Erlebnisse und Anekdoten über St. Pierre. Vielleicht sollte, weil einmalig, doch noch der Kreislauf des Geldes auf dieser Insel erwähnt werden: Die Masse der Geschäfte wurde über die Maklerfirma Paturel abgewickelt. Einer der Mitarbeiter kam morgens stets an Bord der Schiffe mit einer dicken schwarzen Aktentasche, vollgestopft mit 100-Francs-Scheinen. Diese wurden dann an die Mannschaften ausgegeben, die sie im Laufe des Tages bzw. der Nacht in die Kneipen und Bars brachten. Am nächsten Morgen mußten erst die Etablissements das Geld wieder zur Bank bringen und die Banken damit flüssig machen, bevor die Paturels wieder mit ihren schwarzen Aktentaschen kamen.

H. Dornheim, Hamburg

Heringstrawl
Foto: H. Dornheim, Hamburg

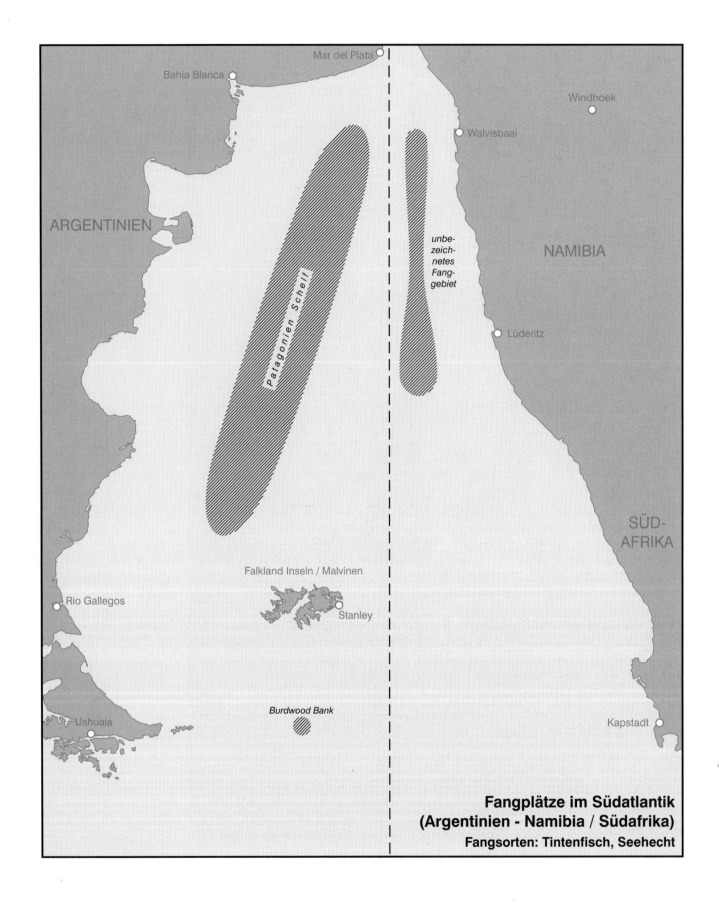

Expeditionsreisen

Die weltweiten Fischereiaktivitäten des Unilever-Konzerns ermöglichen es nach 1950 der NORDSEE, neue bisher noch nicht erforschte Fanggebiete mit ihren Schiffen zu befischen. In der nautischen Abteilung wurden die Fänge von neuen Fanggebieten analysiert und ausgewertet.

Kapitän Karl Keirat, der auf der REGENSBURG und anderen Schiffen ab 1952 vor Grönland, Neufundland und Labrador wichtige und neue Fangerkenntnisse mitbrachte, war als nautischer Inspektor der entscheidende Wegbereiter bei der Erforschung neuer Fanggebiete. 1966 bekam die NORDSEE den Auftrag, für die kanadisch-englische Unilever-Firma »Birds Eye« eine Fangflotte als Rohwarenlieferant für ihre Fischfabrik aufzubauen. Der deutsche Fischdampfer »Barmbeck«, 1966 bei der NORDSEE umgerüstet und mit deutschem Schiffspersonal besetzt, war das erste Fangschiff dieser Firma. In Halifax wurden dann nach den ersten guten Fängen der »Barmbeck« neue Fangschiffe gebaut und mit einer Crew deutscher und englischer Schiffsoffiziere bemannt. Die Anfangserfolge waren nur von kurzer Dauer. Bereits 1968 wurden die Schiffe aus der Fahrt genommen und verkauft.

Im gleichen Jahr machten sich die NORDSEE-Fischdampfer HILDESHEIM und KOBLENZ auf den langen Seeweg nach Südafrika. Die NORDSEE und ihr Geschäftspartner, eine südafrikanische Firma, die ähnlich wie die NORDSEE strukturiert war, gründeten eine gemeinsame Reederei mit Sitz in Cape Town. Vor der namibischen Küste waren sehr ertragreiche Seehechtgebiete. Von der Vermarktung des Seehechtfilets in Deutschland versprach sich die NORDSEE neue Verkaufschancen. Für die Ausrüstung der Schiffe, Einsatz und Betreuung einer gemischten Besatzung war die nautische Abteilung von Kapitän Keirat zuständig. Die Erfahrungen mit den Fangergebnissen konnten dann auch für den Einsatz der eigenen NORDSEE-Fangfabrikschiffe vor Namibia genutzt werden. Die Fänge wurden zum Teil in gecharterten Kühlschiffen nach Bremerhaven transportiert.

Von 1974 bis 1978 hatte die NORDSEE eine Quote von 10.000 to Seehecht. Hier fischten die beiden Fangfabrikschiffe TÜBINGEN und FREIBURG I.BR. Die kriegerischen Auseinandersetzungen in Angola trieben die Treibstoffpreise in die Höhe, so daß es sich für die NORDSEE nicht mehr lohnte, an dieser Stelle eine kostendeckende Fischerei mit den Fangfabrikschiffen zu betreiben.

Am 10. Oktober 1974 steuerte die BONN zusammen mit der »Weser« ihr neues Reiseziel, den mexikanischen Hafen Mazatlan an der Pazifikküste, an. Die beiden Schiffe waren als Forschungsschiffe gechartert worden. Grundlage war ein deutsch-mexikanisches Fischereiabkommen mit dem Ziel, die Fischvorkommen an der mexikanischen Pazifikküste zu erkunden. Von der NORDSEE-Geschäftsleitung versprach man sich von diesen Forschungsreisen gute Ergebnisse,

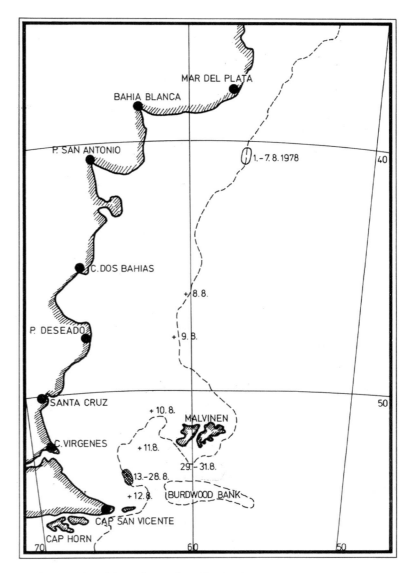

Die Erkundungsroute der beiden Expeditionsschiffe BONN und »J.D. Broelemann« vor der südamerikanischen Küste.
Foto: NORDSEE-Archiv

da die Fangmöglichkeiten in den traditionellen Nordatlantikgebieten geringer wurden.

Kapitän Keirat und seine Mitarbeiter waren bei diesem Einsatz vor Ort auf den Schiffen für die Koordination der Fangeinsätze und der Betreuung der Wissenschaftler zuständig. Nach der Auswertung der Fänge zeigte sich, daß sie für eine kommerzielle Fischerei ohne wirtschaftlichen Nutzen waren. Inzwischen wurden von deutschen Forschungsschiffen vor der argentinischen Atlantikküste große Seehechtvorkommen gemeldet. Die MARBURG, gechartert für neun Monate von der Bundesforschungsanstalt für Fischerei, war 1980 auf der Suche nach Seehecht-Fangplätzen fündig geworden. Hier wurden mit dem Schwerpunkt Malwinen/Falkland-Inseln Bestandsaufnahmen für Fangplätze gemacht. Die BONN und die TÜBINGEN, die bereits seit einigen Jahren vor der namibischen Küste im Einsatz waren, wurden an die Schelfline vor der argentinischen Küste beordert, wo neben der Verarbeitung und Frostung des Seehechtes auch Tintenfische gefangen wurden. Diese waren allerdings nur auf dem japanischen Markt absetzbar. Der Fischfang endete nach kurzer Zeit, da die Regierung eine nationale Wirtschaftszone errichtete und eine Fanggebühr für ausländische Fischereien einführte.

Später nahmen Karl Keirat und der Produktionsleiter »Verarbeitung See« in Peru und Chile Kontakte mit einheimischen Fischereiunternehmen und einer polnischen Reederei auf, um die Möglichkeiten von Kooperationen auf den Fangplätzen und bei der Vermarktung in Südamerika zu erkunden. Die mangelnde Infrastruktur in den ausgewählten Fischereihäfen und keine Aussichten auf Fangquoten ließen weitere Aktivitäten für einen Einsatz der großen und kostenintensiven NORDSEE-Schiffe nicht zu. In den 80er Jahren fischten die NORDSEE-Fangfabrikschiffe wieder in den traditionellen Fangplätzen im Nordatlantik.

Im Rückblick auf seine langjährige Tätigkeit als Experte für neue Fanggebiete vertritt Karl Keirat heute die Ansicht, daß die deutsche Hochseefischerei mit ihrer Struktur von Vorschriften, Klassifizierungen und den Tarifen für die Besatzungen keine Chance im weltweiten Wettbewerb hat. Die Fangfabrikschiffe der BREMEN-Klasse, die noch heute im Einsatz sind, gehören nach seiner Meinung nach wie vor zu den modernsten Schiffen ihrer Art.

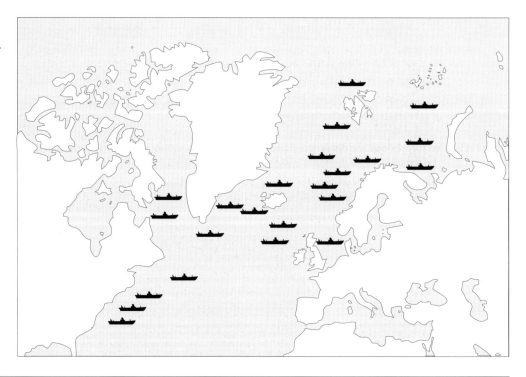

»An einem Tag im November 10.50 MEZ. Die Positionen der NORDSEE-Flotte« in einer firmeneigenen Werbeanzeige. NORDSEE-Archiv

SEEMANNSGESCHICHTEN

Von Ostfriesland zur NORDSEE

In den Gründerjahren der NORDSEE stammten die meisten Seeleute aus Ostfriesland, insbesondere aud den Fehnkolonien wie West- und Ostrhauderfehn. In diesen Orten tendierten die Seeleute zwar mehr zur Handelsschiffahrt, aber die aufstrebende Hochseefischerei bot gute Aufstiegs- und Verdienstmöglichkeiten. In einigen Gemeinden war die NORDSEE die Hausreederei der Seeleute.

Aus dieser Gegend stammt auch die Seefahrerfamilie Buss. Einige Familienmitglieder gehörten zu den bekanntesten Kapitänen der NORDSEE. Am Beispiel von Hinrich Buss und seinen Söhnen lassen sich wichtige Daten von Berufsbiographien dokumentieren. Begonnen hat es mit Johann Buss, Jahrgang 1847, der wie sein Sohn Hinrich zu den Kapitänen der ersten Stunde gehörte. Hinrich Buss, Jahrgang 1874 und erfolgreicher Kapitän, gehörte zu den Pionieren der Fischerei in entfernten Fanggebieten. Sein Ruhestand begann 1938. Als 90jähriger war er noch auf Landpartien mit Pferd und Wagen unterwegs. Als er im März 1965 an seinem Wohnort Iheringsfehn starb, war unter der großen Trauergemeinde auch eine stattliche Anzahl ehemaliger NORDSEE-Kapitäne, die von ihm ausgebildet wurden.

Sein Bruder Johann gehörte ebenfalls zu den ersten Kapitänen und wurde in Fischereikreisen »Herkules« genannt. Zwei weitere Brüder, Otto und Carsten, fuhren auch auf NORDSEE-Schiffen.

Drei Söhne von Hinrich Buss setzten die Familientradition in der Hochseefischerei fort,

NORDSEE-Fischdampfer, 1931. Zweiter von links: Matrose Johann Buss, zweiter von rechts: Kapitän Hinrich Buss. Foto: M. Hartmann, Cuxhaven

und zwar in Bremerhaven und Cuxhaven. Der älteste Sohn, Johann Buss, Jahrgang 1901, geboren in Nordenham, erhielt 1931 sein Befähigungszeugnis zum Kapitän auf großer Fahrt. Ihn zog es wie seinen Vater in die Hochseefischerei. 1929 erhielt er sein erstes NORDSEE-Schiff als Kapitän. 1930 beschäftigte den jungen Buss ein tragischer Unglücksfall für längere Zeit, zumal die Angehörigen mehr am Nachlass als an Trost interessiert waren. Mit der THÜRINGEN wurde er bei Kriegsbeginn in Norwegen interniert, nach Kriegsende war er 1946 als Kapitän auf der CARL J. BUSCH. Mit dem Neubau DARMSTADT gehörte Johann Buss nach 1950 zu den erfolgreichsten Kapitänen. 1966 war dann Schluß mit der Fischerei. Den Ruhestand verbrachte Johann Buss in Cuxhaven.

Hinrich Buss, der »kleine Bruder«, kam später zur Hochseefischerei als sein »großer Bruder« Johann. Zunächst in der Handelsschiffahrt und dann ab 1952 als Kapitän auf dem Fischdampfer DORTMUND, der damals zu den größten und modernsten NORDSEE-Schiffen zählte. Anfang der 70er ging Hinrich in den Ruhestand, den er in Bremerhaven verbrachte, wo er 1998 verstarb. Die »Buss-Brüder« belegten in den jährlichen Reedereiwettbewerben immer die vordersten Plätze.

Harald Buss, der jüngste Bruder, war kurze Zeit als Steuermann auf einem NORDSEE-Schiff tätig. Der vierte Bruder, Richard Buss, war Lotse auf der Elbe und leistete seinen Brüdern die erforderliche Assistenz beim Ein- und Auslaufen.

Die Erfelings gehören zu der Verwandschaft der Buss. Auch aus dieser Familie stammten einige Kapitäne, die auf NORDSEE-Schiffen fuhren, und bei den Familientreffen der Erfelings wird gleichfalls so manche Geschichte aus der Zeit der NORDSEE Hochseefischerei erzählt.

Von Ostpreußen zur NORDSEE

Von der ostpreußischen Küste kamen vor 1939 und auch nach dem Wiederbeginn nach 1945 viele Seeleute, die die Hochseefischerei prägten. Vor allem waren es Angehörige von Fischerfamilien, die an den Nehrungen mit ihren kleinen Booten auf Fang gingen. Bei den Reedereiabteilungen der NORDSEE in Bremerhaven und Cuxhaven hatten viele Schiffsoffiziere und Decksbesatzungen eine ostpreußische Herkunft.

Heinz Pallentin, Jahrgang 1930, geboren in Haffwerder, gehörte zu einer alten Seefischerfamilie. Sein Vater Willy war Küstenfischer im Kurischen Haff. Sein Großvater Heinrich fuhr von 1925 bis 1940 als Matrose und Netzmacher auf NORDSEE-Fischdampfern. Mehrere Brüder seines Großvaters heuerten auf Fischdampfern von Wesermünde von 1935 bis 1950 an. Nach der Flucht aus Ostpreußen 1945 fanden die Pallentins in Bellum bei Otterndorf eine Unterkunft. Heinz Pallentin, der nach der Schule eine »fischfremde« Ausbildung als Gärtner begann, setzte seine Lehre in der neuen Heimat fort. Aber 1948 packte ihn dann doch der Drang zum Meer, zur Hochseefischerei. Sein Cousin Helmut Pallentin, Jahrgang 1925, seit 1945 in der Hochseefischerei und später als Kapitän auf dem Fischdampfer SCHLESIEN, war es, der den jungen Heinz ermunterte, auf einem Fischdampfer anzuheuern. So begann 1948 auf dem Fischdampfer HANSA der Reederei NORDSEE die Hochseefischerkarriere des Heinz Pallentin.

Auf dem Fischdampfer KÖLN übernahm er nach dem Steuermannslehrgang 1952 zuerst die

Heinz Pallentin und sein Sohn Bernd 1998 vor der KIEL.
Foto: H. Pallentin, Cuxhaven

Funktion des 1. Steuermanns und nach der Erlangung des Kapitänspatents 1956 das Kommando bis 1965. Nach zwei Jahren als Kapitän auf der MINDEN übergab ihm die Reedereileitung 1968 das Fangfabrikschiff ERLANGEN, mit dem er auf verschiedenen Fangplätzen zu den erfolgreichsten NORDSEE-Kapitänen gehörte. Für Heinz Pallentin war es eine große Ehre, als er dann 1973 bei der Indienststellung als Kapitän auf der MAINZ aus der letzten Neubauserie der NORDSEE das Kommando übernahm. Auf diesem Fangschiff fuhr Heinz Pallentin 20 Jahre als Kapitän. Nach der Durchsicht seiner persönlichen Aufzeichnungen entsprachen die Fangergebnisse während seiner Kapitänszeit etwas 25.000 to Frischfisch auf den Seitenfängern und 100.000 to Filet auf den Hecktrawlern.

Nach seiner letzten Fangsaison 1993 übergab Heinz Pallentin das Kommando einem jüngeren Kapitän. Von seinen drei Kindern hat sein Sohn Bernd, Jahrgang 1960, die Fischereitradition der Pallentins in der vierten Generation fortgesetzt. Im Gegensatz zu seinem Vater allerdings unter Deck in der Maschine auf dem ehemaligen NORDSEE-Schiff KIEL, das 1998 unter der Reedereiflagge der Deutschen Fischfang Union auf Fischfang fährt.

Vier Generationen bei der NORDSEE

Wenn Sascha Lucht, Jahrgang 1971, der seine Ausbildung bei »Frozen Fish international« gemacht hat und seit 1995 als Lebensmittelkontrolleur bei der »Deutsche See«/NORDSEE beschäftigt ist, im Familienalbum zurückblättert, trifft er auf Generationen, die stark von der NORDSEE geprägt wurden.

Sein Urgroßopa, Wilhelm Lucht, Jahrgang 1880, war noch ein Seemann, der mit Windjammern um Kap Horn gesegelt ist. Nach der Militärzeit 1902 wollte er mit einem Steuermannspatent in die weite Welt. Leider klappte es nicht, und so landete er auf Vermittlung seines Schwagers bei der NORDSEE in Nordenham. Es waren kleine Fischdampfer mit offenen Brücken, ohne Back und zur besseren Stabilisierung mit Hilfssegeln versehen, die Wilhelm Lucht als Steuermann kennengelernt hat.

1906, mit 26 Jahren, bekam er dann sein erstes Schiff als Kapitän. In den nächsten Jahren hatte er auf größeren NORDSEE-Schiffen das Kommando. Im Ersten Weltkrieg wurde Wilhelm Lucht mit seiner Besatzung auf der WÜRZBURG von der englischen Kriegsmarine aufgebracht und war bis 1919 die Zeit auf der Isle of Man interniert. Als er 1922 Kapitän der BISMARCK war, durfte sein älterer Sohn, Wilhelm II, Jahrgang 1909, als Moses auf einigen Fangreisen den typischen Fischgeruch einatmen. Danach begann für Wilhelm junior die harte Zeit auf Segelschiffen, denn er wollte wie einst sein Vater auf großer Fahrt die weite Welt kennenlernen. Kaum hatte er sein Patent in der Tasche, machte ihm die Weltwirtschaftskrise 1930 einen großen Strich durch seine erhoffte seemännische Karriere. Sein Vater kam auf die Idee, für seinen seefunkbegeisterten Sohn eine Funkanlage für sein Schiff zu kaufen und der Reederei gleich noch den geeigneten Funker mitanzuwerben – natürlich seinen Sohn, Wilhelm II. Die Reederei ging auf dieses Angebot ein, der Sohn konnte beim Vater anheuern. Da sich die Funkanlage bewährte, erstattete die Reederei dem Kapitän später seine Investition zurück. Wilhelm II entwickelte sich neben seiner Funkerei immer mehr zum NORDSEE-Wetterbeobachtungsspezialisten.

Inzwischen war auch der jüngere Bruder Otto, Jahrgang 1914, nach der harten Schule auf Segelfrachtern bei der NORDSEE in der »Funkkabine« gelandet. Ihn zog es dann aber auf die Kommandobrücke. 1935 das Steuermannspatent und 1938 der Kapitänslehrgang – das waren die Stationen eines der jüngsten NORDSEE-Kapitäne der damaligen Zeit. Im selben Jahr beendete Vater Wilhelm seine 43jährige Fahrenszeit, von der er 32 Jahre auf NORDSEE-Schiffen verbracht hatte.

Die beiden Söhne Wilhelm und Otto konnten nach 1945 tatkräftig am Wiederaufbau der deutschen Hochseefischerei und dem meteorologischen Küsten-Hafendienst mitwirken. Otto Lucht wurde Fischereioffizier, der in Zusammenarbeit mit den amerikanischen und englischen Behörden 131 als Kriegshilfsschiffe umgebaute Fischdampfer in Norwegen ausfindig machen konnte und sie dann in ihre Heimathäfen diri-

Familienaufnahme auf dem Fischdampfer NÜRNBERG *1952, von links: Otto Lucht, sein Sohn Wilhelm, der Senior Wilhelm Lucht, der Sohn Wilhelm und sein Vater, der Wetterkapitän Wilhelm Lucht. Foto: W. Lucht, Bremerhaven*

Kleines Foto: der Urenkel Sascha. Foto: H. Lucht, Nordenham

gierte. Der ältere Bruder Wilhelm gehörte nach seiner NORDSEE-Zeit und seiner Tätigkeit in der Wetterbeobachtung im Zweiten Weltkrieg zu den Pionieren des Seewetterdienstes in Deutschland. In Fachkreisen nannte man ihn auch den »Wetterkapitän«. Auf vielen NORDSEE-Schiffen war er mit seiner Meinung ein gerngesehener Gast. Der jüngere Bruder Otto gehörte nach 1945 zu jenen NORDSEE-Kapitänen, die mit neuen Schiffen unbekannte Fanggebiete befischten: 1952 Neufundland, 1956 Salzfischreisen Grönland–Portugal, 1967 Überführung und Einarbeitung südafrikanischer Fischer auf ehemaligen NORDSEE-Schiffen und ab 1970 in der nautischen Inspektion. Nach 47 Jahren bei der NORDSEE ging Otto Lucht 1977 in den Ruhestand. Vier Jahre vorher war für seinen Bruder Wilhelm die Zeit der Wetterbeobachtung vorbei gegangen. Damit endete die Ära der Lucht als Seeleute.

Der Sohn des Wetterkapitäns, Wilhelm III, Jahrgang 1936, hat die NORDSEE-Tradition der Familie an Land mit der Lehre als Industriekaufmann (1952–1955) in der Reederei fortgesetzt. Es war wohl mehr eine »trockene« Tätigkeit. Danach war er im Handel und in der Verarbeitung tätig. Ab 1973 war er Leiter der Verkaufsabrechnung der Produktkette Norda und 14 Jahre später für die Produktionsvorbereitung bei »Frozen Fish International« verantwortlich. 1997 endete die Berufsbiographie des landorientierten Wilhelm mit dem Ruhestand. Sein Vetter Wilhelm – Sohn von Otto Lucht – hat als erster in der Familie einen anderen Berufsweg gewählt, und zwar in der Schiffbaubranche.

Wenn Sascha Lucht nach dem Durchblättern der vielen interessanten Familiengeschichten, die auch stark durch die Ehefrauen geprägt wurden, das Album wieder schließt, kommen ihm Gedanken zu der heutigen Situation der NORDSEE und seiner Nachfolgeunternehmen: »Der Wandel von der traditionellen Fischdampfer-Reederei zum vielseitigen Lebensmittelbetrieb, von Frisch- und Räucherfisch zu Convenience-Produkten und Wegfall des Traditionsdenkens hin zum pragmatischen Denken«, das wird dann wohl später bei Sascha im Familienbuch stehen.

Von Portugal zur NORDSEE

In den 60er Jahren machte sich der Mangel an qualifiziertem Personal in der deutschen Hochseefischerei immer stärker bemerkbar. Die Erfahrungen, die die NORDSEE und andere Reedereien ab 1957 in den »flauen« Sommermonaten mit extra angeheuerten ausländischen Salzfischexperten gemacht hatten, ermunterten die Reedereileitung, verstärkt »Salzer« anzuwerben. Zuerst waren es Färinger, dann Spanier und zuletzt Portugiesen, die bis heute den größten Anteil ausländischer Hochseefischer in der Hochseefischerei bilden.

Bei der Übernahme der »Koch-Schiffe« aus Hamburg 1970 kam auch Reinhard Müller mit, der während seiner Tätigkeit bei Hamburger Fischdampfer-Reedereien etwa 250 Portugiesen vermitteln konnte und gute Kontakte zu den Behörden in Portugal hatte. In der Personalabteilung See und den Heuerstellen Bremerhaven und Cuxhaven war man hoch erfreut, einen solchen Experten zu haben. Aveiro in Mittelportugal und Vila Praia de Ancora im Norden waren die zentralen Herkunftsorte der portugiesischen NORDSEE-Seeleute.

Nach der Indienststellung der Fangfabrikschiffe mit ihrem enormen Bedarf an Decks- und Verarbeitungsbesatzungen wurden auch Seeleute aus anderen Provinzen angeworben. Kontaktpersonen vor Ort, die nötigen Papiere, eine lange Busfahrt, Unterbringung in werkseigenen Gebäuden und eine kurze Landschulung in den Verarbeitungstechniken waren die Stationen, bevor ein portugiesischer Seefischer zum ersten Mal das Schiff betrat.

Der Heuerbaas war auf die Beurteilung der Fischwerkmeister angewiesen. Wilhelm Buskohl, seit 1973 »Chef« im Verarbeitungsbereich des Fangfabrikschiffes KIEL, meinte 1978 in einer Befragung über ausländische Arbeitnehmer: »Bessere Leute als unsere Portugiesen kann ich mir gar nicht wünschen. Seit der Indienststellung der ›Universitätsschiffe‹ 1964 arbeite ich mit ihnen zusammen. Schwierigkeiten hat es von Anfang an nicht gegeben. Falls ich Unstimmigkeiten bemerke, gleichgültig, ob bei Deutschen oder Ausländern, ›funke‹ ich gleich dazwischen. Wenn die Portugiesen einmal nicht mehr dabei sein sollten, dann können wir gleich ganz aufhören. Ohne sie geht es nicht mehr!« Im Juni 1978 waren auf den NORDSEE-Schiffen

Arbeitsplätze der portugiesischen Seefischer auf den Fangfabrikschiffen. Foto: NORDSEE-Archiv

Heuerstelle der NORDSEE in Wesermünde (Bremerhaven). In der Tür links: Beamter des Seemannsamtes, rechts: Otto Bruns, Heuerbaas. Foto: A. Nothmann, Cuxhaven

mit einem Verarbeitungsdeck 579 Seeleute beschäftigt, davon 527 aus Portugal!

Reinhard Müller war auch bei dem Übergang von der NORDSEE zur Deutschen Fischfang-Union Anfang 1986 für 180 portugiesische Seeleute der Ansprechpartner. Während seiner NORDSEE-Tätigkeit hat er rund 4.000 Vermittlungen getätigt. Auch heute, 1998, ist Reinhard Müller in Cuxhaven ein gefragter Gesprächspartner und Mittler für die Portugiesen in der niedersächsischen Hafenstadt.

Heuerbaas in Wesermünde

In den Anfangsjahren der NORDSEE spielte der »Wirte-Heuerbaas« keine große Rolle mehr. Die Reedereiabteilung unterhielt eine eigene Heuerstelle. In der NORDSEE-Chronik wird davon berichtet, daß die Seeleute um 1900 zur Heuerstelle nach Bremen fahren mußten. Erst danach ging es per Bahn von Bremen nach Nordenham, wo der Seemann dem Kapitän seine Papiere übergeben mußte. Danach wurden die Seeleute im örtlichen Seemannsamt angemustert. Die Kapitäne wurden direkt von der Reederei eingestellt.

Es waren vor allem Ostfriesen aus den Küsten- und Fehnorten, die zu den Stammbesatzungen der NORDSEE-Schiffe gehörten. Nach dem Umzug von Nordenham nach Wesermünde 1934 errichtete die NORDSEE am Altmarkt ein eigenes Heuerbüro, besetzte es mit einem Seemannsbeamten, einem Schreiber (es mußte sehr viel ge- und unterschrieben werden!) und einem NORDSEE-Heuerbaas. Die Ausweitung der NORDSEE-Fangflotte erforderte in den 30er Jahren verstärkte Anwerbungsaktionen der Heuerabteilung in Wesermünde und Cuxhaven. In Zusammenarbeit mit den örtlichen Arbeitsämtern gab es »Fischerei-Aktionstage« mit Vorträgen über die Hochseefischerei und die NORDSEE, wie z.B. in Ostpreußen, der Heimat vieler See- und Küstenfischer. Auch der damalige NORDSEE-Werbeleiter A. Keue konnte in seinen Vorträgen über die Hochseefischerei so manchen Binnenländer zur NORDSEE locken.

Zu den wichtigsten Aufgaben eines Heuerbaases gehörte es, in den Hafenstädten Kontakte mit den bekannten Gaststätten zu haben. Wenn das Schiff abends oder nachts wieder auslief, konnte es schon einmal vorkommen, daß der Kapitän keine vollständige Besatzung an Bord hatte. Der Heuerbaas mußte dann so manchen nicht mehr ganz so nüchternen Seemann an den Theken von Seekamp und Emmy Bultmann in Wesermünde »auslösen«, damit das Schiff auslaufen konnte.

Über Otto Bruns, den NORDSEE-Heuerbaas von 1933 bis 1944, kursierte in den Seemannslokalen folgendes Gedicht:

*Otto Bruns bemannt die Schiffe,
Heuerbaas wird er genannt,
Nach so manch' verschwundenem Heizer
ist der nächtelang gerannt.
Hat er einen dann gefunden,
ist das Schiff dann endlich raus,
springt der Kerl noch in die Weser
und selten doch noch achteraus.*

Heuerbaas in Cuxhaven

Innerhalb der Personalbteilung war es die seemännische Heuerstelle, die den größten Bedarf an Einstellungen hatte. In kürzester Zeit mußten Seeleute für die ein- und auslaufenden Schiffe an- und abgemustert werden. In guten Zeiten waren es über 1500 Seeleute jährlich, die für unterschiedlichsten Tätigkeiten an Bord und in der Maschine von dem Heuerbaas und seinen Mitarbeitern vermittelt wurden. Kontakte mit anderen Heuerstellen, Reedereien, Arbeitsamtern und Werbeaktionen des Verbandes der deutschen Hochseefischereien (»Die letzten Wikinger der Neuzeit«) gehörten zum Arbeitsalltag. Daneben waren es die ständigen Telefonate und Autofahrten vor Ort und in der Region, so daß der Arbeitstag manchmal auch 16 Stunden und mehr hatte. Hier kam es vor allem auf den richtigen Umgangston und die soziale Verantwortung für den Seemann an. Der Heuerbaas war für viele Seefischer Arbeitsvermittler, Seelsorger, Sozialbetreuer und Schuldenregulierer in einer Person.

Nach dem Zweiten Weltkrieg konnte die Reederei nicht mehr die Seeleute östlich der Elbe anwerben. Die Neubauten wurden größer, die Anzahl der notwendigen Besatzungen wuchs. Arbeitsplätze unter Deck auf den älteren Schiffen waren nicht mehr attraktiv. Es war die Zeit, in der sich ein guter Hochseefischer das Schiff aussuchen konnte. Der Heuerbaas mußte seinen Aktionsradius über den Rahmen der klassischen und traditionellen Anwerbegebiete hinaus erweitern. Es kamen mehr »artfremde« Bewerber aus Handwerk und Angestelltenberufen, die sich Abenteuerlust und viel Geld in kurzer Zeit versprachen. Auch gab es Bewerber, die auf Hinweise der NORDSEE-Geschäfte und ihre WErbezeitschriften hin Interesse zeigten. Hier war es dann der Heuerbaas, der so manchem Idealisten »praktische Ratschläge« in der rauhen Arbeitswelt der Hochseefischerei geben mußte. In den 60er Jahren gehörte die NORDSEE zu den Wegbereitern, die ausländische Seefischer auf ihren Fangschiffen anheuerte, zuerst von den Färöern, später dann aus der Türkei, Spanien und Portugal. Die Unterbringung der auswärtigen Seeleute erfolgte vor Ort im Seemannsheim und in privaten Quartieren.

Heuerbüro im NORDSEE-Neubau Cuxhaven. Von links: H. Böttcher, Mitarbeiter; Ewald Hempen und H. Grote, Erster Offizier auf der SAXONIA. Foto: J. Fleck / NORDSEE-Archiv

In der Reedereiabteilung Cuxhaven, die nach 1928 die meisten Fangschiffe betreut hat, war der Bedarf an Seeleuten größer als in Nordenham und später in Wesermünde/Bremerhaven. Es war der bekannte Heuerbaas »Vater« Deerlin, der vor 1939 so manchen Jungmaaten auf eines der zahlreichen NORDSEE-Schiffe vermittelte und betreute.

Ewald Hempen, dessen Vater bis 1945 als Kapitän auf einem NORDSEE-Fischdampfer fuhr, gehörte auch zu denen, die die NORDSEE-Familientradition fortsetzten. 1936 fing er die Lehre an, kriegsbedingt ging es erst nach 1946 mit der Ausbildung in der Verwaltung weiter, dann Einsatz im Magazin und ab 1959 als Sachbearbeiter im Dampferbüro, wo auch die Heuerabteilung untergebracht war. Hier war er dann in der Nachwuchsbetreuung der Schiffsbesatzungen, der Jungmaaten, die von der Jungfischer-

Seemannsamt

Die örtlichen Seemannsämter in Nordenham, Bremerhaven und Cuxhaven waren für die von der NORDSEE angeheuerten Seeleute die Behörden, wo mit Hilfe des »Heuerscheines« der NORDSEE-Heuerstellen und der notwendigen Papiere die Seeleute an- und abgemustert wurden. Von den Minderjährigen unter 18 Jahren mußte eine Einwilligung der Eltern bzw. des gesetzlichen Vertreters vorliegen. Vor der ersten Anmusterung wurde von einem beauftragten Arzt in einer Untersuchung die Seetauglichkeit festgestellt. Wenn der Seemann »farbenblind« war, konnte er nur eingeschränkt, d.h. für Arbeiten unter Deck oder in der Kombüse, gemustert werden. Die angeworbenen Seeleute wurden von dem Seemannsbeamten in der Musterungsrolle eingetragen. Das Seemannsgesetz von 1902 mit den Ergänzungen und Veränderungen der Folgejahre bildet die Arbeitsgrundlage für die Arbeit der Seemannsämter. Der angemusterte Seemann bekommt ein Seefahrtsbuch mit dem Nachweis seiner Fahrenszeiten. Dieses amtliche Dokument ist auch als Beleg für die spätere Berechnung der Seemannsrente sehr wichtig.

In den Verordnungen über die Schiffsbesetzungsrichtlinien für Fischereifahrzeuge sind die Grenzen und die Mindestbesetzung mit Patentinhabern und der Decksbesatzung geregelt. Die NORDSEE-Schiffe gehörten zu der Kategorie »Große Hochseefischerei«, d.h. keine Begrenzungen der Fanggebiete. Mit der Größe der Schiffe veränderten sich auch die Mindestbesatzungen. Gehörten auf den alten Fischdampfern 18 Seeleute zur Mindestbesatzung, davon 12 Matrosen, so hatten die großen Fangfabrikschiffe bis zu 65 Mann Gesamtbesatzung (Nautiker, Maschinisten, Assistenten, Matrosen, Fabrikarbeiter, Funker, Koch und Steward). Die Anzahl der Patentinhaber für Nautik und Maschine richtete sich nach der Schiffsgröße und der Maschinenleistung. In Zeiten, wo es einen Mangel an geeigneten Patentinhabern gab, konnte mit einer Ausnahmegehmigung der vorgesetzten Behörde in Hamburg (für jeweils eine Reise) das Schiff mit Unterbesatzung auslaufen. Die Zusammenarbeit mit der NORDSEE-Heuerabteilung war generell gut. Interessierte Seeleu-

Seemannsamt Cuxhaven (Ecke Schillerstraße / Alter Deichweg, bis 1960). Gebäude dahinter links: Seemannsamt, das ab 1962 bis zum Bezug des heutigen Gebäudes das »Niedersächsische Hafenamt« war. Foto: Stadtarchiv Cuxhaven

schule in Bremerhaven kamen, tätig. Später gab es auf dem NORDSEE-Gelände ein eigenes Ausbildungszentrum für Jungfischer. Zwei Jahre später, 1961, wurde E. Hempen als Nachfolger von Karl Sandjer Heuerbaas. In seiner Zeit wurden für die Bewerber Fragebogen mit Angaben über Schiffe, Fanggebiete, Berufsaussichten und Verdienstmöglichkeiten entwickelt. Hempen pflegte einen regen Kontakt mit den Hafenbehörden wie Seemannsamt, Polizei- und Zollstellen und dem städtischen Ordnungsamt, die für die Aufenthaltsgenehmigung der ausländischen Seeleute zuständig waren.

Somit konnten auch schon auf dem »kurzen Dienstweg« manche Situationen entschärft werden. Hier waren es vor allem Portugiesen, denen geholfen werden konnte. Nach dem Umzug in das neue Reedereigebäude 1968 war Hempen der alleinverantwortliche Heuerbaas bei der NORDSEE. Die Schiffsoffiziere wurden von der Personalabteilung See direkt eingestellt. Im Zuge der Auflösung und Eingliederung der traditionellen paritätisch besetzten seemännischen Heuerstellen in die örtlichen Arbeitsämter 1970 führte die NORDSEE ihre Heuerstelle als betriebliches Organ weiter. Als der Heuerbaas 1977 in den Ruhestand ging, hatte die Reederei ihren Flottenbestand schon seit Jahren abgebaut, so daß sein Nachfolger nicht mehr viel von der Hektik der früheren Jahre zu spüren bekam.

te, die auf einem Fischdampfer anheuern wollten, wurden dann zur NORDSEE geschickt.

In Cuxhaven war nach der Fusion mit der Cuxhavener Hochseefischerei 1928 der größte Teil der NORDSEE-Flotte beheimatet und somit der Bedarf an geeigneten Seeleuten am größten. Nach der Konzentration der Reedereiabteilung in Cuxhaven 1968 wurden nur noch hier die Musterungen vorgenommen.

Günther Kappelmann, langjähriger Mitarbeiter im Seemannsamt Cuxhaven, kann sich heute noch gut an die Zeit erinnern, als in Cuxhaven täglich fünf und mehr Fischdampfer abgefertigt wurden. Dann mußten er und seine Kollegen bis zu 200 An- und Abmusterungen vornehmen. Nach Feierabend konnten auch schon mal die Hände schmerzen, da die Eintragungen alle handschriftlich getätigt wurden.

Auch gibt es Episoden über binnenländische Seeleute, die zum Teil mit den abenteuerlichsten Erwartungen auf einem Fischdampfer anheuern wollten. Ein Bayer aus dem Hochgebirge war so ein Fall. Nach der Aufklärung über die harte Arbeit auf den Fischdampfern konnte der »Abenteurer« nach Rücksprache mit der NORDSEE-Heuerabteilung für die Kombüse angemustert werden. Nach der ersten Reise führte sein Weg wieder zu Herrn Kappelmann im Seemannsamt. Er wollte sofort auf ein anderes Schiff angemustert werden, da ihn die Schiffsbesatzung des Fischdampfers mit einer »Prieltaufe« und anderen »Späßen« geärgert hatte. Gesagt getan, es war gerade eine Stelle auf einem Küstenmotorschiff frei – der Seemann tauchte später nicht mehr in Cuxhaven auf.

Mit der Einführung längerer Fahrtzeiten durch größere Schiffe und mit der Dezimierung älterer Fischdampfer ging auch die Anmusterung geeigneter Seeleute zurück. Nach dem Ende der NORDSEE-Reederei wurden im Seemannsamt Cuxhaven mehr Seeleute für die Handelsschiffahrt als für die Hochseefischerei gemustert.

Von der NORDSEE zur NORDSEE

In der Stadt Waldenburg/Schlesien führte die Freiburger Straße direkt bis zur NORDSEE. Gemeint ist natürlich das Fischgeschäft. Neben dem auch bei uns bekannten Hering lagen 1940 in den Schaufensterauslagen noch nie gesehene Fische. Was mich aber am meisten interessierte, waren die großen Bilder von Fischdampfern und von der Arbeit an Deck. Mein Entschluß stand fest, ich wollte Hochseefischer werden. Im dritten Kriegsjahr, 1941, war das Schuljahr im März zu Ende. So begann die Reise von der örtlichen NORDSEE zur großen NORDSEE in Wesermünde. Am 1. April stand ich mit meinem Konfirmandenanzug und einem Persil-Karton auf dem Bahnhof in Wesermünde. Da ich noch keine 14 Jahre war, mußte ich noch sechs Wochen warten, um auf einem Fischdampfer anzumustern.

Ich konnte für diese Zeit im Landbetrieb, dem Ausrüstungsmagazin, mithelfen. Hier wurden die für mich fremden Gebrauchsgegenstände wie Schäkel, Kusenbrecher und Leuwagen für die Fischdampfer gelagert. Am 20. Mai 1941 war es dann soweit, ich musterte als Junge auf dem Fischdampfer DR. A. STRUBE an, einem der wenigen Schiffe, die im Krieg Fischerei betreiben. Kapitän war Albert Hoffmann, der Vater des langjährigen Einsatzleiters der Bremerhavener NORDSEE-Flotte. Nichts hielt mich mehr in meiner bisherigen Unterkunft, dem Seemannsheim. Zwei Tage vor dem Auslaufen zog ich mit meiner auf Vorschuß gekauften Ausrüstung

Matrose A. Nothmann
Foto: A. Nothmann, Cuxhaven

Kapitän Nothmann mit seinem chinesischen Kollegen Zhou Rucheng auf der Brücke des Fangfabrikschiffes STUTTGART, *das 1985 nach China verkauft wurde.
Foto: A.Nothmann, Cuxhaven*

an Bord. Strohsack, Bettzeug, Seestiefel, Troyer, Fischermannshosen – ein ganzer Handwagen voll. Vor dem Mast, im »Kellerlogie«, kein Mensch an Bord! Von den acht Kojen war eine Oberkoje ganz vorne im Logie frei. Mit meinen eineinhalb Metern hatte ich es ganz schön schwer, dort oben eine vernünftige Koje zu bauen und mein Zeug darin zu verstauen. Und dann die erste Nacht an Bord! Das Hafenwasser gluckerte leise an die Bordwand, der Strohsack raschelte und die Wolldecken pieksten. Einfach toll!

Der Tag der Ausreise. Lange vor dem festgesetzten Auslaufermin stand ich in Seestiefeln, Fischermannshose, Troyer und Pudelmütze an Deck und wartete auf die Crew. Dann endlich, eine Stunde vor dem Auslaufen kamen sie, gaben mir ihre schwieligen Hände, manche schüttelten auch mit dem Kopf und gingen daran, das Schiff seeklar zu machen. Ich bekam Order, mich beim Alten zu melden. Der schaute mich an und sagte dann: »Du gehts für drei Reisen in die Kombüse. Futtere dich erstmal richtig raus und bekomme Seebeine, dann werden wir weitersehen!« Meine Hoffnung, gleich mit an Deck zu arbeiten, bekam damit erst einmal einen kräftigen Dämpfer. So begann meine Seemannslaufbahn als Kochjunge!

Die Heuer betrug für Jungen 45 RM, für Leichtmatrosen 64,50 RM plus 0,1% vom Fangerlös und für Jungfischer 100 RM plus 0,3% vom Fangerlös. Hochseefischer war damals ein Lehrberuf und dauerte drei Jahre. Jedes Jahr betrug die Schulzeit an Land 6 Wochen, und nach bestandener Prüfung wurde man einen Dienstgrad höher an Bord angeheuert. Die Lehrzeit endete mit dem Erlangen des Matrosenbriefes, vergleichbar mit dem Gesellenbrief im Handwerk. Mein Schiff, die DR. A. STRUBE, ein alter Fischdampfer, wurde nicht wie die anderen modernen Fischdampfer zu Kriegshilfsschiffen umgebaut. Gefischt wurde bis Januar 1945 in der Ostsee, hauptsächlich Kabeljau. In Gotenhafen hatte die NORDSEE eine eigene Pieranlage. Der Fischdampfer DR. A. STRUBE als Flüchtlingsschiff, Auflieger in der Elbe und der Einsatz im Volkssturm waren meine weiteren Stationen bis zum Ende des Krieges.

Nach einigen Jahren als Matrose konnte ich mich mit der tatkräftigen Hilfe meiner Frau an der wiedergeöffneten Seefahrtsschule in Cuxhaven anmelden, wo ich mein Steuerexamen machte und dann auf der DÜSSELDORF als Zweiter Steuermann anheuern konnte.

Nach einer zweijährigen Fahrzeit machte ich dann in Cuxhaven das Kapitänspatent in der großen Hochseefischerei, das B 5. Nach einigen Jahren als Steuermann bekam ich 1957 mein erstes Schiff als Kapitän, den Fischdampfer MÜNSTER, 1944 in Belgien gebaut. Geheiratet wurde zwischendurch natürlich auch. Fischdampfer und ab 1968 den ersten Hecktrawler, die BREMERHAVEN, waren die weiteren Kapitänsstationen. 1972 ging meine aktive Seefahrtszeit zu Ende. Ich bekam die Stelle eines Reedereiinspektors. Zu meinen Aufgaben zählten die Koordination des Seeumschlags von Fangfabrikschiffen auf Kühlschiffe sowie Reisen auf Forschungsschiffen von der Antarktis bis nach Spitzbergen. Das Ende der NORDSEE-Reederei habe ich persönlich miterlebt. 1985 wurde das Fangfabrikschiff STUTTGART nach China verkauft. Meine letzte Dienstreise als Kapitän, bei der ich die weite Reise von Cuxhaven bis nach Shanghai mitmachte.

1986, nach 45 Jahren bei der NORDSEE, heuerte ich dann in den wohlverdienten Ruhestand ab. Auch 1998 interessiere ich mich noch für die Geschichte und die aktuelle Situation in der Hochseefischerei. Regelmäßige Kontakte und Treffen mit ehemaligen Kollegen gehören auch dazu.

A. Nothmann, Cuxhaven

Ausbildung im Landbetrieb

Die NORDSEE zählte zu jenen Reedereien in der Hochseefischerei, die sich besonders für den Nachwuchs eingesetzt haben. Es gehörte schon zur Tradition, daß sich die gewerblichen und kaufmännischen Lehrlinge der Reedereiabteilung im letzten Ausbildungsjahr für eine Fangreise anmusterten. Der Reedereileiter vertrat die Ansicht, wer in der Verwaltung für die Fischdampfer arbeitet und an Bord Reparaturen auszuführen hat, müsse auch den Arbeitsalltag während einer Fangreise kennenlernen.

In den 50er Jahren rekrutierte sich das Personal in der Hochseefischerei nicht mehr aus den angestammten Anwerbungsgebieten. Jetzt kamen Binnenländer, die zum Teil romantische Vorstellungen von der Seefischerei hatten. Um diesen »Qualifizierungsmangel« abzumildern, gründeten die Reedereien mit Unterstützung des Landes Bremen 1957 in Bremerhaven eine Jungfischerschule. Hier sollten die Jungmänner von seemännischem Fachpersonal in die Praxis der Hochseefischerei eingewiesen werden. Leider mußte die Schule nach fünf Jahren mangels Nachfrage schließen.

Die fehlende öffentliche Ausbildung ersetzte die NORDSEE durch eine reedereiinterne Schulung. Manche Bewerber hatten schon andere Ausbildungen hinter sich und waren älter. Die Teilnahme der ungelernten Seeleute an den Lehrgängen war auch für die Heuerbüros der NORDSEE in Bremerhaven und Cuxhaven bindend. Sie durften die jungen Leute erst dann vermitteln, wenn die bis dahin zuständigen Ausbilder ihre Einwilligung gaben. »Keine Beförderung zum Matrosen mehr nach Bedarf, sondern erst nach erlangter Qualifikation,« lautete das Ausbildungsmotto. Kapitän Krause leitete innerhalb der Personalabteilung Reederei das Ausbildungsbüro und warzuständig für die betriebliche Nachwuchsausbildung im seemännischen Bereich sowie im Offiziersbereich auf nautischem und technischem Gebiet zuständig.

Die praxisorientierte Ausbildung erfolgte in zwei Durchgängen mit dazwischengeschalteter Fahrzeit. Die Grundausbildung umfaßt mindestens 14 Tage, daran schloß sich eine Fahrzeit als Matrose, die sechs Monate dauerte. Danach erfolgte eine weiterführende 14tägige Spezialausbildung an Land. Kapitän Krause unterrichtete in der Schiffskunde wie Schiffssicherheit, Unfallquellen und Rettungsmittel. Der zweite Block umfaßte Netz- und Materialkunde wie Fanggeräte, Werkzeug und Material. Hier machten der Netzmeister Herbert Schultz und Netzmacher Köster die Lehrgangsteilnehmer mit den Praktiken vertraut.

Durch diese reedereieigene Schulung wurden in den 70er Jahren jährlich über 100 Jungfischer ausgebildet. Die Unterbringung während der landseitigen Ausbildung erfolgte im Bremerhavener Seemannsheim und in reedereieignen Gebäuden. Das Fazit des Ausbildungsleiters Kapitän Krause: »Seitdem die NORDSEE eigene Nachwuchsschulungen anbietet, ist das Abwandern nach den ersten Reisen merklich zurückgegangen.« Mit den erforderlichen Fahrzeiten in der Tasche konnten sich einige der Jungmänner zur Ausbildung als Steuermann an der Seefahrtsschule anmelden.

Die Ausbilder Herbert Schultz und Kapitän Krause schauen den Lehrgangsteilnehmern kritisch über die Schulter.
Foto: NORDSEE-Archiv

Seefahrtsschule Cuxhaven

Die Eröffnung des Seefischmarktes und die Gründung der Cuxhavener Hochseefischerei 1908 machten Cuxhaven zu einem der wichtigsten Standorte der deutschen Hochseefischerei. Die Ausbildung der Kapitäne der Fischdampfer zum »Schiffer auf kleiner Fahrt« erfolgte nach der Bekanntmachung vom 16. Januar 1904 in staatlichen Lehrgängen mit einem erfahrenen hamburgischen Navigationsschulmann. Die Fischdampfer-Reedereien organisierten für ihre Kapitäne und Steuerleute Vorbereitungskurse mit privaten Lehrern. Für die Islandfischerei benötigten die Kapitäne ein Zusatzpatent. Die nautische Prüfungsordnung von 1925 änderte diesen Zustand, indem der Schulbesuch obligatorisch wurde.

Im Jahr der Fusion der Cuxhavener Hochseefischerei mit der NORDSEE, 1928, wurde eine Zweigstelle der Seefahrtsschule Hamburg in Cuxhaven eingerichtet. Die guten Beziehungen der Seefahrtsschule mit der NORDSEE ermöglichten der »Zweigschule für Fischerei« eine vorzügliche Ausstattung und Unterbringung. Der Bedarf war so groß, daß inzwischen je ein Steuermanns- und Kapitänskurs stattfanden.

Das Ausbildungsprogramm erstreckte sich in den ersten Nachkriegsjahren hauptsächlich auf die Patente der Fischerei. Zeitweise liefen gleichzeitig zwei Steuermannslehrgänge. Die Schule wurde Anfang 1949 wiedereröffnet. Der große Bedarf an geeigneten B-Patentinhabern in den 50er Jahren machte die Erhöhung der Lehrgänge von zwei auf vier notwendig. Schichtunterricht von morgens bis abends war nun angesagt. Die Klassenräume waren mit diversen Lehrmitteln ausgestattet. 1959 unterrichteten sechs Lehrer. Für einen fünften Lehrgang mußten Räumlichkeiten an der Berufsschule benutzt werden. Die Klassenstärke für B-Patente betrug zeitweise bis zu 60 Schüler – im Gegensatz zu heutigen Zeiten, wo sich sechs pro Lehrgang anmelden.

B5-Lehrgangsteilnehmer vor dem Portal der Seefahrtsschule Cuxhaven.
Foto: Seefahrtsschule Cuxhaven

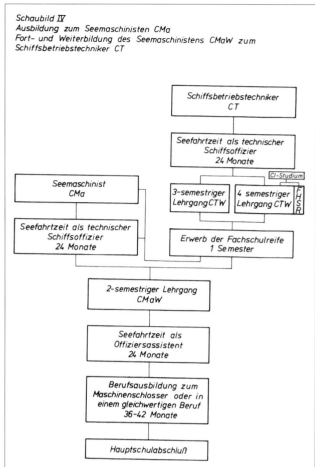

In dem Neubau, 1960 eingeweiht, konnte dann erstmals die Ausbildung der nautischen und technischen Schiffsoffiziere angeboten werden. Die Lehrgänge der Maschinisten fanden vorher an der Berufsschule in Cuxhaven statt. In den 70er Jahren veränderte sich die Ausbildung in der Hochseefischerei, wie die beiden Schaubilder dokumentieren: Aus dem Kapitänspatent B 5 wurde das BG.

In der traditionellen Hochseefischerei bis 1985 war die staatliche Seefahrtsschule in Cuxhaven die wichtigste Ausbildungsstätte für die nautischen und technischen Schiffsoffiziere.

NORDSEE-Seebetriebsrat

Erst nach nach dem Ersten Weltkrieg gab es jährliche Verhandlungen zwischen Gewerkschaften, der Interessenvertretung der Seefischer, und dem Verband der deutschen Hochseefischerei, in dem die Fischdampfer-Reedereien organisiert waren. In den »schlechten Jahren« nach 1920 wurde auch von Streikaktionen der Schiffsbesatzungen berichtet, um die Forderung der Gewerkschaften nach besseren Arbeits- und Heuerbedingungen durchzusetzen. Ab 1933 wurden die Tarife und Heuern von einem »Treuhänder der Wirtschaft« festgesetzt. In dem neuen Betriebsverfassungsgesetz (BVG) von 1952 wurde ein Passus aufgenommen, der die Einrichtung von Seebetriebsräten in Seefahrtsunternehmen vorsieht. Der Gesetzgeber brauchte 20 Jahre,

Ausbildung zum Patentinhaber in der Großen Hochseefischerei an der Seefahrtsschule Cuxhaven. Aus: Jubiläumsbroschüre Staatliche Seefahrtschule Cuxhaven, 1978

*Der erste Seebetriebsrat der NORDSEE. Von links: Werner Schmelcke, Karl Heinz Schäfer, Rudi Roder, Walter Lippka und Anibal Joao Simoes Carapelho.
Foto: R. Roder, Cuxhaven*

um in einem novellierten BVG die Bildung von Seebetriebsräten (SBR) zu etablieren. In der Zwischenzeit hatte der Betriebsrat des Landbetriebes die Interessen der Seeleute wahrgenommen. In den Tarifkommissionen der Gewerkschaften saßen auch Betriebsratsmitglieder der NORDSEE. 1972 wurde zwischen der Geschäftsleitung der NORDSEE und den im Unternehmen vertretenen Gewerkschaften ein Tarifvertrag über die Bildung des Gesamtbetriebsrates abgeschlossen. In diesem Gremium sollte der Seebetriebsrat mit drei Sitzen vertreten sein. Desweiteren hat der SBR auch Sitz und Stimme im Unilever-Konzernbetriebsrat.

Der erste SBR der NORDSEE konnte sich erst zwei Jahre später, am 18. März 1974, bilden. Bei der Größenordnung der NORDSEE (rund 2000 Seeleute) besteht der SBR aus fünf Mitgliedern, wobei drei von der Arbeit freigestellt wurden. Für die Dauer ihres Mandates haben sie auf ihren Schiffen abgemustert, denn der SBR übt seine Funktion an Land aus. In der deutschen Hochseefischerei war der NORDSEE-Seebetriebsrat das erste Gremium seiner Art.

Die Aufgaben des Seebetriebsrates beinhalteten die »Wahrnehmung aller Angelegenheiten betriebsrätlicher Mitwirkung und Mitbestimmung im Seebetrieb. Angelegenheiten, die ihm von Bordvertretungen zur Erledigung übertragen werden, wird er zusammen mit der Reedereileitung abklären.« Gesprächspartner des Seebetriebrates ist die Reedereileitung. Auf den Schiffen, auf denen ein Obmann die Belange des SBR wahrnimmt, ist der Kapitän der Ansprechpartner. Der Kontakt zwischen SBR und den Seeleuten erfolgte beim Ein- und Auslaufen der Schiffe. Die tarifvertraglichen Regelungen waren nicht Aufgabe des SBR, sondern diese wurden zwischen dem Verband der deutschen Hochseefischereien auf der Arbeitgeberseite und den Gewerkschaften ÖTV und DAG bei den Arbeitnehmern verhandelt. Die SBR-Mitglieder R. Roder und K.H. Schäfer haben als Mitglieder der ÖTV-Tarifkommission maßgeblich an den Tarifabschlüssen mitgewirkt.

Als durch die Eingrenzung der Fanggebiete und die Einführung von Quoten längere Liegezeiten für die Schiffe üblich wurden und größere Schiffsverkäufe die Situation für die Seefischer immer dramatischer werden ließen, gehörte der Seebetriebsrat der NORDSEE zu denjenigen, die sich an örtlichen und überregionalen Aktionen für eine Zukunft der Hochseefischerei beteiligten.

Monatliche Durchschnittsheuern von Matrosen

Quelle: SBG-Berechnungen für den Zeitraum 1951 bis 1985 (Frostfischfang* ab 1975) in DM

1951	375	1969	1095	
1953	390	1971	1329	
1955	462	1973	1359	
1957	567	1975	1623	1710*
1959	594	1977	2070	2217*
1961	666	1979	2445	2907*
1963	786	1981	2841	3186*
1965	864	1983	3624	3987*
1967	1038	1985	3801	4197*

Rettet die Hochseefischerei!

»Ich bin Fischermann! – Ich will meinen Beruf ausüben!« Dieser Ausruf gehörte zu den häufigsten Bemerkungen auf einer Kundgebung am 26. Januar 1981 in Bonn, wo sich 325 Hochseefischer und Angehörige fangverarbeitender Betriebe aus Cuxhaven und Bremerhaven für den Erhalt ihrer Arbeitsplätze einsetzten. Es war der verzweifelte Versuch – gepaart mit ohnmächtiger Wut –, Bewegung in die Verhandlungen über eine gemeinsame EG-Fischerei zu bekommen. Die von den EG-Agrarministern angekündigte einheitliche Regelung für die Fischerei in den EG-Meeren sowie Abkommen mit Drittländern wie Kanada und Island lagen noch nicht vor. Kanada hatte für die Fangsaison 1981 eine Kabeljauquote von 14.500 Tonnen freigegeben, die wegen der fehlenden EG-Fischereipolitik nicht voll abgefischt werden konnte.

Bereits am Vortage hatten Hochseefischer die Seeschleuse in Cuxhaven besetzt, um das Einlaufen eines isländischen Trawlers zu verhindern. Auf der Veranstaltung in Bonn wurde eine Delegation vom Staatssekretär des zuständigen Ministeriums empfangen, wo sie ihre Forderungen nach Stärkung der deutschen Hochseefischerei vortragen konnte. Die vom »Arbeitskreis der Betriebsräte aus den Fischereihäfen« überbrachte Resolution, die von 20.000 Bürgern aus Bremerhaven und Cuxhaven unterschrieben war, hatte folgenden Wortlaut:

»Sehr geehrte Herren, mit Erschrecken haben wir erfahren, daß die EG-Fischereiverhandlungen wiederum vertagt werden sollen. Wir befürchten, daß dies den Todesstoß für die deutsche Hochseefischerei bedeuten könnte. Wir bitten Sie verzweifelt, alle Ihre Möglichkeiten auszuschöpfen, um unsere Arbeitsplätze zu erhalten.«

Eine weitere Delegation weilte am 26. Januar in Brüssel, wo in einer halbstündigen Unterredung mit dem zuständigen EG-Kommissar die Unterschriftenresolution übergeben und die Ängste und Sorgen der deutschen Hochseefischer angesprochen wurden. Die NORDSEE See- und Landbetriebsräte waren an allen Aktionen des Arbeitskreises stark beteiligt.

---

für Jugendliche unter 18 Jahren, mit Ausnahme der Vollgrade, ist untersagt.

b) Beim Fang

§ 12

Arbeitszeit und Überstunden beim Fang

1. Abweichend von den §§ 85, 87, 98 bis 100 des Seemannsgesetzes setzt der Kapitän während des Fanges und der Verarbeitung des Fanges an Bord unter Berücksichtigung der Fang- und Wetterverhältnisse die Arbeitszeit fest, und zwar auch an Sonn- und Feiertagen.

2. Auf Frischfischschiffen ist die Arbeitszeit in der Regel im 12/6-Wachen-System einzuteilen. Wird nicht im 12/6-Wachen-System gearbeitet, müssen den Besatzungsmitgliedern innerhalb von 24 Stunden 8 Stunden Ruhezeit gewährt werden. Von dieser Ruhezeit müssen 6 Stunden zusammenhängend sein.

    Darüber hinaus muß dem Besatzungsmitglied jede mögliche weitere Ruhezeit zur Verfügung stehen. Zum Einnehmen der Mahlzeiten muß $^1/_2$ Stunde Zeit gegeben werden.

3. Auf Fangfabrikschiffen beträgt die regelmäßige Arbeitszeit innerhalb von 24 Stunden 12 Stunden. Die Arbeitszeit ist grundsätzlich im 6/6-Wachensystem einzuteilen. Mahlzeiten und Kaffee können während der Arbeitszeit eingenommen werden, sofern der normale Produktionsablauf aufrecht erhalten bleibt.

    Die Arbeitszeit des Decks- und Verarbeitungspersonals kann innerhalb von 24 Stunden bis zu $2^1/_2$ Stunden überschritten werden, soweit dies zur Verarbeitung vorhandener Fangspitzen erforderlich ist. Werden die Arbeitszeiten verändert, so dürfen von diesem Zeitpunkt an nur die für die jeweilige Fischart typischen Normalprodukte hergestellt werden. Zu den Normalprodukten gehören nicht: Einzelfilet, Filet als Auftauware, Filet mit Zwischenfolie verpackt und manuell grätenfrei geschnittenes Filet.

    Die über die regelmäßige Arbeitszeit von 12 Stunden hinaus geleistete Arbeitszeit sind Überstunden. Diese werden während der ersten 14 Tage der Mehrarbeit auf einer Reise mit 50 %, danach mit 100 % des im Heuertarifvertrag festgesetzten Überstundensatzes vergütet.

4. Die vorstehenden Regelungen der Arbeitszeit gelten nur bis zu dem Zeitpunkt, da der letzte Hol der Reise verarbeitet ist. Sie gelten nicht für die Verarbeitung des Fanges, der während der Heimreise aus dem Raum geholt wird.

Die Kundgebungen der Seeleute wurden in Bonn und Brüssel ohne verbindliche Zusagen zur Kenntnis genommen. Der Arbeitskreis der Betriebsräte aus den Fischereihäfen war mit Unterstützung der Gewerkschaften auch in den folgenden Jahren in Bremerhaven, Cuxhaven, Bonn und Brüssel aktiv. Der Ruf nach einer staatlich subventionierten Fangunion wurde immer lauter, da die traditionellen Reedereien ihre Fangflotten immer mehr verkleinerten. Mit jedem Schiff, das verkauft wurde, wuchsen die Sorgen um die Arbeitsplätze der Seefischer. In einer öffentlichen Anhörung über die Zukunft der

Auszug aus dem Manteltarifvertrag für die deutsche Hochseefischerei (MTV Fisch 1982)

Aufkleber »Rettet die Hochseefischerei«

Hochseefischerei 1984 in Bremerhaven machte der Vertreter der ÖTV auf den enormen Rückgang aufmerksam. In den letzten neun Jahren sind 60% der Bruttotonnage und 2336 Arbeitsplätze verloren gegangen!

Ein Jahr später, 1985, endete die traditionelle Hochseefischerei in Deutschland. Die Seefischmärkte Bremerhaven und Cuxhaven haben sich an den beiden neuen Reedereien beteiligt. Für viele Hochseefischer gab es nur noch den Weg zum Arbeitsamt, da in den strukturschwachen Küstengebieten neue Arbeitsplätze rar waren.

Marinesoldat auf Vorpostenboot »1104«

Im August 1939 fuhr ich als Zweiter Maschinist auf der WEISSENFELS. Wir befanden uns auf der Anreise zu einer Fangreise nach Island, als am zweiten Tag ein dringender Funkspruch ankam, der uns sofort nach Wesermünde zurückbeorderte. An der NORDSEE-Pier wurde festgemacht. Das gesamte Fanggeschirr wurde von Bord geholt – auch mit Hilfe der Besatzung. Das für die Fangreise gebunkerte Eis mußte wieder aus dem Fischraum herausgeholt, d.h. mit Körben und mit eigener Dampfwinde über Bord gekippt werden. Nach Beendigung der »Abrüstung« wurde das Schiff nach Hamburg gebracht. Hier wurde die WEISSENFELS für den Kriegseinsatz zu einem Vorpostenboot umgebaut. Der Fischraum wurde Mannschaftsunterkunft mit steilem Niedergang durch zwei Fischluken mit Überdachung und Türen, die Tranküche unter der Brücke wurde Lazarett. Im Vorschiff, d.h. in die Back, wurde vom Oberdeck bis zum Kielraum (Ankerkettenkasten) ein starkes Stahlrohr eingebaut, oben abgeschlossen mit einer großen starken Stahlplatte für die Montage einer 8,8-cm-Bordkanone. An Deck wurden alle für die Fischerei benötigten Rollen mitsamt den vier Scherbrettgalgen abgebaut. Die Dampfwinde mußte als Ankerwinde bleiben. Auf dem Vordeck wurde an Steuerbordseite – an die Back anschließend – ein Raum für Mannschaftstoilette und Waschmöglichkeit angebaut. An die Backbordseite kam ein Raum für Reinigungsmittel.

Das »Kabelgatt« – vorher Netzlager – wurde Munitionslager mit Durchreiche zum oberen Backdeck für die Geschützbedienung. Nach Abschluß der Werftumbauarbeiten ging es dann über Brunsbüttel durch den Nord-Ostsee-Kanal nach Kiel zur Marineausrüstung. Eine 8,8-cm-Kanone auf die Back und Munition ins Lager. Ein altes wassergekühltes Maschinengewehr aus dem Ersten Weltkrieg auf das Achterdeck zwischen den beiden hochgelegten Rettungsbooten. Alle Außenbordwände und Decksbauten bekamen Tarnbemalung. Nach Beendigung der Arbeiten ging es in die Ostsee zu Schießübungen: Resultat: Kanone gut – MG war eine Pleite! Danach ging es zum ersten Einsatz in die Ostsee. Wir mußten einige Frachter nach Wismar bringen, d.h. geleiten, und gegen etwaige Angriffe schützen. Von Wismar brachten wir einen Geleitzug nach Neustadt, als ich die Nachricht von der Geburt unseres ersten Kindes erhielt. Ich bekam einige Tage Kurzurlaub.

Die WEISSENFELS, jetzt Vorpostenboot »1104« verließ dann die Ostsee, um in Bremerhaven bei der Seebeckwerft noch einige Ergänzungsarbeiten vorzunehmen, wie den Aufbau von Vorrichtungen für den Betrieb von Wasserbombenwerfern. Beim ersten Übungseinsatz auf der Unterweser war die Abschußerschütterung so stark, daß in der Küche die Töpfe vom Herd hüpften. Von der Werft wurden daraufhin Decksverstärkungen im Maschinenraum und im Kohlenbunker eingebaut. Das Kommando der 11. Vorposten-Flottille wurde im Fischereihafen Wesermünde am Deich ein-

Zum Gedenken an unsere Vorpostenfahrten
(Kriegsjahr 1940)

Besatzung des »Vorpostenbootes 1104«.
Zweite Reihe, zweiter von links: A. Wiemken.
Foto: A. Wiemken, Bremerhaven

quartiert. Von hier wurden alle Einsätze geleitet und betreut. Die drei NORDSEE-Fischdampfer mit dem »Maiersteven« waren im ersten Kriegswinter vor allem als Eisbrecher im Weserpackeis beschäftigt. Danach begannen ständige Fahrten im Verband in der Nordsee, Nachteinsätze zur Flugzeugmeldung und Einsätze als Geleitschutz. Es wurden Handelsschiffe von der Außerweser und -elbe nach Emden oder Rotterdam eskortiert. Zurück dann auch wieder Fahrten im Verband. Dabei gab es oft Berührung mit englischen Flugzeugen oder Schnellbooten. Der Liegeplatz war jetzt Cuxhaven. Dort lagen die Schiffe im Minensucherhafen am schwimmenden Pontonpier und warteten auf weitere Einsätze. Die Einsatzleitung war auf dem - getarnten - Seebäderschiff »Helgoland« untergebracht und lag ganz in der Nähe. Wegen der ständigen Geleitfahrten nach Emden und Rotterdam gab es keine Heimfahrten mehr, so daß die Frauen nach Cuxhaven kamen und wir dort gemeinsam einige ruhige und gemütliche Stunden verleben konnten. Zu Werftliegezeiten in Cuxhaven kamen wir oft zum alten NORDSEE-Betrieb im Fischereihafen. Hier wurden Maschinenreparaturen und marinetechnische Arbeiten ausgeführt.

Im Verlauf der Norwegenbesetzung 1940 wurde die 11. Vorposten-Flottille für den Geleitschutz eines Truppentransports von der Elbe nach Kristiansand in Südnorwegen und später für die norwegische Küste eingesetzt. Die »1104« mußte oft im Packeis steckengebliebene Dampfer freibrechen. Einmal hätte es uns bald erwischt. Weil wir selbst im Eis festsaßen, konnten wir nur schwer manövrieren, und da kam der Riesensteven des freigebrochenen Dampfers in Richtung Achterschiff direkt auf uns zugefahren; aber - welch ein Glück - nur mit langsamer Fahrt. Wir konnten mit äußerster Maschinenkraft gerade noch ausweichen und den Zusammenstoß verhindern. Wir streiften dann Bordwand an Bordwand aneinander vorbei. Nach einer Werftliegezeit in Bergen ging es im Mai mit einem Geleitzug nach Emden, in Richtung Heimat. Ich nahm ein paar Eimer Salzheringe mit auf die Reise, denn zu Hause war so etwas schon eine Rarität.

Es kam die Zeit der Tiefflugangriffe. Am Tage wurde jeder Geleitzug von Flugzeugen im Tiefflug angegriffen, d.h. mit Bordwaffen beschossen und auch torpediert. Da kamen für die Besatzung und vor allem für die Geschützbedienungen harte Einsätze. Wegen der zahlreichen Tieffliegerangriffe bekamen alle Vorpostenboote vorn an Deck an beiden Relingen steuerbord und backbord je ein neu entwickeltes Drahtseilraketenabschußgerät montiert. Außerdem erhielt jedes Boot einen Flammenwerfer auf den Flaggen-Signalmasttopp über dem Brücken-Peildeck, montiert in etwa acht Metern Höhe. Dazu gehörten ein 1000-Liter-Tank für leichtentzündliches Brennöl und eine dieselmotorgetriebene Hochdruckpumpe. Auf den Vorpostenbooten wurde dann auch die Bewaffnung verstärkt. Die »1104« erhielt drei 2-cm-Schnellfeuerkanonen, je eine an Steuerbord- und Backbordseite hinter dem Schornstein, und eine auf dem früheren Rettungsboot-Deck. Die Kanonen wurden auf stabilen Rundlaufpodesten montiert, mit Schutzschild und Zielvorrichtung. Bedient wurde jede von zwei Mann und einem Munitionszulieferer. Dadurch vergrößerte sich die Besatzung bis zu 45 Mann, so daß zusätzliche Kojen eingebaut werden mußten. Inzwischen war ich Maschinist und konnte den ausscheidenden Maschinisten ersetzen. Meine Dienstzeit auf der »1104« endete 1943 mit einer Kommandierung zu einer Sperrbrecher-Flottille nach Brest. Die »1104« wurde 1945 in einer Februarnacht auf der Unterelbe bei Brunsbüttel – vor Anker liegend – von einer Magnetmine versenkt. Nach Kriegsende und einer Zeit im Gefangenenlager kam ich am 8. August 1945 wieder nach Hause. Im Mai 1946 konnte ich dann wieder bei NORDSEE anfangen.

A. Wiemken, Bremerhaven

Tag der Hochseefischer

Am 12. Juli 1953 wurde zum ersten Mal ein Tag der Hochseefischer gefeiert. Der Veranstalter, der Verband der deutschen Hochseefischerei, wollte wenigstens einmal im Jahr die harte und gefahrvolle Arbeit des Hochseefischers in einer öffentlichen Veranstaltung würdigen. Der Bundeskanzler wurde der Schirmherr. An diesem Tage laufen die Fischdampfer nach der Aufliegezeit, festlich verabschiedet, zum jährlichen Heringsfang aus. Neben der Hauptveranstaltung, die in jedem Jahr in einem anderen Fischereihafen stattfand, wurde auch in den anderen Hafenstädten das Auslaufen der Schiffe gefeiert.

1955 waren in Bremerhaven über 10.000 Menschen am Weserdeich, um die zum Fang auslaufenden und in der Kiellinie passierenden Fischdampfer zu verabschieden. Am Vorabend läuteten die Glocken der örtlichen Kirchen den Tag der Hochseefischer ein. In der großen Auktionshalle des Fischereihafens wurde am Sonnabendnachmittag eine gemeinsame kirchliche Feierstunde abgehalten. In ihrem Mittelpunkt stand das Gedenken an die Hochseefischer, die im letzten Jahr den Seemannstod gefunden hat-

Tag der Hochseefischer 1955 in Cuxhaven.
Foto: NORDSEE-Archiv

ten. Anschließend fanden im Fischereihafen »Wassersportkämpfe« wie Wettrudern der Fischdampfermatrosen, Segel- und Ruderregatten, Schwimmwettkämpfe, Fischerstechen und Rettungsmanöver der Gesellschaft zur Rettung Schiffbrüchiger sowie Übungseinsätze von Feuerlöschbooten statt. Zahlreiche Gewinner der Wettkämpfe waren Besatzungsmitglieder von NORDSEE-Schiffen. Erstmalig fand 1955 ein offizielles Fischessen mit geladenen Gästen aus der Fischwirtschaft, der Politik sowie Hochseefischern statt, auf dem Themen der Hochseefischerei besprochen wurden. Desweiteren gab es zahlreiche »Hochseefischereibälle« in verschiedenen Lokalitäten.

Der Norddeutsche Rundfunk und Radio Bremen waren jedes Jahr mit ihren Übertragungswagen vor Ort, um in Radiosendungen wie den »Bunten Abenden – Gode Reis un dikke Büdels« und den »Hafenkonzerten« am Sonntagmorgen vor über 10.000 Zuschauern ihren Hörern Eindrücke vom Tag der Hochseefischer zu vermitteln.

In einem Festakt, der zu den Höhepunkten der Veranstaltung zählte, würdigte der zuständige Bundesminister die Arbeit der Hochseefischerei und überreichte anschließend verdienten Seeleuten Bundesverdienstkreuze. Unter den ausgezeichneten Hochseefischern waren auch viele NORDSEE-Mitarbeiter. Nach den offiziellen Veranstaltungen strömten die Zuschauer an markante Übersichtspunkte, um die imposante Ausfahrt der beflaggten Fischdampfer zu erleben. An Bord eines Fischereischutzschiffes wünschte der Bundesminster den ausfahrenden Besatzungen alles Gute, gute Fänge und eine glückliche Heimkehr. Zum Abschluß des zweiten Tages des Hochseefischers fand in den Abendstunden ein großes Feuerwerk statt.

Das 75jährige Jubiläum der deutschen Hochseefischerei 1961 war zugleich der letzte »Tag der Hochseefischer«. Der 1966 alternativ eingeführte »Deutsche Fischertag« unter der Schirmherrschaft des Bundespräsidenten konnte nicht mehr an die publikumswirksamen Veranstaltungen vergangener Jahre anknüpfen.

Bei der NORDSEE-Reederei gehörte es zur Tradition, zu besonderen Anlässen Schiffsreisen für Betriebsangehörige zu veranstalten. Am Tag der Hochseefischer wurden Pensionäre und Jubilare eingeladen, die auslaufenden Fangschiffe bis zum Leuchtturm »Rotersand« oder Helgoland zu begleiten. 1954 waren es 200 ehemalige Mitarbeiter, die an Bord der TÜBINGEN und KÖLN bis in die Abendstunden dabei waren. Klönsnak über alte Zeiten und ein deftiger Skat sorgten für Kurzweil an Bord. Die Nordenhamer Pensionäre konnten gegen 21 Uhr bei romantischer Beleuchtung auf der Reede vor Nordenham an Bord eines NORDSEE-Schleppers umsteigen, um an Land gebracht zu werden. Der Reedereileiter drückte beim Abschied jedem die Hand und gab einen »flüssigen Fahrschein« mit auf den Weg. Die Veteranen freuten sich dann immer wieder auf das nächste Treffen.

*Die Verleihung der Qualitätsmedaillen durch den Reedereileiter an die Besatzung des Fischdampfers HANNOVER.
Foto: Inderhees / NORDSEE-Archiv*

Qualitätsfänge

Vom Verband der deutschen Hochseefischereien wurden am Tag der Hochseefischer Qualitätsmedaillen an erfolgreiche Fischdampferbesatzungen verliehen. Während verdiente Hochseefischer vom Bundesminister mit Bundesverdienstkreuzen ausgezeichnet wurden, bekamen die Mannschaften die »Medaille für besondere Verdienste um die deutsche Hochseefischerei«. Diese »Qualitätsmedaillen« wurden Mannschaften verliehen, die in einem Wettbewerb Leistungen zur Hebung der Seefischqualität erbracht hatten. In jedem Jahr wurden vier Fischdampfer aus Bremerhaven, je zwei aus Cuxhaven und Hamburg und einer aus Kiel prämiiert. Mit der Einführung einer »Silber-« und »Bronze-Medaille« erhöhte sich die Anzahl der Schiffe. Zum Gedenken an die Verleihung bekam der Kapitän des erfolgreichen Schiffes eine Erinnerungstafel.

Die Besatzungsmitglieder, die während des Bewertungszeitraumes – jeweils vom 1. Juni des einen bis zum 31. Mai des folgenden Jahres – an mindestens 80% der bewerteten Fangreisen beteiligt waren, erhielten die Medaille und eine Urkunde über die Verleihung. Als Maßstab für die jährliche Ermittlung galt das Verhältnis der angelandeten Ware, die durch den beamteten Veterinär und den Marktbeauftragten vom Verkauf ausgeschlossen wurden, zu den Gesamtladungen. Als bestes Schiff galt jenes, von dessen Gesamtladungen in einem Jahr am wenigsten beschlagnahmt oder ausgesondert wurde. Fischdampfer, die fast ausschließlich in der Nordsee fischten, konnten an dem Wettbewerb nicht teilnehmen. Die Anzahl der Reisen mußte im Bewertungsjahr für die zugelassenen Fischdampfer mindestens zwölf betragen.

Das erfolgreichste Schiff war die Besatzung des Fischdampfers WESEL, die bis 1961, dem letzten Tag der Hochseefischer, insgesamt sechs Qualitätsmedaillen erhielt.

Internationale Fischereiausstellung in Leningrad

Bei der internationalen Fischereiausstellung »Inrybrom '68« in Leningrad (heute wieder St. Petersburg) war aus der Bundesrepublik das NORDSEE-Schiff FREIBURG I.BR. vertreten. Das Fangfabrikschiff bekam nach einer Fangreise Ende Juli 1968 in Bremerhaven einen neuen Anstrich und wurde für eine umfangreiche Bordausstellung hergerichtet. Nach der Überführung zum NORDSEE-Landbetrieb in Cuxhaven wurde das Fanggeschirr von Bord geholt. Die Netzkoje wurde zu einer U-förmigen Theke als Auskunftsschalter bzw. später zur Aufnahme des kalten Büffets umgebaut. Für das Vor- und Achterdeck wurden spezielle Sonnensegeldächer mit Seitenwänden angefertigt. Am 1. August wurde das Schiff für 36 Personen (28 Mann Besatzung, 2 Dolmetscherinnen, 5 Vertreter der Gemeinschaftsschau und ein Reiseausstellungsleiter von der NORDSEE) ausgerüstet. Am Freitag, den 2. August, begann die Reise der FREIBURG I.BR. Nach vier Tagen, am Montag gegen 8.45 Uhr, machte das Schiff im Leningrader Hafen fest. Am 6. August wurde die Ausstellung von hohen sowjetischen Politkern eröffnet. Neben dem NORDSEE-Schiff waren es vor allem die großen Fangschiffe der sowjetischen Fernfischerei, die von den Zuschauern besucht wurden.

Von 10 bis 18.30 Uhr wurden zahlreiche Gruppen bis zu 80 Personen von einem Schiffsoffizier und einer Dolmetscherin an Bord der FREIBURG I.BR. herumgeführt. Die Zuschauer mußten zeitweilig bis zu fünf Stunden in einer langen Schlange warten.

Die Schiffsbesucher interessierten sich an Bord auch für die Einrichtungen der Toilette, der Messe, für das Kartoffelschälgerät in der Küche und besonders für die Kapitänskajüte. Innerhalb von zwei Tagen mußte Kapitän Spanke mehrere Hemden wechseln, diskutierte nächtelang mit den Kapitänen der »Rostocker Flotte« und schloß Brüderschaft mit dem »Towarischtsch-Kapitän« eines der großen russischen Fischereibasisschiffe. Allgemeines Aufsehen erregte in der fahrradlosen Hafenstadt Chefingenieur Georg Leidholdt bei seinen Landausflü-

Blick vom Achterdeck der FREIBURG I.BR. auf die Besucher der Fischereiausstellung in Leningrad. Foto: G. Leidholdt, Cuxhaven

gen mit seinem modernen zusammenklappbaren Fahrrad. Die Russen fragten ihn immer wieder, von welchem deutschen Zirkus er sei. Am 16. August gab es einen »Tag der Bundesrepublik« in einem Restaurant, an dem 700 Personen teilnahmen. Die Besatzung der FREIBURG I.BR. hatte während der Ausstellung die Möglichkeit, Kontakt mit anderen Schiffsmannschaften aufzunehmen. Am 18. August gab die Hansestadt Bremen an Bord des NORDSEE-Schiffes einen Empfang, der zu den Höhepunkten der Fischereiausstellung zählte. Als am 20. August die letzten Besucher von Bord gingen, waren es insgesamt 20.165 Personen, die während der 14 Tage das NORDSEE-Schiff besucht hatten! Am 21. August hieß es dann: Leinen los! Und bei Hochsommerwetter machte die FREIBURG I.BR. am 24. August um 1.30 Uhr im Heimathafen Cuxhaven die Leinen fest. Vier Tage später lief das Schiff zu einer neuen Fangreise aus.

Kapitänstreffen

In den Aufliegezeiten wurden die Kapitäne von den Reedereileitungen in Cuxhaven und Bremerhaven zu eintägigen Besprechungen eingeladen. 1954 fanden diese Tagungen zum ersten Mal in dem NORDSEE-Schulungsheim Drangstedt bei Bremerhaven statt. In kleinen Gruppensitzungen mit jeweils zehn Schiffsoffizieren und leitenden Herren der Zentralverwaltung und der Landbetriebe ging es vor allem um einen gemeinsamen Gedankenaustausch und eine grundsätzliche Unterrichtung und Abstimmung über alle Probleme der neuen Fangsaison. In den folgenden Jahren wurde die Vortragsreihe erheblich erweitert. Neben den einführenden Referaten der Reedereileiter zur Lage der deutschen Hochseefischerei gab es auch Vorträge von Wissenschaftlern der Bundesforschungsanstalt für Fischerei.

1960 wurde das jährliche Kapitänstreffen, das immer an verschiedenen Tagungsorten stattfand, um die Steuerleute und Maschinisten erweitert. Die Zeiten der Hochseefischerei, als die deutschen Seefischmärkte auf eigene Fänge angewiesen waren, gehörten nach 1960 der Vergangenheit an. Durch die zunehmende Liberalisierung der EWG- und EFTA-Länder in der Fischwirt-

Kapitänstreffen in Cuxhaven. Foto: NORDSEE-Archiv

schaft bekam die Frage der Qualitätsfänge eine größere Bedeutung. Der besttmögliche wirtschaftliche Einsatz der Fangschiffe und ein ständiger Erfahrungsaustausch zwischen den Schiffsoffizieren und den Verantwortlichen der Landbetriebe bekamens einen zentralen Stellenwert bei den jährlichen Treffen. Bei der NORDSEE wurden verbesserte Qualitätsstandards eingeführt. Deshalb wurde ein Sachbearbeiter des neu eingerichteten Büros für Fischereibiologie vorgestellt, der den Anwesenden erläuterte, daß die erzielten Erfahrungen auf den Fangplätzen in Zukunft gesammelt werden sollten, um sie allen NORDSEE-Kapitänen zugänglich zu machen. Hiervon versprach man sich optimale Fangergebnisse.

Mit dem Einsatz der ersten NORDSEE-Fangfabrikschiffe änderten sich die jährlichen Tagungen der Schiffsoffiziere. Es waren Kapitäne, Steuerleute, Maschinisten, Fischwerkmeister, Funker und Maschinenmeister, die von der Reedereileitung zu einer dreitägigen Tagung eingeladen wurden. Am ersten Tag wurden die Teilnehmer mit vielen ihnen bis dahin nicht bekannten Details über interne Organisations- und Planungsfragen dr NORDSEE informiert. Es wurden die Einsatz- und Produktionsprobleme sowie die neuen Aufgabenbereiche der Schiffsoffiziere und anderen Besatzungsmitglieder besprochen. Am zweiten Tag gab es Informationen über die internationale Zusammenarbeit im

*Alte Liebe in Cuxhaven 1955.
Foto: Stadtarchiv Cuxhaven*

Nordatlantik und Rechtsfragen für den Einsatz der Fangfabrikschiffe. Außerdem wurden die Teilnehmer über die Betriebskosten der neuen Fangschiffe unterrichtet. Am letzten Tag wurden Fragen der Organisation und Aufgabenteilung im Bordbetrieb, Feuer- und Verschlußrolle, Bootsrolle, Sicherheitsstandards und Reparaturprobleme erörtert. Für die Besatzungsmitglieder, die im Verarbeitungs- und Frostbetrieb tätig sein würden, gab es zukünftig eine besondere Ausbildung in den NORDSEE-Verarbeitungsbetrieben. Mit der Einführung der dritten Vollfroster-Klasse ab 1972 wurden die Zusammenkünfte der Schiffsoffiziere bereits im Vorfeld der Schiffstaufen vorgenommen.

Auch nach dem Ende der NORDSEE-Reederei gibt es bis heute einen regelmäßigen Stammtisch von ehemaligen NORDSEE-Kapitänen sowie ein Jahrestreffen aller deutscher Hochseefischereikapitäne in Cuxhaven bzw. Rostock.

Abschied

Mein Mann, der im Krieg in der Maschine auf U-Booten und nach 1945 beim Minenräumkommando in der Nordsee tätig war, konnte 1948 als Trimmer wieder auf einem Fischdampfer anheuern. Es war ein harter Job, vor den Feuerlöchern zu stehen und Kohlen zu schippen. Aufgrund der Erfahrungen konnte er dann bald als Heizer arbeiten. Für mich bedeuteten die Fangreisen Unruhe und Angst, bis der Mann wieder glücklich zu Hause war. Zwei Tage Liegezeit waren kurz für ein Familienleben. Die Kinder brauchten den Vater und die Frau vermißte den Mann doch sehr.

Die NORDSEE stellte nach 1951 Dampf-Turbinenschiffe in Dienst. Mein Mann tauschte die Kohlenschaufel gegen die Ölkanne. Die Fangreisen dauerten länger und dadurch auch die Abwesenheit der Männer. Von der Reederei gab es für die Frauen das Angebot, auf dem Nord-Ostsee-Kanal zum Zielhafen Kiel mitzufahren. Das war dann natürlich ein tolles Erlebnis. So lernten die Frauen die harte Arbeit der Männer kennen. Über »Elbe-Weser«-Radio konnten wir Frauen erfahren, wann das Schiff in Cuxhaven einlaufen sollte. Vorher mußten die Kinder versorgt und untergebracht werden. Dann standen die Frauen voller Hoffnung an der »Alten Liebe« und warteten. Das Schiff kam auch mal mit Verspätung, auch nachts. Dann wurde gezittert und gefroren. Aber dann, wenn der Fischdampfer festgemacht hatte und wir an Bord durften, war das Wiedersehen groß. Der Schiffskoch sorgte dann mit einem steifen Grog dafür, daß wir wieder auftauten. Die Fahrt von Cuxhaven nach Kiel war eine genußvolle Reise mit einer ausgezeichneten Verpflegung und dem Zusammensein mit den Männer. Es waren Tage voller Zärtlichkeit und Freude. Die Liegezeit und die Rückreise von Kiel nach Cuxhaven dauerte vier Tage. In Cuxhaven an der »Alten Liebe« hieß es dann wieder Abschied nehmen, immer mit Tränen.

Von der Reedereiabteilung bekam mein Mann 1952 das Angebot, an der Seefahrtsschule in Bremerhaven das Maschinistenpatent zu machen. Danach mußte er dann per Vertrag zehn Jahre bei der NORDSEE-Reederei fahren. Außerdem wurde von der NORDSEE ein Bauplatz in

Cuxhaven in Aussicht gestellt. Somit sorgte die Reederei für eine qualifizierte Ausbildung und eine gezielte Nachwuchswerbung. In der Schulzeit meines Mannes mußte ich mitverdienen, da das Ersparte wegen des fehlenden Einkommens nicht reichte. Der Stundenlohn in einer Lachsfabrik betrug damals 65 Pf. Das war nicht viel, aber es half der Familie über diese schwere Zeit. Zwei kleine Kinder und den Haushalt versorgen, Arbeit in der Fabrik, den Mann jeden Morgen mit dem Zug nach Bremerhaven verabschieden, das gehörte bei mir zu den alltäglichen Arbeiten. Am Abend, nachdem die Kinder zu Bett gebracht waren, kamen die Schularbeiten meines Mannes, wo ich so manches aus der Welt der Seefahrt und der Hochseefischerei »mitlernte«.

Nach zwei Jahren war es dann endlich geschafft, die Prüfung bestanden, das ersehnte Patent bekommen und es gab eine kleine Feier im engsten Freundeskreis. Als Belohnung gönnten wir uns danach einen Urlaub. Die Kinder kamen bei Oma und Tante unter. Einen Motorroller haben wir gemietet, hinten auf den Gepäckhalter den Koffer mit einem großen Schild »Bitte überholen – Seemann auf Urlaub« und dann mit höchstens 60 Stundenkilometern in Richtung Süden. Das war ein Spaß. Nach vierzehn Tagen war dann alles vorbei. In Cuxhaven wartete das Schiff zur Fangreise. Den Mann an Bord gebracht, Abschied abends um 21.30 Uhr mit selbstgebackenem Kuchen und vielen Briefen. Das Schiff und die Männer sind nicht wieder gekommen. Es war der 29. September 1955.

I. Gruzdz, Bremerhaven

Hallo Taxi!

Nach einer Fangreise waren die Seemannslokale in Bremerhaven und Cuxhaven immer Treffpunkte »durstiger« Jan-Maaten. Vom Schiff bis zur Gaststätte wurde dann ein Taxi bestellt. Konnte die Anfahrt noch großzügig bezahlt werden, so mußte nach einer »langen Nacht« schon mal angeschrieben werden. Es kam vor, daß auf der Heimreise von Cuxhaven nach Bremerhaven oder umgekehrt in Sievern bei »Fitters Eck« eine längere Pause eingelegt wurde. Alles im Fahrpreis inbegriffen.

Wenn Karl-Heinz Eckhoff und seine Frau Ruth heute zurückblicken, so haben sie während ihrer Zeit als Taxifahrer viele interessante

K.-H. Eckhoff mit seinem schwarzen Taxi vor dem »Treffpunkt«.
Foto: K.H. Eckhoff, Cuxhaven

Geschichten mit ihren Fahrgästen erlebt, insbesondere mit den Seeleuten von den Fischdampfern. Damals wurde noch anstandslos der vereinbarte Fahrpreis bezahlt. 1954 kam Karl-Heinz Eckhoff, der Autoschlosser gelernt hatte, aus der Kriegsgefangenschaft nach Hause. Das traditionelle Schützenfest in Cuxhaven-Groden war der Beginn einer Berufskarriere als Taxifahrer, die bis 1983 dauerte. Zuerst mit einem Mietwagen. Dann gab es die ersten Anforderungen für Auto-Ruf Eckhoff aus dem bekannten Cuxhavener Tanzlokal »Treffpunkt«. Darunter waren auch Seeleute, die zu ihren Schiffen mußten.

Nach dem Umzug der Eckhoffs nach Cuxhaven 1961 wurden die Fahrgäste von einem offiziellen Taxi befördert. Das Geschäft mit den zahlungskräftigen Seeleuten florierte, so daß nach kurzer Zeit vier Eckhoff-Taxen im Einsatz waren. Frau Eckhoff, die gelegentlich selbst ein Taxi fuhr, war für die Fahrgast-Anforderungen und Vermittlungen über Funk zuständig. Es kam auch schon einmal vor, daß Seeleute, die auf Reedereikosten zu ihrem Schiff gebracht wurden, es sich auf der Schleuse anders überlegten, schnell aus dem Taxi ausstiegen und per Fuß das Weite suchten. In den 60er Jahren wurden die Eckhoff-Taxen immer öfter von der Cuxhavener Hochseefischerei angefordert. Es gab Ferntouren bis nach Reutlingen. Bezahlt wurde immer bar. Nach der Übernahme der Reederei durch die NORDSEE gab es oft Fahrten zwischen Cuxhaven und Bremerhaven, wo Besatzungsmitglieder ausgetauscht wurden. Von 1971 bis 1978 wurden Seeleute der Kieler Hochseefischerei, deren Flotte von der NORDSEE bereedert wurde, auf Reedereikosten von Cuxhaven nach Kiel befördert. In der Woche waren es bis zu zehn Fernfahrten dieser Art. Die NORDSEE-Flotte war inzwischen kleiner und die Anforderungen der Seeleute rückläufig geworden.

Das Taxiunternehmen Eckhoff konnte Anfang der 80er die fehlenden Jan-Maaten durch neue zahlungskräftige Fahrgäste, die Touristen imm aufstrebenden Kurort Cuxhaven, ausgleichen. Auch heute noch werden die Eheleute Eckhoff, die schon seit 15 Jahren keinen Taxibetrieb mehr betreiben, in Cuxhaven immer wieder von ehemaligen Stammgästen auf die Zeit angesprochen, als im Fischereihafen noch ein reges Fischdampfertreiben herrschte.

Hohe Luft in Cuxhaven

In der Nähe des Bahnhofs und am Rande des alten Fischereihafens liegt eine der letzten maritimen Gaststätten Cuxhavens. An dieser Stelle war der höchste und trockenste Fleck Land, wenn ein über die Ufer steigendes Hochwasser nach allen Seiten wieder ablief. Deshalb der Name »Hohe Luft«! 1920 wurde hier von Robert Hagdedorn und seiner Frau ein kleiner hölzerner Kiosk mit allerei Rauchwaren gegründet. Fünf Jahre später wurde das Gasthaus Robert Hagedorn (der Schriftzug »Hohe Luft« prangte erst später an der Fassade über der Eingangstür) mit zwei Räumen eröffnet. In dem kleineren Raum trafen sich die örtlichen Fischhändler nach der Auktion im nahen Fischereihafen. Die Bestellung erfolgte über eine spezielle Klingel. In dem größeren Schankraum gab es ein Foto-Panoptikum erfolgreicher Kapitäne und deren Besatzungen. Bei den Gästen, die größtenteils aus dem Fischereihafen und der Hochseefischerei stammten, ging es dann immer um »dicke Büdels, Glückschippers, Prozente, Tran und Rogen«.

Die Gaststätte war eine rege Kontaktbörse. Hier konnten die Seemannsfrauen erfahren, wann die Schiffe ihrer Männer einliefen. Auch das begehrte Trangeld wurde hier bis in die 50er Jahre von den Steuerleuten an die Besatzungen bar ausgezahlt. Damit konnten dann einige Stammgäste alte Rechnungen bezahlen. Als die Zeit der Heckfänger mit ihren langen Reisen begann und die Ära der Fischdampfer zu Ende ging, wurde es weniger mit den tollen Geschichten von der Barentsee bis nach Grönland.

Nachdem der letzte Fischauktionator in Ruhestand gegangen war und der kleinere Raum nicht mehr für die Gespräche der Fischhändler benötigt wurde, begann die Renovierung. Heute ist es ein großer und gemütlicher Raum, in dem sich die Stammgäste noch alte Geschichten aus der Hochseefischerei und von dem regen Treiben im Fischereihafen erzählen. Auch NORDSEE-Pensionäre sind schon mal mit von der Partie, wenn es heißt: »Weißt du noch«. Heute wird die Gaststätte in der dritten Generation von Hans Rundspaden, Jahrgang 1931, geführt, der selbst zwölf Jahre – davon einige auf Fischdampfern – zur See gefahren ist. Obwohl die »Hohe Luft« von Autostraßen umgeben ist, spürt man hier noch die Atmosphäre einer Zeit, als die Hochseefischerei in Cuxhaven eine größere Rolle gespielt hat.

He hett nickt!

Es war die Zeit, als von Cuxhaven noch 44 Fischdampfer zum Fang ausliefen. Die Liegezeiten der Schiffe im Hafen betrug in der Heringszeit 24 Stunden. Die Besatzung mußte in dieser Zeit auch noch den Fischraum waschen. Die TANNENBERG war auf Heimreise. 4000 Zentner Heringe in 14 Tagen! Eine gute Reise. Alle waren rundrum zufrieden. Käpt'n Jan saß auf seinem Klappsitz auf der Brücke, Kopke Tee in der Hand, und gab seine Anweisungen an den Rudermann. Das Schiff fuhr auf der Elbe Richtung Cuxhaven. Ein heißer Tag. Das Sonnensegel war gesetzt und der Wasserschlauch lief, um das Deck zu kühlen. Alles ging seinen Gang. Doch plötzlich rief der Funker: »Kapitän, ein Gespräch von Elbe-Weser-Radio, die Reederei!« Na, das bedeutet nichts Gutes! Ohne viel Umschweife wurde ihm erklärt, daß er wegen der großen Hitze auf der Elbe vor Anker zu gehen habe und kurz vor sechs Uhr an der Fischhalle festmachen solle. »Da hebt wi dat«, vor Anker. »Funker, wat hett de segt? Wann schall wi inlopen?« »Kurz nach 18 Uhr, Kapitän.«

Nun hatte es mit 18 Uhr nachmittags seine Bewandtnis. Läuft ein Schiff vom Heringsfang vor 18 Uhr ein, galten die 24 Stunden Liegezeit, danach mußten innerhalb der Liegezeit zwei Nächte gewährt werden. Die TANNENBERG ging also vor Anker, getreu dem Motto: »Was brauchen wir an Land zu gehn, wir können das Land von Bord aus sehen.« Pünktlich viertel nach sechs lag das Schiff an der Fischhalle fest. Die Zollformalitäten waren schnell erledigt und die Besatzung zog mit ihren Angehörigen nach Hause.

Nur für Kapitän Jan lohnte sich der weite Weg nach Ostfriesland nicht. Denn früh am anderen Morgen war Besprechung bei der Reederei. Er ließ sich also mit dem Taxi zum Cafe Schleier fahren, wo er genüßlich eine Helgoländer Eistorte verzehrte. Nach einem längeren Deichspaziergang kehrte er dann bei Lorenz ein, wo er mit einem großen »Hallo Jan!« be-

Gaststätte Robert Hagedorn in den 30er Jahren, in der Tür das Ehepaar Hagedorn. Foto: H. Rundspaden, Cuxhaven

grüßt wurde. Spät in der Nacht tauchte Käpt'n Jan mit leicht onduliertem Gang in der Metropol-Bar auf. Mit ihm allerlei »gute Freunde«, die es sich auf seine Kosten wohl sein ließen. Der Käpt'n bestellte eine Runde nach der anderen, was jeder trinken wollte. Bald sank sein Kopf erschöpft vom langen Tag auf den Tresen. »Ohne die Zustimmung von Käpt'n Jan schenke ich keinen mehr ein«, sagte die Barfrau. In seinem Zustand war es schwer, noch ein Wort herauszubekommen. Wenn er nicken würde, könnten wir dann einen bekommen? Sicherlich, wenn er nickt, kriegt ihr noch einen. Kurze Überlegung, dann stellten sich zwei Mann rechts und links vom Käpt'n auf und lüfteten seinen Kopf ein paarmal auf und nieder. »He hett nickt, wi kriegt noch een'!« riefen seine Freunde. Am nächsten Morgen im Dampferbüro. Käpt'n Jan wurde wegen seiner Einlaufzeit laut und deutlich zur Rede gestellt. Sein einziger Kommentar beim Rausgehen im Vorzimmer zur Sekretärin: »Mensch Christa, de hett aber weder schimpft, was!«

A. Nothmann, Cuxhaven

Seute Deern auf der KÖLN

Für eine große Aufregung hatte die »seuteste Deern von Köln« an Bord des Fischdampfers KÖLN gesorgt. Die NORDSEE hatte die junge Frau, eine Stewardeß bei einer Fluglinie, die auf der Anuga-Messe in Köln 1953 zum hübschesten Mädchen gekürt wurde, zu einem Besuch auf den Fischdampfer KÖLN eingeladen.

Die Reedereileitung mußte einige Mühe aufwenden, um die Besatzung davon zu überzeugen, das das Betreten des Schiffes durch eine Frau kein Unglück bedeutete. Die Ankunft der Seuten Deern wurde ein großes Medienereignis in Cuxhaven. Neben zahlreichen Zeitungsjournalisten war auch ein Fernsehteam vom damaligen Nordwestdeutschen Rundfunk dabei, um Aufnahmen für die Tagesschau zu filmen. Frühmorgens besuchte die Seute Deern in Begleitung des Reedereileiters die Fischauktion. Hier versteigerte sie als erste Frau unter fachkundiger Aufsicht eine Kiste aus der KÖLN-Partie. Es gab einen guten Erlös.

Die strahlenden Seeleute der KÖLN mit der Seuten Deern. Rechts mit Bild der Kapitän. Foto: Inderhees / NORDSEE-Archiv

Danach ging es wieder zur NORDSEE, wo die Landbetriebe besichtigt wurden. An der Pier lag die KÖLN, die zu Ehren der Seuten Deern über die Toppen geflaggt hatte. Der Kapitän begrüßte die junge Dame und stellte sie dann der Besatzung vor. »Na, denn willkommen an Bord, seute Deern«, klang es immer wieder aus dem Willkommensgruß der Seeleute, vom Moses bis zum Kapitän. Nach einer eingehenden Schiffsbesichtigung wurden die Gastgeschenke ausgetauscht. In der Kammer des Kapitäns bekam der Bilderrahmen mit dem Porträt der Seuten Deern einen Ehrenplatz.

An einem Fischessen, das die Deutsche Fischwerbung für die junge Frau später an Land mit geladenen Gästen veranstaltete, konnte der Begriff der »Seuten Deern« nicht restlos geklärt werden. Für die Besatzung der KÖLN gab es keinen Zweifel: Es war eine echte »Seute Deern«.

Hein Gante auf Entenjagd

Aus den Anfangstagen der NORDSEE gibt es Seemannsgeschichten, die immer wieder bei den Treffen alter Fahrensmänner ihre Runde machen. Eine solche handelt von Hein Gante, der für den Decksinspektor auf Entenjagd ging. Inspektor Diedrich Brummer, ein Nautiker mit großem Kapitänspatent, führte ein strenges Regiment an der NORDSEE-Pier in Nordenham. Nach dem Einlaufen der Schiffe mußten die Netze genau nach Vorschrift festgezurrt und alles nicht Niet- und Nagelfeste genau an Ort und Stelle sein.

Hein Gante, Schlepperkapitän, hatte ungewöhnliche Steckenpferde: großen Dampf machen und die Sammlung von Dampfpfeifen. Er besorgte sich mehrere große Typhone, um sie bei passender Gelegenheit »heulen« zu lassen. Das trug ihm seinen Spitznamen »Hein, tut' mol!« ein. Die große Leidenschaft des Inspektors war der sonntägliche Entenbraten. Deshalb bekam Hein Gante immer mal wieder den Auftrag, auf Entenjagd zu gehen. Das Revier war ein Schilfgebiet an der Luneplate am anderen Weserufer. Willi von Häfen, langjähriger NORDSEE-Kapitän, war damals Schiffsjunge auf dem

Schlepper. Hier ein kleiner Auszug aus einer Geschichte, die er 1971 dem Redakteur Winter von den NORDSEE-Nachrichten erzählte:

»Wieder mal ordnete Diedrich Brummer an: ›Gante, geihst wedder hen, Anten scheten. Aber nich so kommode Dinger wie letzt' Mol.‹ Auf ging's also, Heizer Jan Schlohbohm machte Dampf, was die Schaufel herhielt. Gante derweil zu Häfen: ›Paß op, wenn ik inner Mitte de Hand hochhev, denn stoppt du.‹ - ›All kloar, Käpt'n!‹ Während es - voll voraus, versteht sich - über die Weser ging, war Hein, die doppelläufige Flinte im Arm, schon eifrig am Spekulieren auf ›Anten‹. Daß er nur ja gut zum Schuß kam! Ob Hein nun in seinem Jagdeifer das Handzeichen vergessen oder Jungkerl Willi nicht aufgepaßt hatte, oder ob Heizer Jan dem Alten eins auswischen wollte - die Extra-Hochdampffahrt blieb jedenfals ungedrosselt und es kam, was kommen mußte: Mit vollem Karacho preschten sie ins Schilf, rein in den Schlick, und fest saß der Schlepper!

Schöne Bescherung! Wie zum Hohn ein tausendstimmiger Entenruf, die Luft schwarz vor verschrecktem Geschnatter, alle Enten stoben auf und davon. So wild der Schütze auch um sich blickte - nicht eine bekam er aufs Korn. Der Schlepper saß bei ablaufendem Wasser fünf oder sechs Stunden im Schlick fest. Im Betrieb fehlte der Schlepper und das Schlimmste war: ›Wi hebbt jo keen een Ante! Junge, wat hett de Gante rumtobt un' uns fertig mokt!‹ Ein Donnerwetter setzte es dann auch, als Hein Gante nach der Ankunft bei Inspektor Brummer Bericht erstatten mußte. ›So'n Idiotenkrom doa‹ und ›Hebbt mi anscheten‹ und ›Letzt' Mol wern schon mogere Dinger‹ waren einige der Bemerkungen, die sich ›Hein; tut' mol!‹ anhören mußte.«

Der von Hein Gante bei der Entenjagd auf Grund gesetzte Schlepper NORDSEE. Foto: Slg. G. Diercks, Nordenham

Rettungsaktion Hecktrawler MÜNCHEN

Tagesmeldung Cuxhavener Presse vom 26. Juni 1963: »Heckfänger MÜNCHEN gesunken - Vor Grönland auf ein Riff gelaufen. Unter 27 Todesopfern 15 Cuxhavener - 15 Überlebende fliegen in die Heimat. Wie die Reedereileitung der NORDSEE zum Untergang des Heckfängers erklärt, ist die Ursache der Katastrophe noch völlig ungeklärt. Die erste Meldung erhielt die NORDSEE über Norddeich Radio von der AUGSBURG, die mit 16 weiteren deutschen Schiffen unter der Küste von Westgrönland fischt. Von der AUGSBURG erfuhr die Reederei auch die Namen der Überlebenden, der geborgenen Toten und der Vermißten.«

An dieser Stelle soll ein Auszug aus dem Schiffstagebuch und ein Bericht des Kapitäns der AUGSBURG an die Reederei Einblicke in eine der dramatischsten Rettungsaktionen eines NORDSEE-Schiffes vermitteln:

25. Juni 1963:
00.00 Uhr Dampfen langsam gegen an, Wind SSO 8
06.00 Uhr Dampfen langsam gegen an, Wind SSO 8
09.00 Uhr Seenotmeldung von der MÜNCHEN über FT.

09.05 Uhr Dampfen mit AK der angegebenen Unfallstelle auf 63°34'N–41°40' W zu. Der Unfallort wurde ungefähr von den peilenden Schiffen ermittelt.

11.30 Uhr erste Wrackteile und Rettungsboote in Sicht. Nehmen wegen der schweren See eine Rettungsinsel an B.B. in Leer und beginnen mit der Bergung. Übernehmen den Kapitän, Steuermann sowie 9 Mann an Bord. Leute werden sofort mit Decken und trockenem Zeug versehen. Dampfen AK nach Färingerhavn zur ärztlichen Kontrolle der Leute

In dem Bericht an die Reederei geht der Kapitän noch genauer auf die Rettungsaktion ein: Hier heißt es: »Am 25.6. liegt das Schiff mit ›Kopf auf See‹, Wetter SO 7-8. Wegen der ungünstigen Wetterlage wurde die Fischerei schon am 24.6. um 23.00 Uhr beendet. Gegen 9.00 Uhr bekamen wir von der MÜNCHEN eine Warnmeldung. Schiff hatte schwere Schlagseite. Kurz darauf brach jede Verbindung ab. Es konnten zum Glück noch Peilungen genommen werden, mit denen der ungefähre Standort festgestellt wurde. Sämtliche deutschen Schiffe, die sich auf dem Fangplatz befanden, beteiligten sich an der Suche. Sternförmig wurde von Süden, Westen und Norden die Position angelaufen, die die MÜNCHEN durchgegeben hatte.

Gleichzeitig wurde über Godthaabradio Flugzeughilfe angefordert. Färingerhavn wurde ebenfalls alarmiert, von wo Kutter und ein Schutzboot der dänischen Marine ausliefen. Durch das schwere Wetter und Nebel war die Suchaktion sehr erschwert. Gegen 11 Uhr wurden von der DÜSSELDORF und der AUGSBURG die ersten Schlauchboote und Rettungsinseln gesichtet. Das große Schlauchboot lag umgekehrt im Wasser ohne Überlebende. Die DÜSSELDORF bekam eine Rettungsinsel mit zehn Toten und drei Überlebenden nach schwerer Rettungsaktion zu fassen. Die AUGSBURG konnte die zweite Rettungsinsel mit elf Überlebenden an Bord nehmen. Alle waren schwer mitgenommen, konnten aber dank großer Pflege über den Berg gebracht werden. FRITH HOMANN fand die dritte Rettungsinsel, worin sich ein Überlebender und zwei Tote befanden. Die Bergung der Rettungsinseln gestaltete sich schwierig, da diese bis auf ¼ Seemeilen an die Klippen ›Rocks‹ kamen. Wären sie näher herangekommen, hätten die Überlebenden nicht mehr gerettet werden können. BIELEFELD kam von Godthaab und brachte Ärzte und Schwestern des dortigen Krankenhauses mit. Leider kam der Einsatz zu spät. Der Kapitän der AUGSBURG hat im Namen der Reederei Dank und Anerkennung für die geleistete Hilfe übermittelt.«

Gedenken auf hoher See

In den NORDSEE-Nachrichten gab es immer wieder Meldungen über tragische Unfälle von Seeleuten, die bei der schweren Arbeit an Bord verunglückten. Ein Unfall ereignete sich, als die KOBLENZ 1954 auf dem Fangplatz »Rosengarten«, östlich von Island, fischte. Die Besatzung verarbeitete Fische auf der Steuerbordseite des Schiffes. Trotz des hohen Seegangs war während des ganzen Tages wenig Wasser über Bord gekommen. Plötzlich schlug eine schwere See von Backbord über. Sie traf mit solcher Gewalt auf die Steuerbordseite, daß die Decksbesatzung sich festhalten mußte, um nicht fortgerissen zu werden. Nach dem schweren Brecher wurde das Deck wieder »aufgeräumt«.

Keiner hatte bemerkt, daß der 18jährige Leichtmatrose Klaus Schmädicke fehlte. Erst nachdem einige Matrosen ihre nassen Sachen gewechselt hatten, wurde der Verlust des Mannes bemerkt. Eine sofortige Suche auf dem Schiff, und der Funkkontakt mit allen auf dem Fangplatz operierenden Fangschiffe brachte kein Ergebnis. Die KOBLENZ ging auf Gegenkurs und suchte das Gebiet bis zum Einbruch der Dunkelheit ab. Die Suche blieb erfolglos. Erst einige Zeit später wurde die Leiche des Leichtmatrosen von dem Fischdampfer »Uwe« geborgen. Klaus Schmädicke wurde nach Seemannsart bestattet und der See wieder übergeben. Einen Kranz übergab die Besatzung der KOBLENZ an der Stelle dem Meer, wo auf der vorhergehenden Reise der Leichtmatrose über Bord gespült worden war. Sie gedachten damit ihres jungen Kameraden, der ein Opfer seines schweres Berufes wurde.

Dem nassen Tod entrissen

Am 24. September 1958 gab es auf der KASSEL einen Zwischenfall, der den Matrosen Emil Hagestedt fast das Leben gekostet hätte. Beim Aussetzen des Netzes verfing er sich mit dem linken Fuß in der zum Höhenscherbrett führenden falschen Headleine (Höhenscherbretter dienen zusammen mit den Aluminium-Kugeln – den »Schwimmern« – dazu, die Headline – das »Kopftau« – anzuheben und damit das Netz der Höhe nach zu öffnen).

Er merkte im gleichen Augenblick die fatale Situation, aus der er allein nicht freikommen konnte, rief noch nach seinen Kollegen um Unterstützung, wurde aber gleichzeitig von dem durch Bruch des Stoppers in Bewegung gekommenen schweren Fanggeschirr über Bord gerissen. Unter Wasser versuchte er noch vergeblich, sich aus der Schlinge zu befreien und weiß dann erst wieder von dem Augenblick, als er zu sich kam mit dem Gefühl, daß er keine Luft bekomme.

Die Besatzung hatte den Unfall bemerkt und alle begannen sofort, das Netz an Bord zu holen, um den bewußtlosen Hagestedt schnellstens an Deck zu bergen. Immerhin vergingen darüber noch vier bis fünf Minuten, bevor der bewußtlose Körper an der Wasseroberfläche auftauchte und mit Hilfe eines Bootshakens an Bord gezogen werden konnte. Es dauerte fünf Minuten, bevor der Verunglückte nach Wiederbelebungsversuchen eines beherzten Matrosen das erste schwache Lebenszeichen von sich gab. Nach weiteren 23 Minuten erlangte Hagestedt das Bewußtsein wieder. Das Fischereischutzschiff »Meerkatze«, das über Funk angefordert wurde, konnte nicht kommen, da es an der englischen Küste einen Havaristen im Schlepp hatte.

Von der Reederei bekam der Kapitän der KASSEL die Order, mit voller Kraft nach Cuxhaven zu dampfen. In der Elbmündung wurde der Verletzte von einem Wasserschutzboot übernommen, zur NORDSEE-Pier gebracht und von dort mit Blaulicht ins örtliche Krankenhaus. Mit einem gebrochenen Unterschenkel und einer Schulterverletzung sowie einigen Schrammen hatte er noch Glück im Unglück. Danach war Schluß mit der Hochseefischerei. Emil Hagestedt arbeitete danach bis zu seiner Pensionierung als Pförtner und Wäger beim NORDSEE-Unternehmen »Cufida«.

Emil Hagestedt, der seit 1948 auf NORDSEE-Schiffen gefahren war, hatte Jahre zuvor schon einmal ein ähnliches Erlebnis, als er auf der MAX M. WARBURG von einer Welle über Bord und weit unter Wasser gerissen wurde. Damals konnte er sich schwimmend retten, was er auf seine guten Kenntnisse aus dem Tauch- und Schwimmsport zurückführte.

Die Mannschaft der KASSEL, ganz rechts E. Hagestedt. Foto: B. Hagestedt, Cuxhaven

Zwei der Streiche des Schiffsjungen Hein Matjes
Bild: NORDSEE-Archiv

Hein Matjes

In den NORDSEE-Nachrichten gab es Ende der 50er Jahre eine beliebte Bildserie mit kleinen Abenteuern von Hein Matjes. Als aus dem kleinen Schiffsjungen ein richtiger Seemann wurde, fand sich in der Betriebszeitschrift folgende Notiz:

»Mehr als ein Jahr hat Hein Matjes sich nun auf den Meeren herumgetrieben, über ein Jahr lang hat dieser Kobold mit seinen Streichen Schiff und Besatzung eins ums andere Mal gehörig durcheinander gebracht. Aber wie alles, muß auch solch ein Flegeljahr einmal ein Ende haben. Überhaupt: Immer wenn's am schönsten ist, soll man ja bekanntlich aufhören.

Wir brauchen deshalb jedoch in der Folge nicht auf unseren Hein Matjes und seine Abenteuer zu verzichten, wenn wir nur eine ordentliche Zeitspanne seines Lebens überspringen. aus dem kleinen Hein ist nun ein großer Hein, - aus einem Lausbuben ist ein zünftiger Seemann geworden, wie das bei ihm auch nicht anders zu erwarten war. Seine Nase hat sich inzwischen zu einem Prachtzinken ausgewachsen, der ihm noch manchen Streich spielen wird. Sonst aber ist er derselbe geblieben: Mit seinen immer neuen Clownerien, mit seiner unbelehrbaren Unvernunft, die ihn noch von einem Pech ins andere stolpern lassen wird. Was tut's? Ein ewiger Lausbub wie er geht nicht unter!«

Der NORDSEE-Schiffsfotograf

Die Idee der NORDSEE-Reedereileitung, zusammen mit den NORDSEE-Nachrichten 1966 einen Freizeitwettbewerb einzuführen, fand eine positive Resonanz bei den Schiffsbesatzungen. In den Freiwachen Hobbies zu pflegen und zu aktivieren, war das eigentliche Anliegen dieses Wettbewerbes. Die in den Sparten Fotos, Erzählungen, Bastler, Schmalfilme und Patenschaftsarbeit prämiierten Objekte wurden später in der Reedereiabteilung ausgestellt und zum Teil in der lokalen und überregionalen Presse veröffentlicht. Die Erzählung »Weihnachten in Onundarafjord« und die Bastelarbeit »Fischdampfer aus Streichhölzern« sind beispielsweise aus den Freizeitwettbewerben hervorgegangen.

Einer der aktivsten Teilnehmer der Reedereiwettbewerbe war der leitende Ingenieur Georg Leidholdt, Jahrgang 1920. Schon als Junge besaß er eine »Agfa-Blechkiste« für 4 RM, mit der er viele Fotos knipste. Während seiner Militärzeit bei der Kriegsmarine waren Aufnahmen von den Schiffen und ihren Besatzungen bevorzugte Motive. Nach dem Krieg machte Leidholdt 1948 sein Seemaschinenpatent C3 und fing dann 1949 als Zweiter Maschinist auf einem NORDSEE-Schiff an. Inzwischen konnte er auch seine Fotoausrüstung verbessern. Schiffe auf den Fangplätzen und in stürmischer See gehörten jetzt zu seinen beliebtesten Aufnahmen.

Die Redaktion der NORDSEE-Nachrichten war immer wieder erfreut, wenn Georg Leidholdt von seinen Fangreisen neue Fotos mitbrachte. Außerdem machte er auch noch mit einer Schmalfilmkamera zahlreiche Aufnahmen von seinen Fangreisen. Inzwischen kann der pensionierte Seemann den Umfang seiner NORDSEE-Fotosammlung nur noch grob schätzen. Über 10.000 Aufnahmen gehören zu der größten privaten Fotosammlung eines ehemaligen NORDSEE-Mitarbeiters.

Fangfabrikschiff BONN *im Atlantik.*
Foto: G. Leidholdt, Cuxhaven.

*Eisberg und ein Fangschiff.
Foto: G. Leidholdt,
Cuxhaven*

Weihnachten im Onundarfjord

Seit Tagen fischten wir unter Nordwest-Island im »Gammelloch« und seit Tagen briste es aus west- bis südwestlicher Richtung mit Windstärke 7–8. Am 24. Dezember entschloß sich der Kapitän, bei Windstärke 9–10 aus SW mit Schneeböen unter Landschutz zu gehen. Der uns am günstigsten erscheinende und nächstgelegene Fjord, der Onundarfjord, in dem schon mehrere englische und deutsche Fischdampfer unter Land lagen, sollte auch uns den nötigen Schutz geben. Da an ein Weiterfischen bei dieser Wetterlage nicht zu denken war, freute sich die ganze Besatzung auf einen ruhigen Heiligen Abend innerhalb der Bordgemeinschaft. Gegen 17 Uhr liefen wir im Schutz der hohen Berge ganz langsam in den Onundarfjord ein und sahen, daß das kleine verschneite Dorf Flateyri frei war. Somit entschloß sich unser Kapitän, den freien Liegeplatz einzunehmen.

Flateyri ist ein sehr kleines Dorf mit nur etwa 500 Einwohnern und lebt fast ausschließlich vom Fischfang. Da die isländischen Küstenfischer mit ihren kleinen Booten bei der seit langem herrschenden schlechten Wetterlage unter der NW-Küste keine lohnenden Fänge anlanden konnten, kam uns eine Idee. Wir wollten den Kindern und den alten Leuten von Flateyri eine Weihnachtsfreude bereiten. Das gesamte Weihnachtspaket der Reederei, bestehend aus Rotwein, Rum, Keksen, Schokolade, Nüssen, Apfelsinen, Zigaretten u.v.m., wollten wir dem Pastor des Dorfes übergeben. Nach Kontaktaufnahme mit dem damaligen Bezirksarzt wurden die Gaben unter Dankesworten und einer Einladung zum Weihnachtsgottesdienst vom Pastor per Jeep abgeholt und an bedürftige Familien verteilt. Nach einem besonders guten Abendessen an Bord gingen wir, nur unter Abstellung einer Maschinen- und Deckswache, geschlossen zur Kirche.

Auf dem Wege dorthin wird wohl jeder beim Knirschen des trockenen Schnees unter seinen Schuhen an seine Lieben zu Hause gedacht haben. Die kleine Gemeindekirche mit vielleicht 200 Sitzplätzen konnte uns keinen Platz mehr bieten, und so verteilten wir uns im Gang und im Vorraum. Nach der in Isländisch gehaltenen Weihnachtspredigt sangen auch wir einige uns bekannte Weihnachtslieder mit, womit wir sofort die Aufmerksamkeit der isländischen Kirchgänger auf uns lenkten, denn wie wir später erfuhren, werden dort alle Lieder nur vom Kirchenchor gesungen. Plötzlich, für uns alle ganz unverhofft, richtete der Pastor auf Deutsch das Wort an uns. Er dankte im Namen der Gemeinde für unsere Gaben und hielt eine kurze Weihnachtspredigt für uns. Ich glaube, jedem von uns werden diese Minuten in ewiger Erinnerung bleiben. Als wir gegen 22.00 Uhr MEZ an Bord zurückkehrten, verbrachten wir in der Bordgemeinschaft bei Grog und Weihnachtsliedern noch ein paar schöne Stunden. Am ersten Weihnachtstag, morgens gegen 4.00 Uhr, liefen wir wieder zum Fischfang aus.

(Harald Wrede, Funker auf der ESSEN 1966, erhielt im ersten Wettbewerb »Erzählungen und Verse« für diese Geschichte den ersten Preis.)

Fischdampfer aus Streichhölzern

Eigentlich sollte man das Zündholzmonopol davon unterrichten, welche ausstellungsreifen Gebilde aus seinem Massenartikel an Bord von NORDSEE-Schiffen entstehen. Wolfgang Martin, Maschinenwärter auf der MÜNCHEN, wäre ein Anwärter auf einen lebenslangen freien Bezug von Zündhölzern. Wolfgang Martin wirft kein Streichholz weg. Päckchenweise kauft er sie über seinen Raucherbedarf hinaus. Bordkollegen sammeln abgebrannte Feuerspender für ihn. Er verwendet sie, wörtlich genommen, konstruktiv, als Rohstoff für den Bau von Schiffen im Kleinformat. Seine Schiffsmodelle bestehen bis in die Mastspitzen hinauf aus Streichhölzern. Der Unterbau des Rumpfes ist aus stabiler Pappe. Die winzigen Elemente, haargenau aneindergeleimt, verkleiden ihn glatt wie Furnier. Sorgfalt, Geduld und Geschicklichkeit des Bastlers nötigen dem begehrlichen Betrachter allen Respekt ab. Die meisten Hölzchen bearbeitet er noch mit dem Schnitzmesser, um auch die kleinsten und gebogenen Teilchen auf naturgetreue Form zu bringen.

In jeder Freiwache hat Martin ein bis zwei Stunden, insgesamt rund fünf Monate für sein Spitzenmodell der MÜNCHEN gebraucht. Ungefähr 18.000 Streichhölzer, das entspricht dem Inhalt von etwa 360 Schachteln. Der Schiffbauer verläßt sich nicht aufs Augenmaß. Er hält sich genau an die Grund- und Querrisse, die in den Betriebsgängen des Vorbildes hängen. Die Resultate sind naturgetreue Nachbildungen. Interessierten Bordkollegen zuliebe trennt er sich schon mal zum Freundschaftspreis von einem Modell. Wolfgang Martin – er ist auch passionierter Fotoamateur – hat sein Präzisions-Handwerk stufenweise aufgebaut. Den Anfang machten die Cuxhavener Kugelbake und Signalmasten. Nach Fischkuttern als nächster Etappe machte er sich an NORDSEE-Schiffe, von denen er mehrere baute. Insgesamt waren es fünf Streichholz-Schiffe. Die CUXHAVEN stand mehrere Jahre im Empfangsraum der Reederei.

Auch heute beschäftigt sich W. Martin noch mit der Schiffahrt, allerdings mit der maritimen Geschichte.

Der Ort Flateyri im isländischen Onundarfjord.
Foto: H. Wrede, Cuxhaven

Wolfgang Martin und sein Spitzenmodell, die MÜNCHEN.
Foto: NORDSEE-Archiv

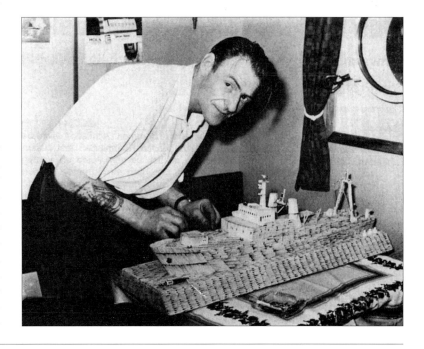

SCHIFFSBIOGRAPHIEN

Einführung

Die Daten der NORDSEE-Schiffe wurden in der Cuxhavener Reedereiabteilung von dem ehemaligen Bremerhavener Dampferbüroleiter Eduard Hoffmann gesammelt und dokumentiert. Der Reedereileiter Rheder war ein Förderer dieser einmaligen Archivierung in der deutschen Hochseefischerei. Dieses NORDSEE-Archiv befindet sich heute im Deutschen Schiffahrtsmuseum (DSM) Bremerhaven.

Im Zuge der Konzeption des Buches wurden die Schiffsbiographien des NORDSEE-Archivs aktualisiert. Die Sortierung und die Erwähnung aller NORDSEE-Schiffe erfolgte nach einheitlichen Kriterien. Aufgrund der Vielzahl der Schiffe und der Eingrenzung des Kapitels konnten keine ausführlichen Schiffslebensläufe geschrieben werden. Erfaßt sind nur jene Fahrzeuge, die im kommerziellen Fischfang für die NORDSEE tätig waren. Eine erste grobe Gliederung ergibt sich nach a) Neubauserien b) Einzelschiffen und c) Fremdschiffen, d.h. aus Zukäufen, Charter- und Bereederungsverträgen. Die nächste Abstufung erfolgte nach Bauserien der Neubauten und der Fremdschiffe. Ausnahmen sind die Kriegsfischdampfer und die Einheitsdampfer. Die verhältnismäßig kleine Rubrik der Einzelschiffe konnte auf zwei Seiten zusammengefaßt werden. Die Anzahl der Schiffe pro Seite kann zwischen zwei und zwölf Schiffen betragen. Auch kommt es vor, daß Bauserien verschiedener Werften auf einer Seite beschrieben werden. Die Werft- und Schiffsangaben beschränken sich auf die notwendigsten Daten. Dokumentiert sind jeweils nur die Einsatzzeit bei der NORDSEE und Folgezeiten wie Außerdienststellung oder neuer Name bei Verkäufen.

Von Wolfgang Walter, der an den Schiffsbiographien mitgearbeitet hat, erscheint demnächst eine Publikation über die Schiffsdaten sämtlicher deutscher Fischdampfer.

Aufbau der Schiffsbiographien

Neubauserie 1906 DRACHENFELS	**Überschrift** (Name Typschiff) bzw.
1933 Hansa, Altona, Kauf	(Jahr / Name Reederei /Ort / Art der Übernahme)
Seebeck, Geestemünde, 1906	**Werftdaten Seitenfänger** (Werft / Ort / Baujahr)
207 36,22 6,72 3,34 1200	(BRT / Länge / Breite / Tiefgang / Laderaum [Korb])
400 10,2 12	(PS / Geschwindigkeit [kn] / Anzahl Besatzung)
Rickmers, Bremerhaven, 1960	**Werftdaten Hecktrawler** (Werft / Ort / Baujahr)
937 73,68 11,02 4,15	(BRT / Länge / Breite / Tiefgang)
455 190 96	(Frischfisch / Frostfisch / Fischmehl [m³])
1600 15 26	(PS / Geschwindigkeit / Anzahl Besatzung)
Seebeck, Geestemünde, 1903	**Werftdaten Hilfsschiffe** (Werft / Ort / Baujahr)
30 18,00 4,50 2,10	(BRT / Länge / Breite / Tiefgang)
90 Zweifach-Expansionsm.	nur **Schlepper**: (PS / Typ der Maschine)
1902 NÜRNBERG (BB 41, ON 36)	(Jahr Ersteinsatz / Schiffsname / Fischereikennzeichen, Nr.)
1927 Neelke (AE 18)	(Verkaufsjahr / Schiffsname / Fischereikennzeichen, Nr.)
1949 Untergang bei Fischfang	(Jahr / Verbleib, Grund der Außerdienststellung)

Gründungsreederei J.F. Lampe, Bremerhaven

Seebeck, Geestemünde, 1892
161 33,68 6,71 3,27 800
280 9,9 10

Bremer Vulkan, Vegesack, 1895
139 31,55 6,25 2,93 700
230 9,8 10

1896 BREMEN (BB 23, ON 29)
1910 Bremen (BX 103)
1917 versenkt als Kriegshilfsschiff

1896 VEGESACK (BB 26, ON 31)
1910 VEGESACK (PG 158)
1918 versenkt als Kriegshilfsschiff

1896 BREMERHAVEN (BB 24, ON 30)
1910 Cuxhaven (HC 25)
1965 abgewrackt

1896 SCHÖNEBECK (BB 27, ON 32)
1910 Schönebeck (BB 75)
1933 abgewrackt

1896 LEHE (BB 25, ON 58)
1910 Lehe (PG 161)
1917 Untergang bei Fischfang

1896 WULSDORF (BB 28, ON 33)
1910 Wulsdorf (BB 72)
1928 abgewrackt

1896 BLUMENTHAL (BB 29, ON 34)
1910 Blumenthal (BX 99)
1968 abgewrackt

Fischdampfer WULSDORF
Foto: DSM

Die Entwicklung der deutschen Fischdampfer

Der Fischdampferbau war immer ein getreues Spiegelbild der wirtschaftlichen Lage der deutschen Hochseefischerei: Neue Schiffe wurden nur in guten Zeiten bestellt, in schlechten Zeiten gingen keine Neubauaufträge an die Werften. Zur Illustration dieser Verhältnisse wird daher in Tabelle 1 die Zahl der neuen Fischdampfer dargestellt, die in den einzelnen Jahren von deutschen Reedereien in Dienst gestellt wurden. Für die Kriegsjahre sind nur diejenigen Schiffe berücksichtigt, die später auch als Fischdampfer fuhren.

Die Spitzenzeiten sind deutlich zu erkennen: der erste Aufbau bis 1897, der Höhepunkt 1907, die absolute Spitze 1921, der neue Aufbau 1938 und die letzten Spitzenjahre 1950 und 1955. Die jeweils anschließenden schlechten Jahre treten genau so deutlich hervor. So fiel bespielsweise die Zahl von 40 neuen Schiffen 1907 auf zwei Schiffe 1909. Die Zahl der Kriegsfischdampfer erreichte mit 28 neuen Schiffen 1916 einen ersten und mit 50 in 1920 und 66 in 1921 einen absoluten Höhepunkt, der danach nie wieder erreicht wurde. Wegen ihrer großen Zahl bildeten diese Serienschiffe auf Jahrzehnte hinaus das Rückgrat der deutschen Fischdampferflotte.

Unabhängig von der Zahl der Schiffe läßt sich die technische Entwicklung der deutschen Fischdampfer am besten anhand ihrer Vermessungswerte illustrieren. Die Vermessung hat den Vorteil, daß sie im Gegensatz zum Fischrauminhalt »Korb« amtlich festgelegt wurde und daß sich die Methode der Berechnung während der Bauzeit der Fischdampfer nicht änderte.

Bemerkenswert ist hier eine allmähliche Vergrößerung der Schiffe. Der wichtigste Grund dafür war, daß es anfänglich große Probleme gab, den Fisch ins Binnenland zu bringen und dort ausreichend frisch zu verteilen. Der Markt konnte noch keine sehr großen Einzelpartien aufnehmen, die Fischdampfer mußten also anfangs dementsprechend klein, dafür aber zahlreich sein, um möglichst jeden Tag neuen Fisch anlanden zu können.

Die Entwicklung der Schiffsgröße ist in der Tabelle 2 dargestellt. Bei dieser Entwicklung lassen sich mit genaueren Untersuchungen fünf Zeiträume unterscheiden:

1. Die Periode 1885 bis 1907: Während dieser Zeit stieg die mittlere Schiffsgröße von 125 auf 220 BRT, die Schiffe wuchsen also innerhalb von 20 Jahren fast auf das Doppelte ihrer ursprünglichen Größe. Die technische Entwicklung der Fischdampfer in Deutschland begann mit der Übernahme neuer Ideen aus Großbritannien, wo der Fischdampferbau schon vor 1885 aufgenommen worden war. In die Zeit vor 1900 fiel auch die Ausdehnung der Fahrten bis nach Island und die weitere technische Durchbildung der Schiffe. Schon um 1900 hatte sich das Grundschleppnetz durchgesetzt und die Schiffe wurden für die Arbeit mit diesem Netz optimiert. Die Entwicklung endete zunächst abrupt mit den für die Fischwirtschaft katastrophalen Jahren nach 1907.

2. Die Periode 1908 bis 1921: Während dieser Zeit stieg die mittlere Schiffsgröße nur von 225 auf 235 BRT. Im Ersten Weltkrieg bau-

Tabelle 1: Zahl neuer deutscher Fischdampfer 1885-1961
Quelle: W. Walter, Bremen

Baujahr	Anzahl	Baujahr	Anzahl	Baujahr	Anzahl	Baujahr	Anzahl
1885	1	1905	9	1925	13	1945	2
1886	0	1906	29	1926	3	1946	0
1887	4	1907	40	1927	8	1947	5
1888	2	1908	15	1928	7	1948	17
1889	6	1909	2	1929	19	1949	23
1890	3	1910	5	1930	16	1950	43
1891	17	1911	16	1931	4	1951	14
1892	17	1912	15	1932	1	1952	14
1893	5	1913	23	1933	4	1953	8
1894	9	1914	31	1934	15	1954	12
1895	22	1915	17	1935	4	1955	29
1896	18	1916	28	1936	21	1956	19
1897	18	1917	36	1937	33	1957	14
1898	6	1918	35	1938	46	1958	6
1899	3	1919	22	1939	15	1959	4
1900	3	1920	50	1940	18	1960	8
1901	1	1921	66	1941	4	1961	3
1902	17	1922	28	1942	5		
1903	10	1923	9	1943	7		
1904	24	1924	10	1944	17		

te die Kaiserliche Marine Fischdampfer in großer Zahl, dabei beschränkte man sich auf bewährte Schiffstypen. Unmittelbar nach dem Ersten Weltkrieg legte die Reichsregierung Wert darauf, zur Arbeitsbeschaffung auf den Werften und an Bord sowie zur Versorgung der Bevölkerung nochmals möglichst schnell eine große Zahl bewährter Fischdampfer zu schaffen. Auch diese Schiffe unterschieden sich nur in Details voneinander und von den Fischdampfern der Vorkriegszeit. Sie stellten also keine technische Fortentwicklung des Fischdampfers seit 1907 dar.

3. Die Periode 1922 bis 1940: Während dieser Zeit stieg die mittlere Schiffsgröße in zwei Stufen an, zunächst zwischen 1922 und 1931 von 240 auf 390 BRT und anschließend wieder bis 1940 auf 530 BRT. Die Zeit zwischen den beiden Weltkriegen ist vor allem durch die technische Weiterentwicklung der Schiffe geprägt, die Verbesserung der Fischverteilung im Binnenland machte jetzt allmählich größere Schiffe möglich. Allerdings blieb die Zahl der Neubauten, die diese verbesserten Merkmale aufwiesen, relativ gering. Zwischen 1923 und 1935 wurden jährlich nur etwa neun neue Schiffe gebaut – zu groß war der Druck der bis 1922 so zahlreich gebauten Schiffe auf den Markt. Durch die vielen kleinen Verbesserungen der Schiffe stieg das jährliche Fangergebnis eines Seitenfängers von 1 t Fisch/BRT im Jahre 1923 auf 5 t/BRT 1938. In dieser Periode wurden nach 1925 versuchsweise vier Motorschiffe für die Hochseefischerei gebaut und bis 1937 auch sehr viele Fischdampfer verlängert. Diese Dampfer waren ursprünglich nur mit einem Fischraum und getrennten Kohlebunkern gebaut worden. Zur Vergrößerung ihrer Leistungsfähigkeit erhielten diese Schiffe zwischen Laderaum und Kohlebunkern einen neuen Reservebunker von bis zu 6 m Länge. Mit diesem neuen Mehrzweckraum konnten die Schiffe sowohl wesentlich weiter fahren wie auch mehr laden – eine rundum vorteilhafte Verbesserung der so umgebauten Schiffe.

Tabelle 2: Mittlere Schiffsgröße neuer deutscher Seitenfänger 1885 bis 1961
(in BRT, gerundet auf 0,5); Dampfer und Motorschiffe
Quelle: W. Walter, Bremen

Baujahr	Dampfer	Baujahr	Dampfer	Baujahr	Dampfer	Motors.	Baujahr	Dampfer	Motors.
1885	151	1905	197,5	1924	280		1943	582,5	
1887	142	1906	215	1925	260	276	1944	537,5	316
1888	130	1907	235,5	1926	298,0		1945	540,5	
1889	147	1908	236	1927	324	279	1946	k.A.	
1890	148	1909	251,5	1928	320,5		1947	524,5	
1891	153	1910	208,5	1929	334	386,5	1948	413,5	
1892	148	1911	218	1930	372,5		1949	397,5	
1893	142	1912	211,5	1931	425,5		1950	560,5	453,5
1894	148	1913	224,5	1932	337,5		1951	534,5	329
1895	142	1914	227,5	1933	412		1952	574	453
1896	145,5	1915	225,5	1934	430,5		1953	543,5	
1897	161	1916	230	1935	427,5		1954	600,5	629,5
1898	167,5	1917	230,5	1936	466		1955	648,5	477
1899	204,5	1918	235	1937	461,5		1956	648	417
1900	153,5	1919	227	1938	499	333,5	1957	665,5	424,5
1901	203	1920	230	1939	553,5	356	1958	842,5	645
1902	207	1921	235	1940	518		1959		825,5
1903	194,5	1922	250,5	1941	545		1960		948,5
1904	213,5	1923	253,5	1942	557		1961		982,5

4. Die Periode 1940 bis 1948: In dieser Zeit ist keine Entwicklungstendenz festzustellen. Die Verluste durch den Krieg und das Verbot von Schiffsneubauten nach dem Krieg führten dazu, daß die Fischerei bis 1948 mit den reparierten und teilweise umgebauten Schiffen vorlieb nehmen muße.

5. Die Periode 1949 bis 1961: Diese Zeit sah zuerst den Rückschritt in der Entwicklung auf die 400-BRT-Schiffe von 1948/49 und danach die letzte, rasante Steigerung der Schiffsgröße bis 1961 auf rund 1000 BRT. Ein ganz besonderes Ereignis im Fischdampferbau der Nachkriegszeit war der Entwurf eines Einheitsschiffes innerhalb der durch den Alliierten Kontrollrat gesetzten Grenzen. Für diese Bedingungen entwarf die Seebeckwerft ein Schiff, das einen Fischrauminhalt von 3260 Korb besaß und damit nur geringfügig kleiner war als die Neubauten vor 1937. Von diesem Entwurf wurden zunächst 34 Schiffe bei allen daran interessierten deutschen Werften gebaut, später kamen nach dem Fortfall der Beschränkungen noch drei Schiffe mit einer Abdampfturbine hinzu. In dieser Zeit zeigte sich aber bereits eine allgemeine Unruhe, die nach dem Krieg die gesamte deutsche Fischerei ergriff. Die Tradition der letzten 60 Jahre war abgerissen, der Markt hatte sich drastisch verändert, alle möglichen neuen Ideen wurden diskutiert und teilweise auch in die Praxis umgesetzt.

Zu den neuen Ideen im Fischdampferbau nach dem Krieg gehörten vor allem Schiffe mit neuartigen Maschinenanlagen, hauptsächlich mit Dieselantrieb. Diese Antriebsart hat sich dann in verschiedenen Bauformen innerhalb einer erstaunlich kurzen Zeit, zwischen 1954 und 1958, durchgesetzt. Dadurch wurde es möglich, die Leistung der Schiffe und damit ihre Geschwindigkeit bequem zu erhöhen und den Aktionsradius der Schiffe wesentlich zu vergrößern. Die Seitentrawler dieser Bauart entwickelten sich in nur wenigen Jahren zu ihrer endgültigen Form und stellen damit die Endstufe ihres Typs dar. Ein Vertreter dieser Bauform ist in der »Gera« in Bremerhaven noch vorhanden.

Neben der Größe der Fischdampfer verblassen alle anderen Merkmale zu ihrer Charakterisierung. Einige seien dennoch hier kurz angesprochen.

Geschwindigkeit und Maschinenleistung: Die mittlere Geschwindigkeit der Fischdampfer betrug am Anfang 10 Knoten (kn) und änderte sich bis etwa 1920 nicht. Wollte eine Reederei ein in Anschaffung und Betrieb billigeres Schiff haben, dann waren während dieser gesamten Periode auch 9 kn akzeptabel, vor allem bei kleineren Schiffen. Ab 1920 wuchs die mittlere Geschwindigkeit neuer Schiffe im Einklang mit der Schiffsgröße, bis sie 1940 etwa 11,9 betrug. Auch in dieser Zeit waren einfache Schiffe etwa 1 kn langsamer und bessere Schiffe etwa 1 kn schneller. Nach 1949 kletterte die durchschnittliche Geschwindigkeit in wenigen Jahren von 11 auf 13,6 kn in 1960.

Die allgemeine technische Fortentwicklung der Schiffe führte seit 1900 dazu, daß die notwendige relative Leistung der Hauptmaschine, also die Maschinenleistung bezogen auf die Fischraumgröße, kontinuierlich sank. Betrug diese im Mittel 1885 noch 0,35 PSi pro Korb, so sank sie bis 1952 ganz gleichmäßig auf 0,18 PSi pro Korb, unabhängig von allen anderen Einflüssen und von der Art des Antriebs. Danach stieg allerdings bei den Motorschiffen innerhalb der wenigen noch verbliebenen Jahre die installierte Leistung wieder bis auf 0,40 PSi pro Korb an. Hierzu trugen sowohl die Verringerung der Fischraumgröße durch die jetzt üblichen Fischmehl- und Kühlanlagen wie auch die bequem mögliche Leistungssteigerung der Dieselmotoren bei.

W. Walter, Bremen

Neubauserie 1896 AACHEN / MINISTER JANSEN

Bremer Vulkan, VEGESACK, 1896
142   31,37   6,27   3,03   800
250   10,0   10

1896	AACHEN (BB 5)	1896	KÖLN (BB 6, ON 52)
1898	Untergang bei Fischfang	1910	Köln (BX 98)
		1917	Untergang nach Kollision

Bremer Vulkan, VEGESACK, 1896-97
158   32,30   6,40   3,10   850
260   9,8   10

1896	MINISTER JANSEN (BB 7)	1897	FRANKFURT (BB 16, ON 26)
1906	Untergang bei Fischfang	1917	Untergang bei Fischfang
1896	PRÄSIDENT V. MÜHLENFELS (BB 8, ON 22)	1897	DRESDEN (BB 17, ON 27)
1917	Vevang (Norwegen)	1917	Untergang bei Fischfang
1970	abgewrackt	1897	MANNHEIM (BB 18)
		1900	Untergang bei Fischfang
1896	DARMSTADT (BB 9, ON 23)		
1915	Darmstadt (PG 215)	1897	MÜNCHEN (BB 19)
1921	Strandung bei Fischfang	1908	Untergang bei Fischfang
1897	HANNOVER (BB 10, ON 24)	1897	DUEREN (BB 20, ON 28)
1910	Hannover (BX 94)	1910	Präsident Rose (BX 96)
1912	Untergang bei Fischfang	1935	abgewrackt
1897	STUTTGART (BB 11, ON 47)		
1915	Jütland (PG 210)		
1936	abgewrackt		
1897	BERLIN (BB 12, ON 48)		
1919	Vagel Grip (PG 321)		
1929	abgewrackt		
1897	DÜSSELDORF (BB 13)		
1901	Untergang bei Fischfang		
1897	MAINZ (BB 14, ON 25)		
1915	Friesland (PG 212)		
1919	Untergang bei Fischfang		
1897	WIESBADEN (BB 15)		
1898	Untergang bei Fischfang		

Fischdampfer
MINISTER JANSEN
Foto: DSM

Neubauserie 1901/02 WIEN

Seebeck, Geestemünde, 1901/02
221   37,18   6,94   3,60   1200
360   9,7   11

1901	WIEN (BB 38, ON 53)	1902	STRASSBURG (BB 43, ON 37)
1918	versenkt bei Fischfang	1923	Strandung bei Fischfang
1901	BRESLAU (BB 39, ON 35)	1902	MAGDEBURG (BB 44, ON 54)
1919	Untergang bei Fischfang	1919	Untergang bei Fischfang
1901	LEIPZIG (BB 40)	1902	MARBURG (BB 45, ON 56, AE 17)
1908	Strandung und Verlust / England	1927	Johann Wessels (AE 17)
		1933	Untergang bei Fischfang
1902	NÜRNBERG (BB 41, ON 36)		
1927	Konsul Lindemann (AE 18)	1902	AUGSBURG (BB 46, ON 38)
1949	Untergang bei Fischfang	1910	Kollision / Untergang bei Fischfang
1902	BRANDENBURG (BB 42)	1902	WÜRZBURG (BB 47, ON 49)
1909	Kollision / Untergang bei Fischfang	1915	englische Kriegsprise
		1924	Hans Helbig (PG 345)
		1932	abgewrackt

Fischdampfer BRANDENBURG
Foto: DSM

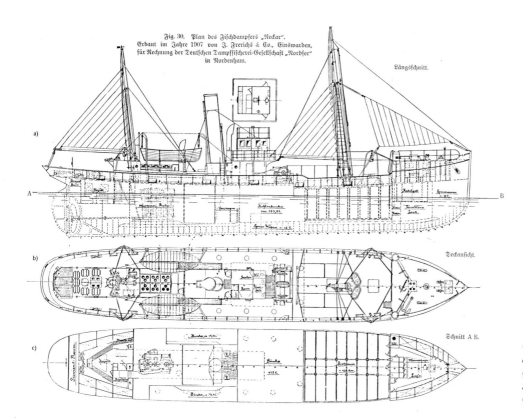

*Generalplan des Fischdampfers NECKAR 1907
Quelle: Jahrbuch 1915 der Schiffbautechnischen Gesellschaft*

Die Seitentrawler der NORDSEE

Die NORDSEE begann ihre Tätigkeit mit den bereits existierenden älteren Schiffen der Reederei Fr. Lampe, doch schon im Jahre ihrer Gründung kamen zu diesen Schiffen die beiden Neubauserien vom Bremer Vulkan. Diese ersten Neubauten lagen ganz und gar im Trend ihrer Zeit: die zwei etwas kleineren Schiffe der Serie AACHEN wie auch die folgenden 14 Schiffe der Serie MINISTER JANSEN waren die typischen damaligen Frischfänger für die Nordsee und das Skagerrak. Der relativ geringe Bunkervorrat der Schiffe von etwa 60 t reichte nur für eine Seeausdauer von etwa 15 Tagen, die Schiffe mußten also bei längeren Reisen in Schottland nachbunkern.

Mit diesen Schiffen wurde der Fangbetrieb durchgeführt, doch mittlerweile waren die vorhandenen Schiffe vor allem für die Fahrt nach Island zu klein geworden. Alle jetzt bestellten Neubauten, mit Ausnahme der DRACHENFELS-Serie, waren fast 20% größer als die Standardschiffe ihrer Zeit, die PREUSSEN-Serie sogar um 25%. die Bunker aller zehn Schiffe wurden auf 110 t vergrößert, die Fischenetzwinden erhielten 500 statt 250 Faden Kapazität. 1904 folgten diesen Schiffen nochmals zehn Neubauten der Serie PREUSSEN. Diese erhielten von vornherein einen größeren Kessel für eine Geschwindigkeit von 10,0 statt 9,7 kn.

Nach den besonders großen Schiffen der vergangenen Jahre folgte 1906 eine Serie von sechs etwas kleineren Dampfern der DRACHENFELS-Klasse. Auch diese Schiffe bewährten sich durchaus, die meisten von ihnen wurden erst zwischen 1925 und 1930 verkauft. Im Jahre 1907 kamen als letzte Neubauten vor dem unmittelbar folgenden Einbruch der Fischerei von 1908 drei Neubauten der Seebeckwerft und vier etwas größere Schiffe von Frerichs, die sich nicht wesentlich voneinander unterschieden. Ein Höhepunkt in der Entwicklung der Schiffe dieser ersten Bauperiode war die NECKAR von der Frerichswerft. Das Schiff wurde von Anfang an bevorzugt als Versuchsschiff für neue Fang-

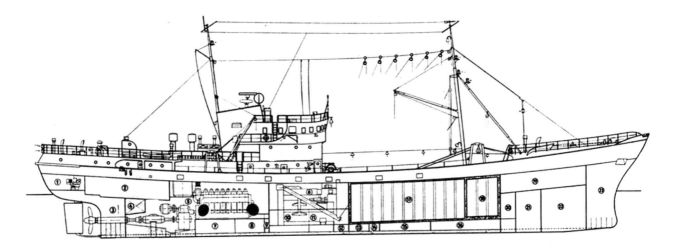

Generalplan des Fischereimotorschiffs AUGSBURG.
Foto: DSM

gebiete eingesetzt. Sein Generalplan zeigt, wie der ideale Fischdampfer am Ende dieser ersten Epoche seiner Entwicklung aussah.

Erwähnenswert ist danach das Engagement der NORDSEE für die neuen Motorschiffe von 1925 bis 1929. Die Schiffe waren lange in Betrieb, die Zeit war aber für die Einführung des relativ komplizierten und störanfälligen Dieselantriebs noch nicht reif. 1928 erwarb sich die NORDSEE bleibende Verdienste um den deutschen Fischdampferbau. Die Schiffe der WEISSENFELS-Klasse lagen mit ihrer Größe von 325 BRT zwar genau im Trend der technischen Entwicklung, aber mit der neuen Maierform wurde erstmals ein wirklicher Durchbruch auf dem Wege zu größerer Schiffssicherheit erzielt, dem im Endeffekt viele deutsche Seefischer ihr Leben zu verdanken haben. Diese Schiffe mit ihrem dünnen Schornstein sind der Meilenstein in der Entwicklung der deutschen Fischdampfer.

Im Verlaufe der Weltwirtschaftskrise kamen eine ganze Reihe von Fischdampfer-Reedereien zur NORDSEE, die zum Teil auch ganze Serien eigener Schiffe besaßen. Hier ragen vor allem die großen Schiffe der ISLAND-Klasse von 1922 heraus, die die Reiherstiegwerft für die Deutsche Seefischerei geliefert hatte. In den folgenden Jahren bezog die NORDSEE insgesamt 30 eigene Schiffe von allen deutschen Fischdampferwerften. Diese Fahrzeuge waren untereinander alle recht ähnlich.

Während des Zweiten Weltkrieges war an eine geregelte Neubaupolitik der Reederei nicht zu denken. Nach den Einheitsschiffen 1948/49 wurden zunächst die bewährten Fischdampfer in etwas vergrößerter Form weitergebaut, darüber hinaus wurden auch neue Antriebsversionen erprobt. So baute die NORDSEE 1950 fünf dieselelektrische Schiffe im direkten Vergleich mit einer Serie von fünf Dampfern. Der Fischrauminhalt war gleich, wegen des anderen Antriebskonzeptes betrug aber die Vermessung nur 450 statt 550 BRT und die Schiffslänge 46 statt 52 m. Das neue Antriebskonzept hatte aber offensichtlich Nachteile, denn die Schiffe waren im Durchschnitt nur 14 Jahre in Fahrt statt der 18,5 Jahre bei den gleichaltrigen Dampfern. Diesen Schiffen folgten 1954 noch die drei Schiffe der BRAUNSCHWEIG-Klasse, die einen Antrieb mit Dampfturbinen und Wasserrohrkesseln erhielten.

Auch nach dem Erscheinen der ersten Heckfänger hielt die NORDSEE zunächst am Bewährten fest und bestellte 1959 bei Seebeck die letzte Serie deutscher Seitenfänger, die AUGSBURG-Klasse, der Zeit entsprechend inzwischen als Motorschiff mit einem kleinen Tiefkühlraum und einer Fichmehlanlage. Diese Schiffe stellen den Endpunkt in der Entwicklung der deutschen Seitenfänger dar und markieren die optimale Größe, die Frischfischfänger für den deutschen Markt haben konnten.

Als Gegenstück zur NECKAR von 1907 soll noch der Generalplan der AUGSBURG von 1960 folgen, der den Bogen bis zum Ende der Entwicklung der Seitentrawler spannt.

W. Walter, Bremen

Neubauserie 1903/04 PREUSSEN

Seebeck, Geestemünde, 1903/04
253   41,25   6,88   2,99   1300
440   10,0   13

1903	PREUSSEN (BB 48, ON 55, AE 20)		1904	BRAUNSCHWEIG (BB 57, ON 41)
1927	Wobke (AE 20)		1916	versenkt als Kriegshilfsschiff
1931	Strandung bei Fischfang			
			1904	MECKLENBURG (BB 52, ON 39)
1903	BAYERN (BB 49, ON 50)		1919	Untergang bei Fischfang
1925	Strandung bei Fischfang			
			1904	SCHLESWIG (BB 53, ON 57, PG 420)
1903	SACHSEN (BB 50)		1936	MEISSEN (PG 420)
1909	Strandung Portugal		1939	abgewrackt
1909	Azevedo Gomer (Port.)			
1959	abgewrackt		1904	HOLSTEIN (BB 54, ON 40)
			1915	versenkt bei Fischfang
1904	WÜRTTEMBERG (BB 51)			
1905	Untergang bei Fischfang		1904	ELSASS (BB 55)
			1909	Kollision / Untergang bei Fischfang
1904	BADEN (BB 56, ON 51, AE 9)			
1927	Bauke (AE 9)			
1931	Strandung bei Fischfang			

Fischdampfer MEISSEN.
Foto: DSM

Neubauserie 1906/07 DRACHENFELS

Seebeck, Geestemünde, 1906
207 36,22 6,72 3,34 1200
400 10,2 12

1906	DRACHENFELS (BB 58, ON 62)		1906	SCHÖNFELS (BB 61, ON 43)
1927	Fenna (AE 13)		1919	Untergang bei Fischfang
1936	abgewrackt			
			1907	EHRENFELS (BB 63, ON 59)
1906	HOHENFELS (BB 59, ON 65)		1927	Gebke (AE 14)
1927	Hiska (AE 15)		1936	abgewrackt
1936	abgewrackt			
			1907	LICHTENFELS (BB 64)
1906	RHEINFELS (BB 60, ON 42)		1908	Bürgermeister Stammann (HC 5)
1918	versenkt als Kriegshilfsschiff		1963	abgewrackt

Fischdampfer DRACHENFELS
Foto: DSM

*NORDSEE-Hafen Nordenham
Foto: DSM*

Reedereibetrieb in Nordenham

Nach der Gründung der NORDSEE in Bremen erfolgte am 17. Juni 1896 der Spatenstich für einen neuen Hafen, den NORDSEE-Hafen in Nordenham. Adolf Vinnen, Bremer Segelschiffsreeder, stellvertrender NORDSEE-Aufsichtsratsvorsitzender und Besitzer zahlreicher Ländereien um Nordenham konnte mit der oldenburgischen Regierung einen langfristigen Vertrag über die wirtschaftliche Nutzung einer wassernahen Fläche abschließen. Aus einem großen Kolk entstand ein geräumiges Gelände mit einer hölzernen Pier von 1100 Meter und Gleisanlagen für die Kohlezüge zur Bebunkerung der Fischdampfer. Zu der Anlage gehörten eine Kraftstation, eine Zimmerei, Reparaturwerkstätten, Netzboden, Lager und ein Verwaltungsgebäude. Später kamen ein Eiswerk und eine Räucherei und Marinieranstalt hinzu. Die NORDSEE war die einzige deutsche Hochseefischerei-Reederei, die einen eigenen Hafen benutzte. Am 20. April 1897 konnte der erste Fischdampfer, die BERLIN, in Nordenham seine Ladung Heringe aus der Nordsee löschen.

»Die NORDSEE brennt« hieß es am Karfreitag 1905. Über dem Gelände standen riesige Rauchwolken. Auf einem Lagerboden war das Feuer entstanden. Die Feuerwehr konnte die hölzernen Gebäude mit ihren Vorräten und Netzen sowie Teile der Pier nicht mehr retten. Der Wiederaufbau dauerte zwei Jahre. In der Zwischenzeit löschten die Fischdampfer im gegenüberliegenden Geestemünde. Die neuen Anlagen wurden aus Eisen und Beton gebaut. Es entstanden ein zweigeschossiges Verwaltungsgebäude, ein Maschinenhaus, Werkstätten, zwei Netzhallen und mehrere Verarbeitungsbetriebe.

Sechs Versandhallen dienten zur Lagerung, Verarbeitung und zum Versand des Fanges. Zwei Eislagerhäuser hatten ein Fassungsvermögen von 7–8000 Tonnen. Der bisherige Pachtvertrag wurde 1927 in einen Kaufvertrag umgewandelt. Die laufenden Unterhaltungskosten gingen zu Lasten der NORDSEE.

Die Einrichtung von Auktionen in Wesermünde, Cuxhaven und Altona für den Verkauf sämtlicher Fänge Ende der 20er Jahre bedeutete das Ende des NORDSEE-Hafens in Nordenham. Die zeitaufwendigen Revierfahrten zwischen dem Anlandeplatz Bremerhaven und dem Ausrüstungshafen Nordenham führten zu erheblichen Betriebsverlusten. Deshalb erwarb die NORDSEE im alten Handelshafen von Wesermünde ein neues Gelände. Am 1. August 1934 beendete der älteste Reedereibetrieb der NORDSEE seine Aktivitäten in Nordenham. Das Gelände wurde an ein Nordenhamer Unternehmen verkauft und die Hafenanlagen wurden vertragsmäßig bis 1940 unterhalten. Die Fischdampfer der Deutschen Heringsfischerei, an der die NORDSEE maßgeblich beteiligt war, führten bis zum Zweiten Weltkrieg das Nordenhamer Fischereikennzeichen ON. Später verlandete der ehemalige NORDSEE-Hafen.

Neubauserie 1907 RHEIN

Seebeck, Geestemünde, 1907
254 39,30 7,04 3,54 1500
460 10,2 13

1907	RHEIN (BB 62, ON 44)
1920	The Mascot (England)
1979	abgewrackt

1907	WERRA (BB 65)
1908	Bürgermeister Mönckeberg (HC 2)
1915	versenkt als Kriegshilfsschiff

| 1907 | FULDA (BB 66, ON 64) |
| 1917 | versenkt als Kriegshilfsschiff |

Auflieger in Nordenham, zweiter von links: Fischdampfer RHEIN. Foto: DSM

Neubauserie 1907 NECKAR

Frerichs, Einswarden, 1907
274   39,61   7,05   3,41   1500
490   10,2   13

1907	NECKAR (BB 67, ON 60)		1907	MOSEL (BB 69)
1927	HEIDELBERG (ON 60, PG 425)		1908	Bürgermeister Buchard (HC 4)
1937	Heidelberg (HH 249)		1911	Untergang bei Fischfang
1951	abgewrackt			
			1908	BUDAPEST (BB 70, ON 61, PG 426)
1907	SAALE (BB 68, ON 63)		1939	abgewrackt
1934	BRESLAU (ON 63, PG 427)			
1939	abgewrackt			

Fischdampfer BUDAPEST
Foto: DSM

Germanischer Lloyd

Der Wunsch, unabhängig von fremden Interessen eine sichere Seefahrt betreiben zu können, war der Impuls zur Gründung des Germanischen Lloyd (GL) im Jahre 1867 durch hanseatische Reeder und Versicherer. Der Gemanische Lloyd hat sich seither von einer Klassifikationsgesellschaft für Schiffe zu einer international tätigen Ingenieursgesellschaft entwickelt, die auf vielen Feldern der Technik Sicherheit und Qualität vertritt.

Bei der Klassifikation von Fischereifahrzeugen jeglicher Art hat der Germanische Lloyd seit über hundert Jahren Erfahrung, zunächst in Deutschland, später auch international. Heute fahren weltweit über 160 Fahrzeuge mit Klasse Germanischer Lloyd. Bereits in den Bauvorschriften zu Anfang dieses Jahrhunderts wie auch in den »Vorschriften für den Bau von stählernen Seeschiffen 1941« werden Fischdampfer und Heringslogger behandelt. Die Vorschriften »Fishing Vessels« (Ausgabe 1991) mit Ergänzungen 1997 füllen mittlerweile einen eigenen Band.

Die NORDSEE-Schiffe wurden von den Experten des Germanischen Lloyd in Bremerhaven und Cuxhaven in einem regelmäßigen Untersuchungsrhythmus überprüft und entsprechend klassifiziert. Die Haupt- und Zwischenuntersuchungen erfolgen während der Werftliegezeiten im Trockendock, dazu kommen noch jährliche Besichtigungen während der Hafenliegezeiten. Die erfolgreiche Abnahme wird in den GL-Klassenzertifikaten für Schiff und Maschine dokumentiert, deren Gültigkeit in der Regel vier bis fünf Jahre beträgt.

Die ausgestellten Klassenzertifikate sind an Bord mitzuführen. Die Klasse bleibt nur so lange gültig, wie das Schiff allen vorgeschriebenen Besichtigungen unterzogen wird, und etwa erforderliche Ausbesserungsarbeiten zur Zufriedenheit des GL ausgeführt werden. Wird ein Schiff nicht rechtzeitig zu der Klassenerneuerungsbesichtigung gestellt oder wird der Fahrtbereich oder der Tiefgang überschritten, so ruht die Klasse. Wird ein Schiff nach einer Havarie, die die Klassenwürdigkeit beeinträchtigt, nicht zu einer Besichtigung gestellt, so verliert es seine Klasse. Die Klasse für ein Schiff kann nur erneuert oder bestätigt werden, wenn auch de Klasse für die Maschinenanlage erneuert oder bestätigt ist. Alle Umbauten und Änderungen an Schiffsteilen, über die der GL Vorschriften erlassen hat, müssen unter Aufsicht des GL vorgenommen werden. Umbauzeichnungen sind beim GL einzureichen und müssen vor Beginn der Arbeiten genehmigt sein.

Bei Schiffsverkäufen und Versicherungsabschlüssen spielt die Dauer der Schiffszertifikate eine entschiedene Rolle.

Fangfabrikschiff ERLANGEN *im Trockendock.*
Foto: NORDSEE-*Archiv*

Neubauserie 1911/12 HUNTE

Frerichs, Einswarden, 1911/12
233   36,04   6,89   3,80   1500
330   9,4   12

1911	HUNTE (ON 66)		1912	LUNE (ON 70)
1928	MANNHEIM (ON 66)		1928	KÖLN (ON 70, PG 429)
1931	Port Melin (Frankreich)		1939	abgewrackt
1952	abgewrackt			
			1912	ALLER (ON 71)
1911	OCHTUM (ON 67)		1927	KIEL (ON 71)
1914	Strandung bei Fischfang		1928	Kollision / Untergang
1911	GEESTE (ON 68)		1913	WERRA (ON 72)
1927	BERLIN (ON 68, PG 428)		1919	Untergang bei Fischfang
1939	abgewrackt			
1911	LESUM (ON 69)			
1914	versenkt als Kriegshilfsschiff			

Fischdampfer KÖLN
Foto: DSM

Neubauserie 1914 BISMARCK

Unterweser, Geestemünde, 1914
211   37,92   6,88   2,87   1500
380   9,9   12

1914	BISMARCK (ON 73)		1914	ROON (ON 75)
1917	versenkt als Kriegshilfsschiff		1927	NÜRNBERG (ON 75, PG 432)
			1939	abgewrackt
1914	MOLTKE (ON 74)			
1916	Strandung als Kriegshilfsschiff			

Fischdampfer NÜRNBERG
Foto: DSM

Fischdampfer im Marinedienst (Erster Weltkrieg)

Schon mit Beginn der Mobilmachung im August 1914 hat die kaiserliche Marine einen großen Bedarf an Fahrzeugen für den Sicherungsdienst an der Küste und auf See. So werden von der Marine fast alle Fischdampfer in Dauercharter übernommen Nach erfolgter Umrüstung werden sie als Vorpostenboote und Hilfsminensuchboote und später als Kriegsfeuerschiffe (Markboote), Lotsendampfer oder Geleitboote eingesetzt.

Von der NORDSEE übernimmt die Marine bis zum Jahresende 23 Fischdampfer. Hauptsächlich im Herbst 1915, mit der Einführung des Geleitsystems für die Handelsschiffe in der Ostsee nach Schweden und in das Baltikum benötigt die Marine weitere Schiffe. Von der NORDSEE kommen nochmals neun Fischdampfer hinzu. Nach dem Mietkontrakt hat das Reich alle im Dienste der Marine entstehenden Schäden an Schiff und Maschine zu beseitigen, den Fehlbetrag des Inventars zu ergänzen und ebenso die erforderlichen Aus- und Rückbauten vom Kriegsschiff zum handelsüblichen Fischdampfer zu vollziehen. Die militärische Ausrüstung der Schiffe ist mehr als dürftig, weil die Hauptaufgaben der umgebauten Fischdampfer meistens im Beobachtungsdienst liegen. Zu den am schwersten bewaffneten Fischdampfern des Ersten Weltkrieges gehört die BISMARCK nach ihrer Zuordnung zur Sondergruppe der Nordsee-Vorpostenflottille. Die Mannschaften der als Hilfskriegsschiffe in Fahrt befindlichen Fischdampfer setzt sich aus 25 bis 30 Reservisten zusammen, zu denen auch etliche ehemalige Besatzungsmitglieder gehören.

Die Fischdampfer werden im Verlaufe des Krieges immer mehr für navigatorische Zwecke verwendet. Als Feuerschiffe (Markboote) werden sie besonders zur Kennzeichnung der Sperrlücken in den Minensperren (oft weit draußen) sowie bei der Minenbekämpfung eingesetzt. Im zweiten Halbjahr 1915 kommt den Fischdampfern besondere Bedeutung bei der Durchführung von Handelsschiffgeleiten in der Ostsee zu. Von allen Fischdampfern, die die Marine während des Krieges angemietet hat, gehen 65 verloren. Nur einige wenige können später geborgen, repariert und wieder in Fahrt gesetzt werden. Die NORDSEE verliert im Marinedienst die Fischdampfer LESUM, MOLTKE, BRAUNSCHWEIG, BISMARCK, FULDA und RHEINFELS.

Bis Ende 1914 werden die Fischdampfer, die nicht von der Marine benötigt werden, mit Rücksicht auf die Kriegslage vorläufig aufgelegt. Die NORDSEE nimmt im Frühjahr 1915 mit den ihr zur Verfügung stehenden 11 Fischdampfern die Fischerei wieder auf. Diese Kriegsfischerei dauert nur bis zum Herbst, da die Marine auch diese Schiffe benötigt, so daß der Fang 1916 gänzlich ruht.

Aufgrund der schlechten Ernährungslage im Reichsgebiet werden einige ältere Fischdampfer aus dem Marinedienst genommen und wieder als Fischdampfer umgebaut. Die NORDSEE erhält drei Schiffe wieder zurück. Gefischt wird im Kattegat und dem beschränkten Gebiet der Nordsee. Im Kattegat wird der Fangbetrieb wegen größerer Schiffsverluste im Herbst 1917 vorübergehend eingestellt. Im Winter 1917/1918 kann eine größere Anzahl Fahrzeuge für den Fischfang freigegeben werden. Die NORDSEE betreibt mit vier Schiffen den Fischfang. Wie groß die Risiken der Kriegsfischerei sind, geht aus dem Verlust von über 70 Schiffen hervor. Beim Fischfang gehen im Ersten Weltkrieg mehr Fahrzeuge verloren, als die Reedereien im Dienst der Marine verlieren. Die NORDSEE verliert fünf Fischdampfer, während die MARBURG, SCHLESWIG und STRASSBURG bis Kriegsende im Fangeinsatz verbleiben.

Die 19 NORDSEE-Schiffe, die bis zum 11. November 1918 im Dienste der Marine standen, werden der Reederei zurückgegeben und können nach erfolgtem Rückbau wieder als Fischdampfer eingesetzt werden.

H.J. Heise, Rellingen

Neubauserie: 1916–1920 Kriegs-Fischdampfer

Unterweser, Geestemünde, 1916–1919
218   38,92   6,88   2,80   1500
400   10,0   13

1916	SEYDLITZ (ON 76)		1921	AUE (ON 92, AE 23)[1]
1921	Jupiter (PG 301, HH 278)		1927	Senator Klaasen (AE 23)
1951	abgewrackt		1943	versenkt als Kriegshilfsschiff
1919	LÜTZOW (ON 77)		1929	SENATOR SCHRÖDER[2] (HC-PC 65)
1928	BIELEFELD (ON 77, PG 434)		1947	Jümme (HH 279, BX 532)
1939	abgewrackt		1951	abgewrackt
1929	PRÄSIDENT ROSE[3] (ON 112, PG 438)		1929	SENATOR HOLTHUSEN (HC-PC 66)
1939	abgewrackt		1939	BOLLERMANN[5] (PC-NC 352)
			1949	Bollermann (NC 352)
1921	WUMME (ON 89)[1]		1950	abgewrackt
1928	WÜRZBURG (ON 89, PG 437)			
1939	abgewrackt		1919	BISMARCK (ON 78, AE 11)
			1927	Edda (AE 11)
1921	HAMME (ON 90)[1]		1950	abgewrackt
1928	ERFURT (ON 90, PG 435)			
1939	abgewrackt		1919	MOLTKE (ON 80, AE 19)
			1927	Rixte (AE 19)
1921	DELME (ON 91)[1]		1942	versenkt als Kriegshilfsschiff
1928	FÜRTH (ON 91, PG 436)			
1939	abgewrackt		1919	WIEN (ON 81, PG 442)
			1936	Strandung bei Fischfang
			1930	GEORG ROBBERT[4] (ON 123, PG 444)
			1939	abgewrackt
			1920	SCHILL (ON 84)
			1924	Untergang bei Fischfang
			1920	YORCK (ON 85)
			1928	ELBERFELD (ON 85, PG 447, BX 328)
			1949	abgewrackt

Fischdampfer PRÄSIDENT ROSE
Foto: DSM

Übernahme von:
1. Barkhan & Horn (Dauelsberg), Bremen 1921
2. Cuxhavener Hochseefischerei 1928
3. Hochseefischerei Bremerhaven 1929
4. Wieting, Bremerhaven 1930

Verkauft an:
5. Danziger Heringsfischerei / Bereederung NORDSEE 1939

Neubauserie 1921 DORTMUND

Frerichs, Einswarden, 1921
254   39,61   7,05   3,03   1700
430   9,9   13

1921   DORTMUND (ON 86, PG 455)
1942   versenkt als Kriegshilfsschiff

1921   DRESDEN (ON 87, PG 456, BX 333)
1950   abgewrackt

Unterweser, Geestemünde, 1922
245   40,75   7,29   2,83   1600
500   10,5   13

1922   CHEMNITZ (ON 93, PG 459)
1944   versenkt als Kriegshilfsschiff

1922   HANNOVER (ON 94, PG 458, BX 334)
1950   abgewrackt

1922   LEIPZIG (ON 95, PG 457)
1944   versenkt als Kriegshilfsschiff

Fischdampfer HANNOVER
Foto: DSM

Seeberufsgenossenschaft

Das Seeunfallversicherungsgesetz 1887 war der Auslöser für die Gründung der Seeberufsgenossenschaft (SBG). Der Gesetzgeber beauftragte die SBG, Unfallvorschriften für die Schiffahrt zu erlassen und zu überwachen. Da bereits der Gemanische Lloyd (GL) als technische Überwachungsorganisation exisitierte, wurde daher mit Billigung der Reichsregierung 1894 zwischen dem GL und der SBG ein Kooperationsvertrag geschlossen, der bis heute gültig ist. Darin heißt es, daß der GL als technischer Berater wirkt und seine Sachverständigen der SBG als nebenamtliche technische Aufsichtsbeamte zur Verfügung stellt, um die von der SBG erlassenen Unfallverhütungsvorschriften zu überwachen.

Die Einführung der Seeunfallversicherung in der Hochseefischerei erfolgte aufgrund zahlreicher Schiffsverluste seit 1894. Eine Untersuchungskommission beschäftigte sich nach dem Verlust mehrerer Schiffe in den Winterstürmen 1902/03 mit den Stabilitätsverhältnissen der Fischdampfer. 1910 wurden besondere »Aufsichtsbeamte für Fischereizwecke« in Geestemünde, Cuxhaven und Altona eingesetzt, die für die Freibordkontrollen verantwortlich waren.

Mit dem Anstieg der Fangflotte und ihrer maschinellen und fangtechnischen Ausrüstung nahm auch die Zahl der Unfälle zu. Häufige Unfallursachen waren die Dampfnetzwinde mit ihren Spillköpfen, das schwere Fanggeschirr und die Umlenkrollen für die über Deck geführten Kurrleinen. In enger Zusammenarbeit mit dem GL wurden Bestimmungen in den Bauvorschriften für Fischdampfer verändert, wie:
- geschlossene, zu beiden Seiten abgerundete Back,
- geschlossener Aufbau unter und hinter der Kommandobrücke,
- wasserdichte Schotte und Eisverstärkung.

Die Gesundheitsabteilung der SBG nahm Aufgaben der Seesozialversicherung wahr, wie:
- Begutachtung von Arbeitsunfällen und Berufskrankheiten,
- Begutachtung in der Heilbehandlung oder der Berufsförderung, sowie
- Beurteilung der Berufs- und Erwerbsunfähigkeit und Prüfung der Arbeitsunfähigkeit

Eine weitere wichtige Aufgabe in der Sozialversicherung waren die Untersuchungen auf Seetauglichkeit, die von Vertragsärzten der SBG durchgeführt wurden.

In den SBG-Jahresberichten gab es immer wieder Hinweise auf Arbeits- und Unfallursachen in der Hochseefischerei. 1958 zumk Beispiel waren es vermehrt Unfälle mit der Kurrleine und Hievarbeiten über die Spillköpfe. Desweiteren wurde die Unsitte des Festhaltens an den Kurrleinen und des Überschreitens der Kurrleinen während des Hievens und Fierens beklagt. 1971 kam es vor, daß Besatzungsmitglieder, die »wehende Ölhemden« trugen, von laufenden Teilen des Fanggeschirrs erfaßt und über Bord gerissen wurden.

Arbeitsdeck auf einem Hecktrawler der BONN-Serie. Foto: Kroehnert / NORDSEE-Archiv

Neubauserie 1928 WEISSENFELS

Tecklenborg, Geestemünde, 1928
330   46,90   7,68   3,60   2600
660   11,3   15

1928   WEISSENFELS (ON 101, PG 471)
1945   versenkt als Kriegshilfsschiff

1928   GLEIWITZ (ON 102, PG 470)
1943   versenkt als Kriegshilfsschiff

1928   EISENACH (ON 103, PG 469)
1944   versenkt als Kriegshilfsschiff

Werbung mit der WEISSENFELS
Foto: NORDSEE-Archiv

Fischdampfer WEISSENFELS
Foto: DSM

Neubauserie 1929/30 HANS WRIEDT
1930/31 HERMANN FRIEDRICH SCHRÖDER

Frerichs, Einswarden, 1929/30
374   50,18   7,75   3,73   3000
760   12,0   17

1929	HANS WRIEDT (ON 119)
1931	WÜRTTEMBERG (ON 119, PG 479, BX 342)
1954	abgewrackt

1930	AUGUST WRIEDT (HC 204)
1931	PREUSSEN (HC-PC 204)
1944	versenkt als Kriegshilfsschiff

Frerichs, Einswarden, 1930/31
437   49,96   8,05   3,90   3000
770   11,6   18

1930	HERMANN FRIEDRICH SCHRÖDER (HC 225)
1931	BAYERN (HC-PC 225)
1940	versenkt als Kriegshilfsschiff

| 1931 | KOBLENZ (ON 150, PG 482) |
| 1940 | versenkt als Kriegshilfsschiff |

Fischdampfer HERMANN FRIEDRICH SCHRÖDER
Foto: DSM

Wagenladungen von Salz werden für die nächste Fangreise übernommen. Foto: NORDSEE Archiv

Ein Fischdampfer wird ausgerüstet

Bei der Ausrüstung eines Fischdampfers von 400 bis 500 BRT kommt es vor allem darauf an, daß der Fisch auch während der Fangfahrt frisch bleibt. Dazu sind große Mengen körniges Eis und Salz nötig. Ebenso müssen für die Besatzung und das Schiff mehr als 50 Kubikmeter Trink- und Kesselwasser an Bord genommen werden. Ist das alles an Bord, heißt es Schotten dicht und mit der »schwarzen Arbeit« beginnen, denn 150 bis 200 Tonnen Kohle, die für eine Fahrt nötig sind, machen neben der Arbeit auch Staub und Dreck. Dazu kommen dann noch, wenn wieder Klarschiff gemacht ist, Schmieröl, Farben, Reinigungsmittel und andere Sachen, ehe es wieder seewärts geht. Nicht zu vergessen sind die Netze, die laufend erneuert oder auch ergänzt werden müssen, die Fischfanggeräte aller Art sowie Leinen und Trossen von vielen Kilometern Länge.

Ganz zum Schluß kommt noch der Proviant an Bord, der von den neugierigen Blicken der Mannschaft unter den wachsamen Augen des Zöllners Sack für Sack, Kiste für Kiste, Korb für Korb gemustert und begutachtet wird. Das gibt nachher Arbeit für den Smutje an Bord, der dafür sorgen muß, daß die Besatzung während der drei Wochen Fangfahrt auch kräftig und gut für die schwere Arbeit verpflegt wird.

Neubauserie 1933 CARL RÖVER

Seebeck, Geestemünde, 1933
390   45,46   7,69   3,81   2900
780   11,4   16

1933	CARL RÖVER (ON 148, PG 483)	1933	R. WALTER DARRE (HC-PC 273)
1945	ESSEN (PG 483, BX 343)	1944	versenkt als Kriegshilfsschiff
1955	Hans-Peter (Kümo, Itzehoe)		
1979	im Libanon verblieben		

Fischdampfer ESSEN
Foto: DSM

Neubau 1934 THÜRINGEN
Neubauserie 1934 BRANDENBURG

Deutsche Werft, Hamburg, 1934					Frerichs, Einswarden, 1934				
428	50,17	8,04	3,89	3200	438	49,96	8,05	3,90	3300
770	11,7	22			770	11,6	17		

1934	THÜRINGEN (HC-PC-NC 284)		1934	BRANDENBURG (PG 484)
1955	Thüringen (Kümo Leer)		1940	versenkt als Kriegshilfsschiff
1971	abgewrackt			
			1934	OSTMARK (PG 485, BX 344)
			1957	Balje (Kümo)
			1971	Strandung/Malta

Fischdampfer BRANDENBURG
Foto: DSM

Reedereibetrieb in Wesermünde/Bremerhaven

Mit der Übersiedlung der NORDSEE im Sommer 1934 von Nordenham nach Wesermünde begann ein neuer Abschnitt in der Firmengeschichte. Die Übersiedlung mit Schiffen, Ausrüstungs- und Reparaturwerkstätten dauerte mehrere Monate.

Am alten Handelshafen konnte die NORDSEE ein größeres Grundstück mit einem großen Speicher kaufen. Hier zog am 1. August 1934 die Zentralverwaltung, die bisher in Bremen saß, im zweiten Stock ein, während sich darunter die Reedereiabteilungen mit Zollbüro und Sozialräumen einquartierten. Auf dem Freigelände entstanden Gebäude wie Maschinenreparaturwerkstatt, Schlosserei, Dreherei, Schmiede und Werkzeugmacherei, Zimmerei und Netzhalle. Am Südende der Hafenpier befand sich ein großer Lagerplatz für 8000 Tonnen Kohle. In einer Villa wohnten der NORDSEE-Generaldiektor und sein Stellvertreter. An der NORDSEE-Pier fanden ab 1934 die Taufen der Schiffe statt.

Im Zweiten Weltkrieg wurden hier Fischdampfer als Vorpostenboote für die Kriegsmarine ausgerüstet. Bei einem Bombenangriff am 18. September 1944 brannten alle NORDSEE-Gebäude aus. Zwischen 1948 und 1950 konnte der Wiederaufbau abgeschlossen werden.

1956 entstand für die Hauptverwaltung ein neues Bürogebäude auf dem Gelände. Neben der Reparaturwerkstatt entstand in den 50er Jahren ein Eiswerk, das bis März 1968 in Betrieb war. Nach dessen Abriß entstand ein Tiefkühlhaus mit einer Lagerkapazität von 12.000 Tonnen. Die Fangfabrikschiffe und die gecharterten Kühlschiffe löschten hier ihre Ladungen. Thermowagen verkehrten zwischen dem Kühlhaus und den Werkanlagen der Fischindustrie Bremerhaven, wo die Frostware verarbeitet wurde.

Desweiteren wurden Kühlwaggons und Container für in- und ausländische Kunden beladen. Nach der Neuorganisation der Reederei 1961 und der Inbetriebnahme der neuen Reedereianlagen 1968 in Cuxhaven ging es in Bremerhaven ruhiger her. Die letzte Werkstatt, die Zentralwerkstatt für Fischverarbeitungsmaschinen, wurde später ebenfalls nach Cuxhaven verlegt.

NORDSEE-Pier in Wesermünde (Bremerhaven) 1935. Foto: Schemkes / NORDSEE-Archiv

Neubau 1935 MEMEL
Neubauserie 1936 POMMERN
Neubauserie 1935/36 OSTPREUSSEN

Stülcken, Hamburg, 1935					Seebeck, Geestemünde, 1935/36				
444	47,98	8,02	3,92	3200	422	49,72	8,03	4,15	3500
770	11,3	19			800	11,8	17		

1935	MEMEL (HC-PC 290)	1935	OSTPREUSSEN (PG 486, BX 345)
1944	versenkt als Kriegshilfsschiff	1957	abgewrackt

Norderwerft, Hamburg, 1936					1936	TANNENBERG (HC-PC 293, BX 541)
430	49,50	8,14	3,90	3500	1954	Tannenberg (Kümo)
770	11,6	20			1978	Untergang

1936	POMMERN (HC-PC 295)	1936	OLDENBURG (PG 492, BX 346)
1944	versenkt als Kriegshilfsschiff	1959	abgewrackt
1936	SCHLESIEN (HC-PC 296)	1936	WESTFALEN (PG 493)
1944	versenkt als Kriegshilfsschiff	1945	versenkt als Kriegshilfsschiff

Fischdampfer POMMERN
Foto: DSM

Neubau 1937 DANZIG
Neubauserie 1937 SCHWABEN
Neubauserie 1937 KURMARK

Seebeck, Geestemünde, 1937
473   50,85   8,04   3,96   3600
800   11,7   19

| 1937 | KURMARK (PG 494) |
| 1944 | versenkt als Kriegshilfsschiff |

1937	OSTFRIESLAND (PG 495)
1944	franz. Kriegsprise
1945	Octant (franz. Meßschiff)
1960	abgewrackt

| 1937 | ÖSTERREICH (PC 305) |
| 1940 | versenkt als Kriegshilfsschiff |

| 1937 | KÖLN (PG 496) |
| 1944 | versenkt als Kriegshilfsschiff |

| 1937 | BERLIN (PG 497) |
| 1943 | versenkt als Kriegshilfsschiff |

| 1938 | NÜRNBERG (PG 498) |
| 1944 | versenkt als Kriegshilfsschiff |

| 1938 | MECKLENBURG (PG 499) |
| 1943 | versenkt als Kriegshilfsschiff |

| 1938 | LÜNEBURG (PG 526) |
| 1941 | versenkt als Kriegshilfsschiff |

Howaldtwerke, Kiel, 1937
476   49,80   8,36   3,92   3500
770   11,4   18

1937	DANZIG (HC-PC 301)
1946	MAX M. WARBURG (NC 301)
1954	Rebecka Müller (NC 301)
1956	HEIDENHEIM (NC 424)
1958	Triena (Griechenland)
1979	Untergang im Mittelmeer

Norderwerft, Hamburg 1937
435   49,55   8,19   3,92   3600
770   11,6   20

| 1937 | SCHWABEN (PC 302) |
| 1940 | versenkt als Kriegshilfsschiff |

| 1937 | FRANKEN (PC 303) |
| 1942 | versenkt als Kriegshilfsschiff |

| 1937 | MASUREN (PC 304) |
| 1944 | versenkt als Kriegshilfsschiff |

Fischdampfer KURMARK
Foto: DSM

Schiffs-Schulpartnerschaften

Rechts der Schulkapitän Günter Woischnik, oben Fernsehaufnahmen für eine NDR-Sendung.
Fotos: G.Woischnik, Hildesheim

Die Stadt Hildesheim gehörte seit der Indienststellung der HILDESHEIM 1951 zu den Paten, die einen sehr intensiven Kontakt pflegten. Auf dem »Tag der Hochseefischer« 1957 förderte der Verband der deutschen Hochseefischerei Patenschaften mit Schulklassen. Die Schule am Moritzberg in Hildesheim mit ihrem »Schulkapitän« Günter Woischnik gehörte zu den ersten Schiffs-Patenklassen. 25 Jahre konnte ein reger Kontakt mit den Schiffsbesatzungen der alten und neuen HILDESHEIM gepflegt werden. In dieser Zeit haben sechs Klassengenerationen regelmäßige Brief, Weihnachtspäckchen und andere Präsente direkt an die HILDESHEIM-Besatzungen geschickt. Es wurden »kleine Hochseefischer-Tage« und Fischereifestmahle an der Hildesheimer Schule veranstaltet sowie kleine Bühnenstücke über die Hochseefischerei an der Jakobikirche aufgeführt. Auch gab es regelmäßige Gegenbesuche der Schiffsbesatzungen. Was lag da näher, als die Freundschaft mit einem zünftigen Fischessen zu erneuern?

In zahlreichen Bildreportagen, Tonband- und Filmaufnahmen sowie einer großen Fotosammlung sind die Kontakte zwischen der Hildesheimer Patenklasse und der HILDESHEIM dokumentiert worden. Die Stadt ermöglichte es der Schulklasse, die NORDSEE in Bremerhaven und Cuxhaven zu besuchen. Hier konnten die engagierten Paten das Ein- und Auslaufen der NORDSEE-Fischdampfer und die Verarbeitungsbetriebe genau studieren. In der Klasse gab es ein kleines »NORDSEE-Museum« mit zahlreichen Fotos und einer richtigen HILDESHEIM-Schiffsglocke. In einer NDR-Fernsehsendung über Schiffspatenschaften wurde auch die Hildesheimer Patenklasse vorgestellt. Mit der alljährlichen NDR-Weihnachtssendung »Gruß an Bord« 1982 sendeten Schüler und der »Schulkapitän« letztmalig Grüße an die Schiffsbesatzung der HILDESHEIM.

Neubauserie 1938 WIEN

Norderwerft, Hamburg, 1938
446   50,68   8,19   3,90   3800
770   11,7   20

1938   WIEN (PC 311)
1945   russische Kriegsbeute
1946   Dnepr (russische Fischerei)
1970   abgewrackt

1938   TIROL (PC 312)
1943   versenkt als Kriegshilfsschiff

1938   STEIERMARK (PC 313)
1940   versenkt als Kriegshilfsschiff

Fischdampfer WIEN
Foto: DSM-Fotoarchiv

Neubauserie 1939 ODENWALD

Seebeck, Geestemünde, 1939
639	57,01	8,58	4,43	4600
920	12,4	24		

1939	ODENWALD (PG 546)
1944	französische Kriegsprise
1948	Madiana (Frankreich)
1965	abgewrackt

1939	SACHSENWALD (PC 318)
1944	versenkt als Kriegshilfsschiff

Fischdampfer SACHSENWALD
Foto: DSM

Fischdampfer ODENWALD als Kriegshilfsschiff.
Foto: DSM

Fischdampfer im Marinedienst (Zweiter Weltkrieg)

Schon seit 1935 führte die Kriegsmarine systematisch Manöver auch mit Fischdampfern durch, an denen des öfteren auch Dampfer der NORDSEE teilnehmen. Im Rahmen eines Manövers im Sommer 1939 stellt die Kriegsmarine u.a. zwei U-Jagdflottillen auf, für die im Juli 1939 mehrere Fischdampfer übernommen werden, darunter auch fünf Dampfer der NORDSEE, die somit wenige Wochen später bei Ausbruch des Krieges zu den ersten Hilfskriegsschiffen zählen, die ihren Dienst aufnehmen. Sofort nach Kriegsbeginn wird am 1. September die Neuaufstellung weiterer Flottillen angeordnet. Die NORDSEE übergibt der Kriegsmarine zunächst 63 Dampfer, von denen allerdings zwei nach kurzer Zeit zurückgegeben werden, während einer an die Kriegsmarine verkauft wird. Wie im »Mob-Plan« aufgeführt, werden Werften von Emden bis Stettin von der Kriegsmarine dafür herangezogen, die Fischdampfer für ihre Belange umzubauen.

Die Fischdampfer werden hauptsächlich als Sicherungsstreitkräfte eingesetzt und haben die Aufgabe, die eigenen Küsten und den Schiffsverkehr gegen feindliche Angriffe von See her und aus der Luft zu schützen. Sie werden hauptsächlich als Vorposten-, Minensuch- und Hafenschutzboote sowie als U-Bootjäger oder für Sonderaufgaben ausgerüstet und in Dienst gestellt.

Sieben Fischdampferneubauten für die NORDSEE befinden sich bei Kriegsausbruch in Bau. Zwei weitere Neubauten des 39 Schiffe umfassenden sogenannten »Holland«-Programms, die 1941 bei Werften in den Niederlanden und in Belgien als Ersatz für verlorengegangene Schiffe in Bau gegeben werden und von denen die NORDSEE 13 Dampfer erhalten soll, können noch während des Krieges – allerdings unter Regie der Kriegsmarine – fertiggestellt werden. Alle anderen Dampfer bleiben unvollendet und werden, wenn ihr Bau nicht bereits in einem frühen Stadium abgebrochen wurde, von den Niederländern bzw. den Belgiern auf den Werften beschlagnahmt. Die beiden fertiggestellten Schiffe sind die MANNHEIM und die NORDENHAM.

Im weiteren Verlauf des Krieges wird die Flakbewaffnung der Boote ständig erhöht, da die Angriffe der gegnerischen Luftstreitkräfte nach Verlust der deutschen Lufthoheit immer zahlreicher und erfolgreicher werden. Bei Kriegsbeginn hat jedes Boot knapp 30 Mann Besatzung, später wächst diese auf 50 Mann und mehr, weil die zunehmende Bewaffnung dies erfordert.

Die Hilfsminensuch- und Vorpostenflottillen werden schon nach wenigen Monaten für den Geleitdienst herangezogen. Dieses wird ab April 1940 mit Beginn der Besetzung Norwegens und Dänemarks und dann nach Abschluß des Westfeldzuges die Hauptaufgabe der meisten bei der Kriegsmarine befindlichen Fischdampfer. Im Sommer - mit dem Angriff auf die Sowjetunion - wird das Tätigkeitsgebiet der deutschen Sicherungsstreitkräfte erheblich ausgedehnt. Die Fischdampfer kommen nun vom Nordmeer bis zur Biskaya und in der gesamten Ostsee zum Einsatz.

Das Jahr 1943 ist durch eine Intensivierung der alliierten Angriffe mit Flugzeugen, Minen und Schnellbooten auf die deutschen Geleitzüge und Sicherungsverbände von der Biskaya bis zur norwegischen Küste gekennzeichnet. Mit der zur Jahresmitte erfolgenden alliierten Landung in der Seinebucht am 6. Juli 1944 werden die Sicherungsstreitkräfte an der Atlantikküste isoliert. Jene Fischdampfer, die hier in den nun folgenden Kämpfen nicht verloren gehen, werden nach und nach außer Dienst gestellt und deren Besatzungen vermehrt im Landkrieg eingesetzt.

In der Nordsee werden die Flottillen vermehrt bei der Überführung unfertiger Schiffsneubauten aus dem niederländisch/belgischen Raum eingesetzt. Auch in der Ostsee wird der Druck der Sowjets stärker. Hier haben die Sicherungsstreitkräfte dann auch, wie alle anderen Schiffe der Kriegs- und der Handelsmarine, ihren letzten großen Einsatz bei der Räumung des deutschen Ostens und der Versorgung der dort befindlichen Truppenteile. Die Boote fahren Sperrgeleit für Dampfer, die Versorgungsgüter jeder Art in den Raum Danzig-Gotenhafen und bis nach Libau transportieren, bzw. sie sichern die Transporter, die Verwundete, Flüchtlinge und Truppenteile aus den Kesseln nach Westen bringen.

Von den zur NORDSEE-Flotte gehörenden Fischdampfern gehen in den Diensten der Kriegsmarine 64 verloren, weitere acht Dampfer verbleiben nach der alliierten Landung als Wracks beziehungsweise mehr oder weniger beschädigt in französischen Häfen und müssen den Kriegsverlusten hinzugerechnet werden. Am 9. Mai 1945 befinden sich in deutschen und skandinavischen Häfen noch 63 Fischdampfer der NORDSEE, die ebenfalls z.T. mehr oder weniger fahrbereit sind. Hierunter sind 22 Dampfer, die von der Reederei in der Fischerei eingesetzt werden konnten.

Bereits am 2. September 1939 wurde die Fischerei in der Ostsee wieder aufgenommen, da die Kriegsmarine in der Lage war, hier jedes Eindringen feindlicher Kriegsfahrzeuge zu verhindern. Offiziell wurde die Fischerei in der Ostsee und im Kattegat am 7. September 1939 wieder freigegeben. Dorthin verlagerte sich im weiteren Verlauf des Krieges auch der Schwerpunkt der Fangtätigkeit der deutschen Hochseefischerei. Der NORDSEE verblieben 23 Dampfer der Baujahre 1917 bis 1925 zum Fischfang. Im Fangeinsatz verlor die NORDSEE im Verlauf des Krieges die PICKHUBEN und die BRAUNSCHWEIG.

H.J. Heise, Rellingen

Neubauserie 1940 POSEN

Seebeck, Geestemünde, 1940
492   50,56   8,33   4,18   4000
800   11,6   20

1940   POSEN (PC 324)
1946   KASSEL (PC-NC 337)
1960   abgewrackt

1940   WESTPREUSSEN (PG 549, BX 400)
1960   abgewrackt

Fischdampfer KASSEL
Foto: DSM

Neubauserie 1944/51 »Hollandbauten«

Rott. Droogdock, Rotterdam, 1944/47
545   51,67   9,20   4,19   4400
810   11,6   22

1944	Kriegshilfsschiff
1945	belgische Kriegsprise
1948	Bootsmann Jonsen
1953	SPEYER (BX 622)
1961	abgewrackt

1944	Kriegshilfsschiff
1945	belgische Kriegsprise
1946	Vermessungsschiff
1949	NORDENHAM (BX 549, NC 402)
1958	Koutriaris S (Griechenland)
1992	abgewrackt

Beliard Crighton, Ostende/B, 1945/47
515   54,14   9,02   4,15   4700
800   12,0   22

1945	belgische Kriegsprise
1947	Vios II (Niederlande)
1950	MÜNSTER (NC 383)
1961	abgewrackt

Fischdampfer SPEYER
Foto: DSM

Probefahrt im Nebel

Die Schiffstaufen an der NORDSEE-Pier in Bremerhaven waren immer ein besonderes Ereignis, an denen viele Gäste teilnahmen. Bei der NORDSEE gehörte es zur Tradition, Neubauten nach Städten zu taufen, natürlich nach Städten mit NORDSEE-Geschäften. Es gab Schiffstaufen bei herrlichem Wetter, aber auch solche, bei denen die Regenschirme aufgespannt werden mußten.

Eine der Schiffstaufen nach 1950 war so ein Fall. Am Morgen des 5. November 1955 regnete es, als die Gäste zur Taufe und anschließenden Probefahrt des ersten Turbinentrawlers an der NORDSEE-Pier in Bremerhaven eintrafen. Die beflaggten Mastspitzen waren kaum zu sehen. Der Bürgermeister von Hof ließ sich auch durch den heftiger werdenden Regen nicht entmutigen und taufte das Schiff unter dem Beifall der Gäste auf den Namen seiner Stadt.

Über der Weser hatte sich eine »Waschküche« gebildet. Bei einer Sicht von hundert Meter »kroch« der schnelle Turbinentrawler mit Hilfe seiner Radaranlage durch den Nebel. Auf der Brücke, wo sich bei anderen Probefahrten die Gäste die nautischen Einrichtungen erklären lassen und wo normalerweise auch kleine Späße gemacht werden, war an diesem Tage ebenso dicke Luft wie auf dem Wasser. Inzwischen versuchten Lotse und Kapitän von der Brücke sowie der Ausguck auf der Back, den Nebel mit den Augen zu durchdringen, während ein Matrose am Radarschirm den Kopf ständig am Einblick des Gerätes hatte und dem Lotsen laufend Entfernung und Kurs der anderen Schiffe zurief. Auf der Außenweser konnte mit der Übergabe »Holt nieder die Werftflagge, hißt die NORDSEE-Flagge« das Schiff an die Reederei übergeben werden. Der Reedereileiter übergab dann die HOF an einen bewährten Kapitän mit dem Wunsch: »Immer klare Sicht und gute Fänge!«

Schiffsübergabe der HOF am 5. November 1955. Foto: DSM

Neubauserie 1949 »Einheitsdampfer«

390 43,82 8,04 4,12 3260
610 10,3   19

(Nordseewerke, Emden)
1949 NIEDERSACHSEN (NC 370)
1962 abgewrackt

1949 DÜSSELDORF (NC 373)
1961 GRIMMERSHÖRN (NC 373)
1962 abgewrackt

(Flender, Lübeck)
1949 DETMOLD (NC 372)
1962 abgewrackt

1949 STADE (NC 374)
1962 abgewrackt

1949 ALTE LIEBE (NC 375)*
1962 abgewrackt

(Unterweser, Bremerhaven)
1949 CUXHAVEN (NC 371)
1960 KUGELBAKE (NC 371)
1962 abgewrackt

(Seebeck, Bremerhaven)
1949 AACHEN (BX 511)
1962 abgewrackt

1949 BREMERHAVEN (BX 509)
1961 WULSDORF (BX 509)
1962 abgewrackt

1951 WESEL (BX 605)
1964 abgewrackt

(Bremer Vulkan, Vegesack)
1949 BERLIN (BX 510)
1960 GEESTEMÜNDE (BX 510)
1962 abgewrackt

1949 MÜNCHEN (BX 512)
1960 LEHE (BX 512)
1962 abgewrackt

1949 MANNHEIM (BX 513)
1962 abgewrackt

*Eigner: Deutsche Heringsfischerei, Cuxhaven/
Bereederung: NORDSEE

Fischdampfer NIEDERSACHSEN
Foto: DSM

Neubauserie 1950/51 KOBLENZ

Seebeck, Bremerhaven, 1950/51
554   51,97   8,74   4,33   5000
830   11,6   24

1950   KOBLENZ (NC 380)
1970   abgewrackt

1950   OSNABRÜCK (BX 588)
1966   abgewrackt

1950   WITTEN (NC 381)
1968   abgewrackt

1950   KARLSRUHE (NC 384)
1968   abgewrackt

1951   HILDESHEIM (NC 391)
1970   abgewrackt

Fischdampfer KOBLENZ
Foto: DSM

Auf der KONSTANZ wurden drei Ölbrenner mitsamt Heizöl- und Umwälzpumpen sowie Vorwärmer eingebaut. Foto: NORDSEE-Archiv

Von der Kohle- zur Ölfeuerung

Die Rentabilität der Fischdampfer mit Kohlefeuerung nahm Anfang der 60er Jahre stark ab, da einige Länder ihre küstennahen und ertragreichen Fanggebiete erweiterten. Die NORDSEE ließ 1966 ihre elf noch in Fahrt befindlichen Kohle-Fischdampfer mit beträchtlichem Kostenaufwand auf den Werften Sieghold und Schichau auf Ölfeuerung umrüsten. Nach einem sechswöchigen Werftaufenthalt konnten die Fischdampfer wieder auf Fangreise fahren. Die Reederei erhoffte sich von dieser Umrüstung einen vergrößerten Aktionsradius. Der Treibstoffverbrauch war um durchschnittlich 2,5 Tonnen geringer als die teure Kohle. Da sich in den Jahren zuvor der Mangel an geeigneten Heizern immer stärker bemerkbar gemacht hatte, war es gut, daß die umgerüsteten Schiffe ohne diese Funktionsträger auskommen konnten.

Mit dem Ausbau alter Feuerschränke und der Montage neuer Feuergeschirre mitsamt Ölbrennern war es bei der Umrüstung längst nicht getan. Die bisherigen Kohlebunker wurden unterteilt, öldicht gemacht und mit Heizschlangen zum Vorwärmen des Öls versehen, die Frischwasser- und Trantanks wurden verlegt und letztere zu Heizöltagestanks umgebaut. Eine Umwälz- und zwei Heizölpumpen wurden montiert, und in den Schornstein kam ein Vorwärmer für die Verbrennungsluft.

Gleichzeitig mit dem befeuerungstechnischen Umbau wurde die jährliche Generalüberholung der Trawler vorgenommen, diesmal auch eine gründliche Renovierung der Unterkünfte. Auch in den Kombüsen gab es eine spürbare Veränderung: Die Köche brauchten keine Kohle mehr zu trimmen, sondern heizten ihre Herde aschefrei mit Gasöl. Im Oktober 1966 gingen die beiden letzten umgerüsteten Fischdampfer HANNOVER und PASSAU nach der Standprobe wieder auf Fangreise.

Neubauserie 1950/51 FREIBURG I.BR.

Bremer Vulkan, Vegesack, 1950/51
449   45,98   8,54   4,01   5000
900   11,8   22

1950	FREIBURG I.BR. (NC 382)		1951	HEIDELBERG (NC 397)
1963	abgewrackt		1964	abgewrackt
1950	TÜBINGEN (BX 592)		1951	BONN (BX 609)
1963	abgewrackt		1962	abgewrackt
1950	DARMSTADT (NC 389)			
1970	abgewrackt			

Fischereimotorschiff
FREIBURG I.BR.
Foto: DSM

Neubauserie 1952 WUPPERTAL
1952 HANNOVER
1952 DUISBURG

Rickmers, Bremerhaven, 1952
620   54,64   8,84   4,33   5000
830   11,7   23

1952   WUPPERTAL (NC 399)
1973   abgewrackt

1952   NÜRNBERG (BX 617)
1973   abgewrackt

Seebeck, Bremerhaven, 1952
565   53,09   8,74   4,35   4800
920   12,1   23

1952   HANNOVER (NC 398)
1973   abgewrackt

1952   DORTMUND (BX 616)
1969   abgewrackt

Unterweser, Bremerhaven, 1952
525   50,97   8,56   4,33   4500
830   11,6   22

1952   DUISBURG (NC 400)
1966   abgewrackt

Fischdampfer NÜRNBERG
Foto: DSM

Ende einer Ära

Fast 90 Jahre lang hatten die Fischdampfer das Rückgrat der deutschen Hochseefischerei gebildet, als im April 1974 in Cuxhaven zwei Fischdampfer zum letzten Mal die Leinen festmachten. Es waren die THÜRINGEN mit fast 18 Jahren Fahrzeit und die bereederte SPITZBERGEN von der Norddeutschen Hochseefischerei. Damit endete bei der NORDSEE die Ära der Fischdampfer. Die letzte Reise der beiden Schiffe führte nach Blyth/England zu einem Abwrackbetrieb.

Auf der SPITZBERGEN ging auch eine andere Ära zu Ende. »Schiffe müssen heute mehr Komfort haben, um sie in Fahrt zu halten«, war das Fazit des letzten Maschinisten der SPITZBERGEN. Ernst Wesemann, 44 Jahre an der Maschine, ein Veteran der Dampferhochseefischerei, sagte nach dem letzten Eintrag ins Maschinentagebuch »NORDSEE Adieu!«. Sein erstes Schiff war 1932 das Motorschiff SACHSEN, auf der er als Assi anheuerte. Nach dieser Ausnahme war er ausschließlich auf Fischdampfern tätig. 1952 wurde er »Chief« auf der KOBLENZ, mit der er 1967 auf eine weite Reise nach Südafrika fuhr. Mit dem Ende der SPITZBERGEN hängte auch der zweite Maschinist, Leonard Verheugen, ebenfalls nach 44 Jahren an der Maschine die Seefahrt an den Nagel. Die beiden NORDSEE-Jubilare hatten sich vorgenommen, die vertrauten Schiffsmaschinen bis zur letzten Fangreise zu betreuen und dann aufzuhören. Somit endete die gemeinsame Geschichte von Schiffstyp, Dampfmaschine und den letzten Maschinisten.

Die letzten Dampfmaschinen stehen still...
Foto: NORDSEE-Archiv

Neubauserie 1957/58 ESSEN

Rickmers, Bremerhaven, 1956/57
725   58,25   9,63   4,74   5300
1575   14,0   26

1957	ESSEN (BX 653)	1958	BIELEFELD (NC 431)
1973	abgewrackt	1969	abgewrackt
1957	SAARBRÜCKEN (BX 654)	1958	REGENSBURG (BX 661)
1970	abgewrackt	1970	abgewrackt

Fischereimotorschiff ESSEN
Foto: DSM

Neubauserie 1959/60 AUGSBURG

Seebeck, Bremerhaven, 1959/60
976   65,93   10,32   4,88   5800
2200   14,3   24

1959	AUGSBURG (NC 443)	1960	WÜRZBURG (NC 450)
1978	abgewrackt	1978	abgewrackt
1960	HAGEN (NC 444)	1960	NORDENHAM (BX 674)
1978	abgewrackt	1978	abgewrackt
1960	MINDEN (NC 445)	1961	DÜSSELDORF (BX 680)
1979	abgewrackt	1978	abgewrackt

Fischereimotorschiff
AUGSBURG
Foto: DSM

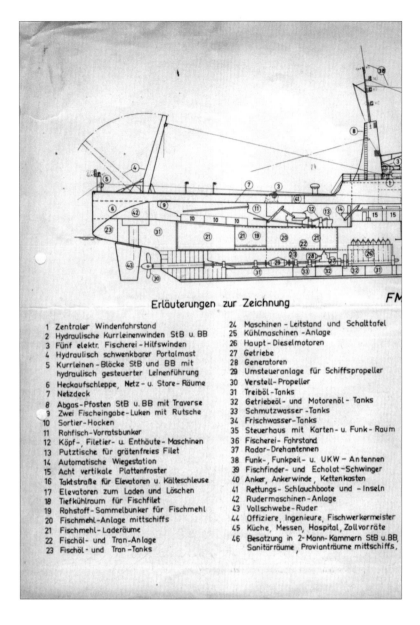

Erläuterungen zur Zeichnung

1 Zentraler Windenfahrstand
2 Hydraulische Kurrleinenwinden StB u. BB
3 Fünf elektr. Fischerei-Hilfswinden
4 Hydraulisch schwenkbarer Portalmast
5 Kurrleinen-Blöcke StB und BB mit hydraulisch gesteuerter Leinenführung
6 Heckaufschleppe, Netz- u. Store-Räume
7 Netzdeck
8 Abgas-Pfosten StB u. BB mit Traverse
9 Zwei Fischeingabe-Luken mit Rutsche
10 Sortier-Hocken
11 Rohfisch-Vorratsbunker
12 Köpf-, Filetier- u. Enthäute-Maschinen
13 Putztische für grätenfreies Filet
14 Automatische Wiegestation
15 Acht vertikale Plattenfroster
16 Taktstraße für Elevatoren u. Kälteschleuse
17 Elevatoren zum Laden und Löschen
18 Tiefkühlraum für Fischfilet
19 Rohstoff-Sammelbunker für Fischmehl
20 Fischmehl-Anlage mittschiffs
21 Fischmehl-Laderäume
22 Fischöl- und Tran-Anlage
23 Fischöl- und Tran-Tanks
24 Maschinen-Leitstand und Schalttafel
25 Kühlmaschinen-Anlage
26 Haupt-Dieselmotoren
27 Getriebe
28 Generatoren
29 Umsteueranlage für Schiffspropeller
30 Verstell-Propeller
31 Treiböl-Tanks
32 Getriebeöl- und Motorenöl-Tanks
33 Schmutzwasser-Tanks
34 Frischwasser-Tanks
35 Steuerhaus mit Karten- u. Funk-Raum
36 Fischerei-Fahrstand
37 Radar-Drehantennen
38 Funk-, Funkpeil- u. UKW-Antennen
39 Fischfinder- und Echolot-Schwinger
40 Anker, Ankerwinde, Kettenkasten
41 Rettungs-Schlauchboote und -Inseln
42 Rudermaschinen-Anlage
43 Vollschwebe-Ruder
44 Offiziere, Ingenieure, Fischwerkermeister
45 Küche, Messen, Hospital, Zollvorräte
46 Besatzung in 2-Mann-Kammern StB u. BB, Sanitärräume, Provianträume mittschiffs

Die Entwicklung der deutschen Hecktrawler

Zeitgleich mit den Überlegungen zum Bau neuer Seitenfänger nach dem zweiten Weltkrieg kamen Informationen über die englischen Erfahrungen mit Heckfängern nach Deutschland. 1954 war dort die »Fairtry« in Betrieb genommen worden, ein Fabrikschiff von 2600 BRT. Im gleichen Jahr bestellte die UdSSR bei den Kieler Howaldtwerken 24 Fabrikschiffe mit identischen Kenndaten. In Deutschland ist die Entwicklung der Heckfänger untrennbar mit zwei Bremerhavener Firmen verbunden: der Gemeinwirtschaftlichen Hochseefischerei und der Rickmerswerft. In einem technischen Gewaltstreich sondergleichen kombinierten sie alle Grundgedanken für ein solches Schiff: Fang über Heck, Voith-Schneider-Antrieb, diesel-elektrische Kraftübertragung, Brücke weit vorn, mechanische Handhabung des Netzes an Deck, Bearbeitung des Fanges unter Deck. Das Resultat war die »Heinrich Meins« von 1957. Allerdings waren noch erhebliche Änderungen am fertigen Schiff notwendig, ehe es im schweren Fischereibetrieb bestehen konnte. 1958 folgten von der gleichen Werft die »Carl Kämpf« und die »Sagitta«, die den Durchbruch für diesen Schiffstyp in Deutschland brachten. Die Schiffe waren in ihren Abmessungen nicht wesentlich größer als die größten Seitenfänger ihrer Zeit. Es zeigte sich aber bald, daß der neu eingeführte Frostfisch und der nach wie vor gefragte Frischfisch zwei verschieden konzipierte Heckfänger verlangten.

Heckfänger für Frostfisch können – rein technisch gesehen – fast unbegrenzt auf See bleiben. Dank ihrer gesteigerten Schiffsgröße, ihrer wesentlich verbesserten Netzhandhabung und dank größerer Maschinenleistungen können diese Vollfroster erheblich mehr Fisch fangen als je ein Seitenfänger zuvor. Sie müssen daher eine Fabrikanlage und das zur Bedienung dieser Anlage nötige Personal an Bord haben, um den massenhaft gefangenen Fisch verarbeiten zu können. Außerdem brauchen sie eine Fischmehlanlage, um die stark vermehrten Abfälle und den Beifang sinnvoll verarbeiten zu können. Dadurch stieg die Größe dieses Schiffstyps bald auf rund 4000 BRT. Jedes dieser Schiffe besaß nun etwa die Fangkapazität von zehn konventionellen Fischdampfern.

Heckfänger für Frischfisch unterliegen dagegen nach wie vor der Einschränkung, daß der in Eis konservierte Fisch nicht unbegrenzt haltbar ist. Die TEUTONIA von 1965, ein typischer Vertreter dieses Schiffstyps, hatte immer noch einen Fischrauminhalt von 5000 Korb, wenn sie auch wesentlich leistungsfähiger war als ein früherer Seitenfänger dieser Größe.

Ähnlich wie 1950 ging die NORDSEE das Problem unterschiedlicher Auffassungen über das beste Schiff auch 1959 bei der Auftragsvergabe für die ersten Heckfänger an: Zwei Schiffe wurden als überwiegende Frischfischfänger konzipiert und bei Rickmers in Auftrag gegeben, zwei als Vollfroster bei Seebeck. Beide Typen hatten praktisch gleiche Hauptabmessungen, die Tiefkühlkapazität der Seebeck-Schiffe betrug 600 m³. Mit diesen bahnbrechenden Vollfrostern hatte die NORDSEE nach der WEISSENFELS von 1928 wieder einen neuen Weg in die Zukunft beschritten. Die Vollfroster revolutionierten den bisher von Deutschland aus betriebenen Fischfang, gleichzeitig läuteten sie aber das Ende der deutschen Hochseefischerei ein. Die Vollfroster hatten einfache Anlagen zur maschinellen Verarbeitung des Fanges an Bord, im Betrieb zeigte sich aber bald, daß sie für ihr Konzept noch zu klein waren.

Nach eingehenden Erprobungen dieser ersten Heckfänger kam 1964 die große Serie der Universitätsklasse von Seebeck. Auf diesen Schiffen wurden nun konsequent alle Verbesserungen durchgeführt, die sich aus dem Betrieb der Vorgängerschiffe und der beiden Nachbauten von 1962 ergeben hatten. Die Fangtechnik wurde mechanisiert, soweit dies nur möglich war, und die Tiefkühlkapazität wurde fast aufs Doppelte vergrößert. Als wichtigste Änderung aber wurde ein kompletter fischverarbeitender Betrieb an Bord eingerichtet, einschließlich der Unterkünfte für die erforderlichen Arbeitskräfte. Die Schiffe besaßen Tiefkühlräume von 1022 m³ Inhalt und einen Fischmehlraum von 631 m³. Diese Tiefkühl-Kapazität entsprach einem normalen Frischfisch-Laderaum von etwa 55.000 Korb.

Nach den Schiffen der Universitätsklasse stieg die Größe der Vollfroster noch weiter. Als letzte Neubauserie kamen 1972 die sechs Schiffe der BREMEN-Klasse zur NORDSEE. Hier war nun nicht mehr die NORDSEE der alleinige Auftraggeber, sondern die Schiffe waren Teil einer Serie, die mit Hilfe der Bundesregierung für alle noch verbliebenen deutschen Fischdampfer-Reedereien gebaut wurde. Die BREMEN hatte 1972 – am Ende dieser Entwicklung – einen Tiefkühlraum von 1200 m³ und einen Fischmehlraum von 680 m³, allein ihre Windenleistung entsprach mit etwa 800 PS der Hauptmaschinenleistung eines früheren Seitenfängers.

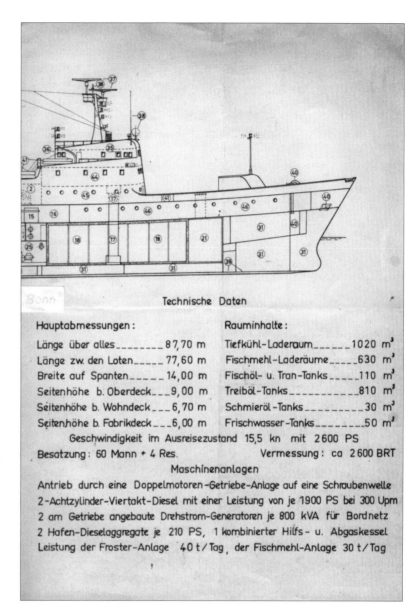

So stehen am Schluß der Entwicklung zwei gänzlich verschiedene Schiffstypen für den von Deutschland aus betriebenen Fischfang, wobei die Zahl der Heckfänger mit 99 ganz erheblich unter den 1240 Seitenfängern blieb, die es hier gegeben hat. Die Heckfänger verschwanden innerhalb von nur zwölf Jahren endgültig aus dem Bestand der NORDSEE.

W. Walter, Bremen

Generalplan des Fangfabrikschiffs BONN
Foto: DSM

Neubauserie 1960–61 BERLIN

Rickmers, Bremerhaven, 1960/61
936   68,62   11,02   4,15
455   190   96
1850 15   26

| 1960 | BERLIN (BX 673) | 1961 | CUXHAVEN (NC 451) |
| 1980 | abgewrackt/Spanien | 1980 | abgewrackt/Spanien |

Hecktrawler CUXHAVEN
Foto: DSM

Neubauserie 1961 MÜNCHEN

Seebeck, Bremerhaven, 1961
943   67,91   11,02   4,40
      603   96
2200 15,9   26

1961	MÜNCHEN (NC 452)	1961	BREMERHAVEN (BX 681)
1963	Untergang bei Fischfang	1980	abgewrackt/Spanien

Hecktrawler MÜNCHEN
Foto: DSM

Taufe des Fangfabrikschiffs BONN
Foto: DSM

Indienststellung Fangfabrikschiff BONN

Am 10. November 1964 lieferte die Seebeckwerft ihren 200. Nachkriegsbau an die NORDSEE ab. Im Beisein zahlreicher prominenter Gäste aus Regierung, Wirtschaft und Wissenschaft taufte der Bonner Oberbürgermeister das Schiff auf den Namen seiner Stadt. In seiner Rede sagte der Werftdirektor, daß »die BONN einen für die Zukunft richtungsweisenden Neubau darstellt.« Die Neubaukonstruktion beruhe auf jahrzehntelangen Erfahrungen und sei ein Resultat der guten Zusammenarbeit zwischen Reederei und Werft. Die BONN sei das 94. Schiff, das die Seebeckwerft für den Auftraggeber NORDSEE abgeliefert hat.

»Mit der BONN leiten wir eine neue Phase in der Entwicklung der Fischerei ein, da dieser Typ erstmals völlig grätenfrei Waren liefern soll.« Die Abmessungen hätten sich als nötig erwiesen, um die mit diesen Schiffen verbundenen Vorstellungen zu verwirklichen. »Wir haben mit der BONN jeder erkennbaren Entwicklung Rechnung getragen und dabei noch immer etwas mehr in Erwägung gezogen«, so NORDSEE-Direktor Freyberg.

Nach der Taufe begann die Probefahrt der BONN mit vielen geladenen Gästen weserabwärts. Auf dem Achterdeck fand gegen Mittag bei einer frischen Brise die Schiffsübergabe statt. Der Werftdirektor dankte der NORDSEE nochmals für den Auftrag und erwähnte die gute Zusammenarbeit mit dem leitenden Schiffbauer der Reederei. 42 NORDSEE-Bauten seien bisher auf seinen Reißbrettern geplant worden, an deren Realisierung er ebenfalls maßgeblich mitgewirkt habe.

Das Fangfabrikschiff zeichnet sich durch eine strikte Teilung zwischen Schlacht- und Verarbeitungsdeck aus. Erstmals ist das Verarbeitungsdeck vom Sortier- und Schlachtraum völlig getrennt und eine Funktionsaufteilung in Decks- und Industriepersonal vollzogen worden. Filetieren, Grätenfreischneiden, Packen und Frosten des Fisches gehören zu den Arbeiten des Verarbeitungspersonals. Zur Standardausrüstung gehören drei »Verarbeitungsstraßen«, je eine für Rotbarsch sowie für großen und kleinen Weißfisch. Die tägliche Produktionsmenge beträgt 30 Tonnen in Platten gefrorenes Filet. An Bord können maximal 65 Seeleute in Zwei-Mann-Kabinen untergebracht werden.

Neubauserie 1964–66 BONN

Seebeck, Bremerhaven, 1964-66
2557   81,98   14,02   7,92
        1022   631
3200   14,9   55

1964	FREIBURG I.BR. (BX 695)		1965	HEIDELBERG (NC 465)
1981	Stella Maris (Panama)		1983	Greenland Star (Grönland)
1998	Verbleib nicht bekannt		1998	Verbleib nicht bekannt
1964	TÜBINGEN (NC 468)		1965	ERLANGEN (BX 699)
1983	Thor Trawl (Dänemark)		1982	abgewrackt
1998	Verbleib nicht bekannt			
			1966	MARBURG (NC 469)
1964	BONN (BX 694)		1982	Lindmar (Norwegen)
1982	Stormy (Norwegen)		1998	noch in Fahrt
1998	noch in Fahrt			

Fangfabrikschiff BONN
Foto: DSM

Neubauserie 1966 ÖSTERREICH

Rickmers, Bremerhaven, 1968

2684	81,83	14,23	8.54
	1058	585	
4000	115,2	65	

1968	ÖSTERREICH (BX 713)	1968	MÜNCHEN (NC 452)
1981	Liv Profiler (Norwegen)	1980	Nina Profiler (Norwegen)
1998	noch in Fahrt / Panama	1998	noch in Fahrt / Panama

Fangfabrikschiff ÖSTERREICH
Foto: DSM

Seeumschlag vom Hecktrawler zum Kühlschiff

Der langfristige Einsatz der Fangfabrikschiffe in der Fernfischerei erforderte von der Reederei eine andere Logistik der Frostfischanlandungen als bisher. Das Problem lag in den großen An- und Abreisedistanzen von und zum Fangplatz. Einschließlich der Hafenliegetage waren das bei einer Labradorreise rund 14 »Verlusttage«. Ein landseitige Löschen in kanadischen und US-Häfen war nicht erlaubt. So bot sich der vor der kanadischen Südküste und zu Frankreich gehörende Hafen St.-Pierre-et-Miquelon zum Überlöschen an. Während der Wintersaison wurden hier in Kühlschiffen ca. 1500 Tonnen Frostfisch verladen. Auch für die Heringsware von der Georges-Bank wurde der Hafen St. Pierre genutzt. 1970 begann die NORDSEE, den Frostfisch von ihren Schiffen auf See umzuschlagen. Das Kühlschiff ging auf der »Stellwagen-Bank« vor Anker und die Fangfabrikschiffe gingen an Backbord und Steuerbord längsseits. Große schwimmende Gummifender sorgten für den nötigen Sicherheitsabstand.

Die NORDSEE führte auch für die anderen deutschen Reedereien, die auf diesen Fangplätzen fischten, den Seeumschlag durch. Ein vor Ort anwesender Inspektor und die Reedereiabteilung in Cuxhaven sorgten für das pünktliche Eintreffen der Kühlschiffe auf dem Fangplatz. Diese gehörten zu einem internationalen Pool finnischer, dänischer, holländischer und deutscher Schiffe. Im Sommer bei ruhiger See war das Überlöschen kein Problem. Kritisch wurde es im Herbst. Bis Windstärke 6-7 wurde noch umgeladen. Dicke 8-Zoll-Leinen hielten die Schiffe beieinander. Bei stärkerem Wind mußte der Vorgang gestoppt werden, da sonst an dem in der Mitte liegenden Kühlschiff Bordschäden auftreten konnten. Mit dem Ende der Fischerei vor der US-Küste endete dann auch der Seeumschlag Kühlschiff/Fangfabrikschiff.

A. Nothmann, Cuxhaven

Die Fangfabrikschiffe ÖSTERREICH und KASSEL schlagen auf der Stellwagenbank in der Boston-Bucht die seegefrosteten Heringslappen, Fischmehl und -öl auf das schwedische Kühlschiff »Polar Kristall« um.
Foto: NORDSEE-Archiv

Neubauserie 1972/73 BREMEN

Unterweser, Bremerhaven, 1972				Rickmers, Bremerhaven, 1973			
3180	86,91	15,02	8,52	3180	867,05	15,02	8,52
	1205	680			1205	680	
4800	15,8	65		4800	15,8	75	

1972	BREMEN (BX 741)		1973	KIEL (BX 749, NC 105)
1985	Mintrop (Forschungsschiff)		1986	Kiel (NC 101)
1997	noch in Fahrt		1998	noch in Fahrt
1972	HANNOVER (NC 474)		1973	STUTTGART (BX 752)
1986	Hannover (NC 474)		1985	Kai Chung (China)
1990	Hannover (Namibia)		1998	noch in Fahrt
1997	noch in Fahrt			
			1973	MAINZ (NC 100)
			1986	Mainz (NC 100)
			1995	Totalverlust nach Brand
			1973	WIESBADEN (NC 101)
			1986	Wiesbaden (NC 101)
			1998	noch in Fahrt

Fangfabrikschiff BREMEN
Foto: DSM

Die modernisierte »Fabrik« der BREMEN-Klasse 1979. Foto: NORDSEE-Archiv

Umbauten Fangfabrikschiffe

Die sechs Schiffe der BONN-Klasse wurden nach zehn Jahren Einsatz umfassend modernisiert. Äußerliches Merkmal sind die hochgezogenen Bordwände im Bereich des Achterdecks. Sie bieten den Seeleuten auf dem Arbeitsdeck einen wirksamen Wetterschutz. Erstmals erhielten NORDSEE-Schiffe eine zusätzliche spezielle Windentrommel zum Aufwickeln des pelagischen Netzes. Diese Neukonstruktion ermöglicht einen raschen Einsatzwechsel zwischen einem pelagischen und einem Grundschleppnetz. Der Windenfahrstand wurde auf die Kommandobrücke verlegt. So kann der Steuermann das Auf- und Ablaufen ständig am Bildschirm beobachten. Im Schlachtdeck sind erstmals fünf Schlacht- und Köpfmaschinen einsetzbar. Drei neuentwickelte Filetiermaschinen für Weißfisch und Rotbarsch liefern völlig grätenfreies Filet. Gesteigerte Flexibilität auch im TK-Bereich des Verarbeitungsdecks: Die neu eingebauten Vertikal-Froster sind so konstruiert, daß sie alle Produkte und jegliche von den Abnehmern gewünschten Formate gefrieren können. Weil durch die Rationalisierung unter Deck acht Arbeitsplätze eingespart werden, gibt es mehr Platz im Wohndeck. Technisch erhielt die NORDSEE dadurch sechs Heckfänger der zweiten Generation. In einigen Ausrüstungsdetails waren die Umbauten denen der BREMEN-Klasse ebenbürtig. Die Umbauarbeiten an den Schiffen hatten ein Finanzvolumen, das denen eines Neubaus der BREMEN-Klasse 1975 entsprach.

Neue Fangplätze, neue Fischarten und die Anpassung an veränderte Märkte haben die NORDSEE 1979 bis 1980 veranlaßt, auch die »Fabrik« der Schiffe der BREMEN-Klasse zu modernisieren. Es wurden neue und verbesserte »Baader-Maschinen« eingebaut. Damit gehörten die Schiffen der BONN- und BREMEN-Klasse zur absoluten Spitze in der Verarbeitungstechnik der Hochseefischerei.

Einzelschiffe NORDSEE (1)

Frerichs, Einswarden, 1918
254 39,61 7,05 3,33 1800
470 10,2 13

1919 BRAUNSCHWEIG (ON 79, PG 446)
1944 versenkt bei Fischfang

Frerichs, Einswarden, 1916
261 39,60 7,05 3,34 1700
430 9,9 14

1919 HOLSTEIN (ON 82)
1921 Untergang bei Fischfang

Koch, Lübeck, 1919
210 38,72 6,90 3,06 1500
400 10,1 13

1919 FULDA (ON 83)
1927 PLAUEN (ON 83, PG 441)
1939 abgewrackt

Marinewerft Wilhelmshaven, 1920
220 38,69 6,89 2,85 1500
400 10,0 13

1923 RHEIDERLAND (PG 318, ON 98)
1929 HALLE (ON 98, PG 449, BX 330)
1950 abgewrackt

Tecklenborg, Geestemünde, 1926
306 42,28 7,68 3,49 2200
600 10,8 13

1926 MÜNCHEN (ON 100, PG 465)
1941 englische Prise
1947 Heini Havrek (Dänemark)
1956 abgewrackt

Seebeck, Geestemünde, 1929
298 42,10 7,39 3,38 2300
550 10,5 14

1929 CELLE (HC-PC-NC 270)
1953 außer Dienst / versenkt als
      Zielschiff der Royal Air Force

Unterweser, Geestemünde, 1929
284 42,71 7,44 3,81 2500
490 10,5 14

1929 J.F. SCHRÖDER (HC 214)
1933 SACHSEN (HC-PC 214)
1943 versenkt als Kriegshilfsschiff

Fischdampfer CELLE
Foto: DSM

Einzelschiff NORDSEE (2)

Deutsche Werke, Kiel, 1929
489   48,98   8,79   4,37   4000/2500
600   10   19

1929   VOLKSWOHL (HC 215)
1938   KEHDINGEN (HC-PC 215)
1944   versenkt als Kriegshilfsschiff

Der Deutsche Seefischerei-Verein gehörte seit 1924 zu den maßgeblichen Förderern des Projekts, ein Versuchsschiff mit einer Tiefkühlanlage zu bauen. Die Schiffsfinanzierung übernahm die Reichsregierung. Auf diesem Fischdampfer sollte zum ersten Mal das an Land bewährte »Ottesen-Verfahren«, ein seit 1910 bekanntes »Schnellsystem« für tiefgekühlte Nahrungsmittel mit einer völligen Frische, ausprobiert werden. Die NORDSEE als Mitinhaberin der »Ottesen-Lizenzen« in Deutschland hatte die Bauwerft in allen fischereitechnischen Fragen beraten. Die kältetechnischen Anlagen und die Tiefkühlapparate lieferte die Firma A. Borsig aus Tegel. Die NORDSEE übernahm die Bereederung der VOLKSWOHL. Bei den ersten Fangreisen in der Nordsee 1930 wurde die Besatzung mit den Kühlanlagen vertraut gemacht. Die Versuche mit der neuen Kühltechnik brachten nicht den erhofften Durchbruch für den Bau weiterer Kühlschiffe. Das Schiff wurde danach im normalen Betrieb der Hochseefischerei eingesetzt.

Nach der Übernahme durch die NORDSEE 1938 begann für die KEHDINGEN ex VOLKSWOHL die zweite Erprobungsphase. Es wurde eine Fischmehlanlage eingebaut, damit der Beifang und die anfallenden Eingeweide zu Fischmehl verarbeitet werden können. Ein Jahr später wurde die KEHDINGEN »Kriegshilfsschiff«. Damit endeten die ersten Versuche mit tiefgekühlten Fischen und die Verarbeitung zu Fischmehl.

Fischdampfer VOLKSWOHL
Foto: DSM

Beteiligung, Kauf, Charter und Bereederung

Die ersten Fischdampfer der NORDSEE waren gebrauchte Schiffe des Schiffsmaklers, Segelschiffreeders und Kohlenhändlers J.F. Lampe aus Bremerhaven. Im zweiten und dritten Geschäftsjahr konnte das Unternehmen neben der Indienststellung von Neubauserien von einem Zukauf »preisgünstiger und billig erworbener Dampfer« berichten. Es handelte sich um kleine Fischdampfer aus Emden, Bremerhaven und Hamburg, die nach einigen Jahren wieder weiterverkauft wurden. Die 1908 gegründete Logger-Heringfischerei »Visurgis« war eine Gründung der NORDSEE, die 1922 von der Midgard Nordenham übernommen wurde. Die Firma Dauelsberg & Co., Bremen, engagierte sich nach 1918 in der »boomenden« Hochseefischerei mit gebrauchten Kriegsfischdampfern und einem Neubau. 1923 wurden die vier Schiffe, die inzwischen der Bremer Reederei Barckhan & Horn gehörten, von der NORDSEE gekauft.

Ende der 20er Jahre begann der »erste große Zeitraum von Fusionen und Bereederungen«, in deren Verlauf sich die NORDSEE zur größten deutschen Hochseefischerei entwickelte. Im November 1928 fand die Fusion mit der größten deutschen Reederei, der Cuxhavener Hochseefischerei, statt, die 1907 mit Hamburger Schiffahrts- und Reederkapital gegründet worden war, statt. Die Cuxhavener Hochseefischerei hatte zuvor ihre Flotte durch Zukäufe aus Cuxhaven, Altona und Kiel vergrößert. Nach der Fusion wurden bis 1934 weitere Reedereien, an denen die NORDSEE zum Teil bereits mit Kapital beteiligt war, erworben. Hierzu gehörten die Hochseefischerei Bremerhaven, J. Wieting und Vicenz Putz aus Wesermünde sowie die Hansa Hochseefischerei aus Altona.

Ein zweiter Einstieg in die Loggerfischerei 1930 war nur von kurzer Dauer, der Versuch endete mit Verlusten.

Der Flottenbestand der NORDSEE vergrößte sich von 1927 bis 1934 um 720%! Nach dem Umzug 1934 wurden weitere Bereederungsverträge abgeschlossen. Die Deutsche Heringsfischerei-Gesellschaft, 1928 gegründet, an der die NORDSEE beteiligt war, wurde ab 1934 von dieser bereedert. Nach 1945 wurde der Sitz der Firma nach Cuxhaven verlagert. Robert Ahlf, Generaldirektor der NORDSEE seit 1934, gehörte zu den Initatoren von Bereederungsverträgen mit der Bremer Schiffahrtsfirma H. Bischoff & Co., 1938, und nach Kriegsbeginn mit der neugegründeteten Danziger Heringsfischerei. Nach dem Zweiten Weltkrieg wurden diese Verträge nicht verlängert.

Der »zweite Zeitraum von Zukäufen und Bereederungsverträgen« begann 1954 mit der Übernahme der Schiffe von F. Böhm & Co., Hamburg, von Hussmann & Hahn, Cuxhaven, aus der Konkursmasse der Finkenwärder Hochseefischerei Kapitän P.J. Müller (1956) sowie mit den zwei Schiffen der Bremerhavener Reederei C.C.H. Bösch. Die Flotte der Nordatlantischen Hochseefischerei aus Bremerhaven verlegte ihren Sitz 1959 nach Cuxhaven. Ab dieser Zeit wurden alle Schiffe von der NORDSEE bereedert.

In den 70er Jahren verstärkten sich durch die Strukturveränderungen innerhalb der deutschen Hochseefischerei die Zuordnungen der Reedereien. Hier kann man von der »dritten NORDSEE-Übernahme« sprechen. Nach dem Tod von Robert Ahlf, der aus dem Bestand der Danziger Heringsfischerei – die ihren Sitz nach Kriegsende nach Cuxhaven verlagert hatte – 1949 die zweite Cuxhavener Hochseefischerei gründete, übernahm 1969 die NORDSEE deren Flotte.

Das Bremerhavener Unternehmen Carl Kämpf vercharterte 1970 fünf Schiffe an die NORDSEE, während die C.O. KÄMPF gekauft wurde. Die Flotte der Norddeutschen Hochseefischerei wurde im gleichen Jahr gechartert, da sich die Eigentümer aus dem aktiven Reedereigeschäft zurückgezogen hatten. Die Hochseefischerei Kiel, ein landeseigenes Unternehmen, war 1971 das letzte Unternehmen, das von der NORDSEE gechartert wurde. Die Charterverträge endeten mit dem Verkauf der Schiffe. Durch den Strukturwandel Anfang der 70er Jahre gab es dann nur noch die Flotten der Unilever-Tochter NORDSEE, die zum Oetker-Konzern gehörende »Hanseatische Hochseefischerei« und die zur Homann-Gruppe gehörende »Nordstern«, Bremerhaven. Mit dem Ende der traditionellen Hochseefischerei beteiligte sich die NORDSEE 1986 als Gesellschafter und mit ihrer Restflotte an der neugegründeten Deutschen Fischfang-Union.

1898 PR Bartels, Geestemünde (Kauf), Sloman & Co., Hamburg

Bartels, Geestemünde
KR: J. Wieting, Geestemünde

Tecklenborg, Geestemünde, 1889
129   31,62   6,15   2,95   650
210   9,6   10

1898   NIXE (BB 21)
1901   Nixe (PG 84)
1929   Untergang bei Fischfang

Tecklenborg, Geestemünde, 1889
126   30,40   6,16   2,95   650
210   9,9   10

1898   NYMPHE (BB 22)
1901   Nymphe (PG 83)
1916   Untergang bei Fischfang

Sloman & Co., Hamburg

Mackie & Thom., Glasgow, 1891/92
154   30,63   6,14   3,33   700
170   8,8   10

1898   SONNTAG (BB 30)
1901   Sonntag (PG 81)
1939   abgewrackt

1898   MONTAG (BB 31)
1901   Montag (PG 82)
1909   Kollision / Untergang

1898   DIENSTAG (BB 32)
1902   Onuba (Spanien)
1918   abgewrackt

Fischdampfer NYMPHE
Foto: DSM

1899 G. Ihlder jr., Bremerhaven (Kauf)
G. Droste & Co., Bremerhaven
O. Lindemann, Emden

G. Ihlder jr., Bremerhaven

Seebeck, Geestemünde, 1891
145   31,70   6,70   3,09   800
270   10,2   10

1899   URANUS (BB 37)
1902   Uranus (PG 80)
1903   Untergang bei Fischfang

O. Lindemann, Emden

Seebeck, Geestemünde, 1892
185   33,73   6,74   2,27   850
260   9,3   11

1899   PRIMUS (BB 33)
1901   Untergang bei Fischfang

G. Droste & Co., Bremerhaven
G. Ihlder jr., Bremerhaven

Wencke, Bremerhaven, 1891
157   31,85   6,26   3,15   800
260   9,9   10

1899   ANNIE (BB 34)
1902   Annie
1931   abgewrackt

1899   SATURN (BB 35)
1902   Saturn (PG 79)
1915   versenkt bei Fischfang

1899   RESIE (BB 36)
1902   Resie (PG 90)
1924   abgewrackt

Fischdampfer RESIE
Foto: DSM

Reedereibetrieb in Cuxhaven bis 1967

Die NORDSEE übernahm nach der Fusion mit der größten deutschen Hochseefischerei »Cuxhavener Hochseefischerei« im November 1928 einen kompletten Landbetrieb an der Kapitän-Alexander-Straße im alten Fischereihafen. Die Pieranlagen umfaßten fast die Hälfte des Hafenbeckens. Am Kopfende befand sich das Eiswerk, das später abgerissen wurde.

In den Standorten Nordenham und Cuxhaven war die NORDSEE damit die dominante Hochseefischerei-Reederei und gehörte zu den größten Arbeitgebern in der örtlichen Fischwirtschaft. In der Heuerabteilung und der Betriebskantine war beim Ein- und Auslaufen der Schiffe ein reges Treiben. Neben den Werkstätten befanden sich die Unterkünfte für Besatzungsmitglieder und Ausbildungsräume für angehende Seeleute. Nach dem Umzug von Nordenham nach Wesermünde blieb Cuxhaven der größere Reedereistandort der NORDSEE.

Am 30. November 1967 kam nach 59 Jahren, davon 39 Jahren unter der NORDSEE-Flagge, das Ende der alten Anlage. Im neuen Fischereihafen weihte die NORDSEE eine größere Landanlage ein. Für die Ausrüstung der Fangfabrikflotte reichten die Kapazitäten der alten Pieranlage nicht.

Gesamtansicht des Reederei-Landbetriebs Cuxhaven bis 1967. Im Vordergrund befindet sich die Schleuseneinfahrt zum neuen Fischereihafen.
Foto: NORDSEE-Archiv

1929 Cuxhavener Hochseefischerei AG (1)
Fusion

Unterweser, Geestemünde, 1913					Stülcken, Hamburg, 1914				
209	37,84	6,88	2,75	1300	219	36,49	7,35	2,88	1400
370	9,8	13			350	9,7	13		

1929	SENATOR SCHRAMM (HC 42)		1929	SENATOR LATTMANN (HC-PC 40)
1939	abgewrackt		1939	abgewrackt
1929	MAX M. WARBURG (HC 43)		1929	FARMSEN (HC 82, PG 487)
1933	NASSAU (HC 43)		1939	abgewrackt
1939	abgewrackt			
			1929	GROSS HANSDORF (HC-PC 83)
			1938	abgewrackt

Fischdampfer
SENATOR SCHRAMM
Foto: DSM

1929 Cuxhavener Hochseefischerei AG (2)
Fusion

Wichhorst, Hamburg, 1916
229	36,43	7,27	3,10	1500
390	9,9	12		

1929	SENATOR V. BERENBERG-GOSSLER (HC-PC 53)
1939	abgewrackt

1929	BÜRGERMEISTER MÖNCKEBERG (HC-PC 54)
1939	Hodhafjell (Kümo Norwegen)
1964	abgewrackt

1929	MAX KOCHEN (HC 55)
1937	Kohlenprahm ELBE II
1939	abgewrackt

Reiherstieg, Hamburg, 1915
226	36,52	7,39	2,91	1500
380	9,8	13		

1929	NEUWERK (HC 85)
1931	President P. Daumer (Frankreich) Verbleib unbekannt

Rickmers, Bremerhaven, 1916
244	38,75	7,02	2,90	1500
410	9,9	13		

1929	HARVESTEHUDE (HC 170)
1930	Strandung bei Fischfang

Fischdampfer MAX KOCHEN
Foto: DSM

1929 Cuxhavener Hochseefischerei (3)
Fusion

Rickmers, Bremerhaven, 1919					Deutsche Werft, Hamburg, 1920				
242	38,92	7,29	2,88	1600	244	38,82	7,27	2,93	1600
410	9,9	13			400	9,8	13		

1929	DÜSSELDORF (HC 194)	1929	DIREKTOR LINCKE (HC-PC-NC 196)
1929	Strandung bei Fischfang	1953	abgewrackt

1929	FRIEDA (HC 229)	1929	ZWICKAU (HC-PC-NC 195)
1931	Strandung bei Fischfang	1950	abgewrackt

Fischdampfer DIREKTOR LINCKE
Foto: DSM

1929 Cuxhavener Hochseefischerei (4)
Fusion

Marinewerft, Wilhelmshaven, 1920					Deutsche Werke, Kiel, 1920				
224	38,69	6,89	3,10	1500	227	36,35	7,40	2,93	1500
400	9,9	13			400	10	12		

			1929	HELLBROK (HC-PC 148)
1929	ST. PAULI (HC-PC-NC 147)		1947	Kollision / Untergang
1950	abgewrackt			
			1929	SENATOR BRANDT (HC-PC-NC 151)
1929	SENATOR MUMSSEN (HC-PC-NC 153)		1950	abgewrackt
1950	abgewrackt			

Fischdampfer ST. PAULI
Foto: DSM

1929 Cuxhavener Hochseefischerei (5)
Fusion

Deutsche Werke, Rüstringen, 1920/21
215   38,82   6,89   2,79   1500
390   10   13

1929	HENRY P. NEWMAN (HC-PC-NC 152)		1929	BEUTHEN (HC-PC 114)
1950	abgewrackt		1942	versenkt als Kriegshilfsschiff
1929	ERNST KRITZLER (HC-PC 111)		1929	CUXHAVEN (HC-PC 115)
1939	abgewrackt		1939	RITZEBÜTTEL (PC 115)
			1943	versenkt als Kriegshilfsschiff
1929	MAGDEBURG (HC-PC 113)			
1939	abgewrackt		1929	FRANKFURT (HC-PN 116)
			1950	abgewrackt

Fischdampfer MAGDEBURG
Foto: DSM

1929 Cuxhavener Hochseefischerei (6)
Fusion

Danziger Werft, 1921					Tecklenborg, Geestemünde, 1921				
221	38,80	6,88	2,78	1600	259	39,86	7,19	2,97	1600
390	9,9	13			410	9,7	13		

| 1929 | SENATOR SANDER (HC 155) | 1929 | BERLIN (HC 176) |
| 1930 | Untergang bei Fischfang | 1929 | Untergang bei Fischfang |

1929	SENATOR STUBBE (HC 156)	1929	FISCHEREIDIREKTOR LÜBBERT (HC 177)
1934	FORST (HC-PC-NC 156)	1935	DÜSSELDORF (HC-PC 177)
1952	abgewrackt	1944	französische Prise
		1948	Turbot (Frankreich)
1929	EPPENDORF (HC-PC-NC 150)	1953	abgewrackt
1950	abgewrackt		
		1929	NIEDERSACHSEN (HC-PC 178)
1929	EIMSBÜTTEL (HC-PC-NC 149)	1944	versenkt als Kriegshilfsschiff
1950	abgewrackt		

Fischdampfer EPPENDORF
Foto: DSM

1929 Cuxhavener Hochseefischerei (7)
Fusion

Holtz, Hamburg, 1921
214   36,55   7,30   2,78   1500
420   10,3   12

1929   UHLENHORST (HC 145)
1937   Untergang bei Fischfang

1929   ROTHERBAUM (HC-PC 146)
1944   versenkt als Kriegshilfsschiff

1929   HESSEN (HC-PC-NC 154)
1950   abgewrackt

Unterweser, Geestemünde, 1921
243   40,75   7,29   2,83   1600
470   10,4   13

1929   SENATOR STHAMER (HC-PC 119)
1945   versenkt und gehoben
1945   Else Hoved (Leichter)
1960   gekentert / Totalverlust

1929   SENATOR SACHSE (HC-PC 120, BX 539)
1955   abgewrackt

1929   SENATOR PREDÖHL (HC-PC-NC 121)
1950   abgewrackt

*Fischdampfer
SENATOR PREDÖHL
Foto: DSM*

1929 Cuxhavener Hochseefischerei (8)
Fusion

Reiherstieg, Hamburg, 1921
237   38,22   7,39   2,92   1500
420   10   12

1929	BROOK (HC-PC 91)	1929	WANDRAHM (HC-PC-NC 93)
1944	versenkt als Kriegshilfsschiff	1952	abgewrackt
1929	SENATOR OSWALD (HC-PC-NC 117)	1929	STUBBENHUK (HC-PC 94)
1950	abgewrackt	1944	versenkt als Kriegshilfsschiff
1929	PICKHUBEN (HC-PC 92)	1929	SCHOPENSTEHL (HC-PC-NC 96)
1941	versenkt bei Fischfang	1950	abgewrackt
1929	SENATOR VON MELLE (HC-PC 118)		
1945	versenkt bei Fischfang		

Fischdampfer
SENATOR OSWALD
Foto: DSM

1929 Cuxhavener Hochseefischerei (9)
Fusion

Reiherstieg, Hamburg, 1922
236   38,25   7,38   2,92   1500
420   10   13

1929	KATTREPEL (HC-PC 97)		1929	HERRLICHKEIT (HC-PC 103)
1944	versenkt als Kriegshilfsschiff		1940	englische Kriegsprise
			1948	Empire Fisher (England)
1929	BAUMWALL (HC-PC-NC 100)		1952	abgewrackt
1950	abgewrackt			
			1929	GRIMM (HC 107)
1929	HÜXTER (HC-PC 101, BX 540)		1933	Strandung bei Fischfang
1955	abgewrackt			
			1929	CREMON (HC-PC 108)
1929	STECKELHÖRN (HC-PC-NC 102)		1940	versenkt als Kriegshilfsschiff
1950	abgewrackt			

Fischdampfer BAUMWALL
Foto: DSM

1929 Cuxhavener Hochseefischerei (10)
Fusion

Reiherstieg, Hamburg, 1922
378   44,50   8,70   3,76   2400
530   10,0   14

Wollheim, Stettin, 1923–25
219   38,00   7,37   2,75   1600
400   10,0   13

1929   ISLAND (HC-PC 98)
1939   versenkt als Kriegshilfsschiff

1929   DÖSE (HC-PC 109)
1944   versenkt als Kriegshilfsschiff

1929   NORDLAND (HC-PC 105)
1940   englische Kriegsprise
1949   Tulipfield (England)
1965   abgewrackt

1929   SENATOR WESTPHAL (HC-PC-NC 127)
1950   abgewrackt

1929   SENATOR HEIDMANN (HC-PC-NC 128)
1952   abgewrackt

1929   NEUFUNDLAND (HC-PC 106)
1945   versenkt als Kriegshilfsschiff

1929   SENATOR MICHAHELLES (HC 129)
1930   Peccadilla (Argentinien)
1953   Kollision / Untergang

Fischdampfer NORDLAND
Foto: DSM

1929 Cuxhavener Hochseefischerei (11)
Fusion

Stülcken, Hamburg, 1915-16
224   36,31   7,35   2,87   1350
350   9,6   12

Reiherstieg, Hamburg, 1916-19
226   36,49   7,39   2,93   1500
400   10,0   12

1929   STEINWÄRDER (HC-PC 84)
1939   abgewrackt

1929   RITZEBÜTTEL (HC-PC 64)
1939   abgewrackt

1929   SENATOR STRANDES (HC-PC 51)
1973   gestrandet

1929   DIREKTOR SCHWARZ (HC 67, PG 489)
1939   abgewrackt

Stülcken, Hamburg, 1925
250   39,25   7,37   2,91   1800
380   9,6   13

Reiherstieg, Hamburg, 1925
305   43,30   7,61   3,69   2200
650   11,5   18

1929   BORKUM (HC-PC-NC 179)
1950   abgewrackt

1929   C.J. BUSCH (HC-PC-NC 143)
1956   Meloytral (Norwegen)
1979   abgewrackt

Fischdampfer BORKUM
Foto: DSM

1929 Cuxhavener Hochseefischerei (12)
Fusion

Rickmers, Bremerhaven, 1918
243   38,75   7,02   2,90   1500
410   9,9   13

1929   VOLKSDORF (HC 88)
1933   Strandung bei Fischfang

Eiderwerft, Tönning, 1918
251   38,24   7,06   3,23   1500
430   10,0   14

1929   SENATOR REFARDT (HC-PC 70)
1939   abgewrackt

Hitzler, Lauenburg, 1919
224   37,30   7,30   2,89   1400
420   10,2   12

1929   REMSCHEID (HC 174)
1937   ELBE I (Kohlenleichter)
1948   REMSCHEID (NC 369)
1959   abgewrackt

Wollheim, Breslau, 1922
221   39,07   7,37   2,75   1600
400   10,0   12

1929   SENATOR SCHAEFER (HC 126)
1930   Thor (Island)
1950   Untergang bei Fischfang

Fischdampfer REMSCHEID
Foto: DSM

1929 Cuxhavener Hochseefischerei (13)
Fusion

Unterweser, Geestemünde 1925/26
246	41,41	7,34	2,64	1800
380	10,0	14		

1929	RICHARD OHLROGGE (HC-PC 144)
1943	versenkt als Kriegshilfsschiff

265	41,44	7,34	3,19	1900
490	10,3	14		

1929	OTTO KROGMANN (HC-PC-NC 158)
1950	abgewrackt

283	42,73	7,44	3,34	2000
520	10,5	14		

1929	CLAUS BOLTEN (HC-PC 186)
1944	versenkt als Kriegshilfsschiff

Unterweser, Geestemünde 1927/28
279	41,58	7,44	3,81	2100
420	10,5	14		

1929	ALBERT BALLIN (HC 191)
1934	WUPPERTAL (HC-PC 191)
1945	versenkt als Kriegshilfsschiff

290	42,73	7,44	3,42	2200
530	10,4	15		

1929	RICHARD C. KROGMANN (HC-PC 206)
1943	versenkt als Kriegshilfsschiff

289	42,95	7,44	3,42	2200
570	10,8	14		

1929	GUIDO MÖHRING (HC-PC 207)
1941	versenkt als Kriegshilfsschiff

Fischereimotorschiff
RICHARD OHLROGGE
Foto: DSM

Landbetrieb Cuxhaven: Metallwerkstatt

Die Abteilung Metallwerkstatt gehört zu den größten und vielseitigsten Gewerken des Landbetriebes.

Maschinenbau, Rohrwerkstatt, Dreherei
Die Mitarbeiter vom Maschinenbau arbeiten überwiegend an Bord der Schiffe. Es handelte sich um Instandsetzungen, Ein- und Ausbau von Dieselmotoren und Dampfmaschinen, Pumpen, Kompressoren und Armaturen. In der Dreherei werden Reparaturen und Neuanfertigungen von kleinsten Dreharbeiten bis hin zu den Schiffswellen durchgeführt. In der Rohrwerkstatt werden Rohre bis zu 250 mm Querschnitt in allen Materialen erneuert oder neu fabriziert.

Stahlbauschlosserei mit der Schmiede
Hier werden die Beschläge für die Herstellung gewölbter pelagischer Scherbretter fabriziert. Sie sind aus Stahl und wiegen bis zu drei Tonnen! Für die Transportanlagen der Fischverarbeitung werden Förderbänder, Rutschen, Schwemmrinnen und Schutzverkleidungen hergestellt und an Bord eingebaut. Beim Ein- und Ausbau der Baader-Maschinen arbeitet die Metallwerkstatt mit der Zentralwerkstatt für Fischverarbeitungsmaschinen zusammen.

Elektrowerkstatt
Die Instandhaltung der elektrischen Anlagen auf den Schiffen, insbesondere den Fangfabrikschiffen, wird von den ausgebildeten Elektrikern ausgeführt.

Metallwerkstatt Landbetrieb Cuxhaven.
Foto: NORDSEE-Archiv

1929 Bremerhavener Hochseefischerei (1)
Kauf

Seebeck, Geestemünde, 1907
233   38,70   6,88   2,68   1200
370   9,7   12

| 1929 | ALTONA (ON 106, PG 423) |
| 1937 | abgewrackt |

| 1929 | DELMENHORST (ON 108, PG 422) |
| 1939 | abgewrackt |

| 1929 | REICHENBACH (ON 109, PG 424) |
| 1938 | abgewrackt |

Seebeck, Geestemünde, 1918
234   38,78   7,00   3,00   1500
440   10,2   12

1929	BÜRGERMEISTER SMIDT (ON 111, PG 443)
1936	NORDENHAM (PG 443)
1940	versenkt als Kriegshilfsschiff

1929	WESERMÜNDE (ON 105, PG 440)
1947	WULSDORF (PG 440, BX 327)
1950	abgewrackt

Koch, Lübeck, 1917
217   38,72   6,90   2,78   1500
400   10,0   13

| 1929 | GRAZ (ON 107, PG 439) |
| 1939 | abgewrackt |

Fischdampfer REICHENBACH
Foto: DSM

1929 Bremerhavener Hochseefischerei (2)
Kauf

Unterweser, Geestemünde
251   40,25   7,08   2,74   1600
470   10,3   13   (1913)

1929   NORDENHAM (ON 104, PG 431)
1935   Stralsund (HH 217)
1950   abgewrackt

228   38,75   7,29   2,83   1500
400   9,9   13   (1920)

1929   H. HOHNHOLZ
         (ON 113, PG 448, BX 329)
1948   Untergang bei Fischfang

1929   DR. A. STRUBE
         (ON 114, PG 454, BX 332)
1950   abgewrackt

288   42,73   7,44   3,42   2200
530   10,5   15   (1927)

1929   PRÄSIDENT MUTZENBECHER
         (ON 115, PG 466, BX 337)
1952   abgewrackt

Rickmers, Bremerhaven, 1918
243   38,80   7,02   2,91   1500
410   9,9   13

1929   VEGESACK (ON 110, PG 445)
1939   abgewrackt

Deutsche Werke, Kiel, 1921
245   38,95   7,40   2,87   1500
400   9,6   13

1929   LINZ (ON 118, PG 453)
1944   versenkt als Kriegshilfsschiff

Seebeck, Geestemünde, 1925
296   41,06   7,40   3,35   2000
500   10,2   13

1929   WESER (ON 117, PG 462)
1938   BRESLAU (PG 462)
1940   versenkt als Kriegshilfsschiff

Seebeck, Geestemünde, 1927
367   45,31   7,69   3,56   2400
550   10,3   17

1929   MARTIN DONANDT (ON 116, PG 467)
1941   versenkt als Kriegshilfsschiff

Fischdampfer NORDENHAM
Foto: DSM

167

Landbetrieb Cuxhaven: Holzwerkstatt

Holzwerkstatt
Foto: NORDSEE-Archiv

In der Holzwerkstatt kooperieren die Gewerke Tischlerei, Zimmerei, Scherbrett- und Rollerwerkstatt und die Korbmacherei. In der Holzwerkstatt werden von den Zimmerleuten – unter Mithilfe von Mitarbeitern aus Schmiede und Dreherei – Scher- und Ponybretter hergestellt und an Bord geliefert. Die hölzernen Scherbretter können bis zu 1,8 Tonnen wiegen. An Bord der Schiffe werden Kammern, Messen und Hospitäler eingerichtet sowie Laufplanken, Grätings und Fußböden verlegt. Das geräumige Holz- und Materiallager enthält neben zugeschnittenen Brettern auch Rettungsmittel, Körbe, Schäkel sowie Holz- und Gummirollen. Auch für die Wartung der Holz- und Rettungsboote ist die Holzwerkstatt zuständig. Selbst Neueinrichtungen von NORDSEE-Fischrestaurants mit Sitzgruppen und Wandverkleidungen wurden im Cuxhavener Landbetrieb angefertigt.

1930 Vinzenz Putz & Co., Geestemünde
Kauf

Duthie, Aberdeen/GB, 1906					Nüscke & Co., Stettin, 1917				
292	39,41	6,85	3,72	1500	221	36,57	7,39	2,92	1500
470	9,9	13			380	9,9	12		

1930	BARMEN (HC 223)	1930	OFFENBACH (HC 221)
1935	BARMEN (ON 161)*	1935	Offenbach (ON 159)*
1937	Barmen (HH 227)	1937	Schulau (HH 230)
1952	abgewrackt	1954	abgewrackt?

Eltringham, S-Shields/GB, 1907					Unterweser, Geestemünde, 1924				
256	39,51	6,89	3,75	1500	300	42,30	7,42	3,07	2000
430	9,9	13			460	9,9	14		

1930	ESSEN (HC 222)	1930	HALBERSTADT (HC-PC-NC 220)
1935	ESSEN (ON 160)*	1955	abgewrackt
1937	Essen (HH 228)		
1950	abgewrackt		

* Eigner: Deutsche Heringsfischerei Nordenham / Bereederung NORDSEE

Fischdampfer HALBERSTADT
FOTO: DSM

Der NORDSEE-Schlepper begleitet den Fischdampfer GRIMMERSHÖRN auf der letzten Fahrt zur Abwrackwerft. Foto: DSM

Fangschiffe außer Dienst

Die Ära der ersten großen Fischdampferserie nach dem Zweiten Weltkrieg, der Bau der Einheitsdampfer 1948–1949, ging mit der Modernisierung der deutschen Flotte Anfang der 60er Jahre zu Ende. Die Bundesregierung finanzierte diese Aktion mit einer Abwrackprämie von 400 DM pro BRT. Das Hamburger Unternehmen »Eisen und Metall« kaufte 1962 19 Fischereifahrzeuge zum Abwracken, darunter 12 »Einheitsdampfer« und das Motorschiff BONN von der NORDSEE. Dazu kam noch der bereederte »Einheitsdampfer« ALTE LIEBE von der Deutschen Heringsfischerei in Cuxhaven. Die Einheitsdampfer der NORDSEE wurden im Frühjahr 1961 aus der Fahrt genommen, da sie nicht mehr rentabel eingesetzt werden konnten. Es begann die Zeit der Fischerei in entfernten Gebieten.

Die 1949 in Dienst gestellte CUXHAVEN war einer der erfolgreichsten Einheitsdampfer. In den 12½ Jahren Fahrzeit machte sie 272 Reisen mit einer Verweildauer von 3574 Seetagen. Die Anlandungen betrugen 809.400 Zentner Fisch, davon 559.500 Zentner Hering. Der gesamte Kohle- und Eisverbrauch umfaßte 32.166 bzw. 21.760 Tonnen. Eine imposante Leistung für ein Fangschiff von nur 400 BRT und 750 PS Maschinenleistung!

Von der NORDSEE-Pier in Bremerhaven ging die letzte Reise mit den NORDSEE-Schleppern zum Abwrackbetrieb an der Schleusenstraße, wo bereits zahlreiche andere ältere Fischdampfer auf den Schneidbrenner warteten.

1930/33 J. Wieting, Geestemünde (1)
Bereederung/Kauf

Deutsche Werke, Kiel, 1921					Unterweser, Geestemünde				
257	38,95	7,40	2,87	1500	210	37,86	6,88	2,75	1400
400	9,6	13			370	9,8	13	(1912)	

1930	SALZBURG	1930	JEVER (ON 121, PG 430)
	(ON 152, PG 452, BX 331)	1936	Ullasund (Norwegen)
1950	abgewrackt	1967	Untergang bei Fischfang

227	36,35	7,40	2,93	1500	237	40,25	7,08	2,78	1600
400	10,0	13			470	10,4	13	(1914)	

1930	INNSBRUCK (ON 151, PG 451)	1930	KONSUL REEPEN (ON 122, PG 433)
1945	versenkt als Kriegshilfsschiff	1935	Elbe (PG 433)
		1944	Kollision / Untergang

Fischdampfer SALZBURG
Foto: DSM

1930/33   J. Wieting, Geestemünde (2)
           Bereederung/Kauf

Seebeck, Geestemünde, 1924
292   41,06   7,40   3,35   1900
500   10,2   13

1930   ROSEMARIE (ON 124, PG 461, BX 335)
1953   abgewrackt

1930   BREDEBECK (ON 125, PG 460)
1944   versenkt als Kriegshilfsschiff

Fischdampfer ROSEMARIE
Foto: DSM

1930/33   J. Wieting, Geestemünde (3)
           Bereederung/Kauf

Koch, Lübeck, 1925
268   40,98   7,39   3,28   1800
530   10,5   15

1930   ADOLF KÜHLING (ON 126, PG 463)
1945   versenkt als Kriegshilfsschiff

1930   LÜBECK (ON 127, PG 464, BX 336)
1952   abgewrackt

Fischdampfer
ADOLF KÜHLING
Foto: DSM

1930/33　　J. Wieting, Geestemünde (4)
　　　　　　Bereederung/Kauf

Koch, Lübeck, 1927-1929
371　　46,30　　7,90　　3,57　　2500
640　　10,9　　15

1930　　ERNST KÜHLING (ON 128, PG 468)
1937　　BREMERHAVEN (PG 468)
1941　　versenkt als Kriegshilfsschiff

1930　　ERNST VON BRIESEN (ON 133, PG 472)
1943　　versenkt als Kriegshilfsschiff

1930　　KONSUL DUBBERS
　　　　(ON 135, PG 473, BX 338)
1953　　abgewrackt

1930　　KARL KÜHLING (ON 136, PG 475)
1937　　BREMEN (PG 475, BX 339)
1953　　abgewrackt

Fischdampfer
ERNST VON BRIESEN
Foto: DSM

1930/33 J. Wieting, Geestemünde (5)
Bereederung/Kauf

Koch, Lübeck, 1929
301	41,00	7,39	3,68	2300
630	10,9	15		

1930	MAINZ (ON 140, PG 476, BX 340)
1953	abgewrackt

1930	STUTTGART (ON 143, PG 477, BX 341)
1953	abgewrackt

Koch, Lübeck, 1930
321	43,60	7,40	3,68	2500
540	10,4	17		

1930	JACOB GOLDSCHMIDT (ON 145)
1933	BADEN (ON 145, PG 480)
1944	versenkt und gehoben
1947	Docteur Ed. Papin (Frankreich)
1962	abgewrackt?

1930	REICHSPRÄSIDENT V. HINDENBURG (ON 146, PG 481)
1941	versenkt als Kriegshilfsschiff

Fischdampfer MAINZ
Foto: DSM

1930/33   J. Wieting, Geestemünde (6)
Bereederung/Kauf

Frerichs, Einswarden, 1907					Seebeck, Geestemünde, 1929				
205	35,82	6,98	2,78	1200	391	45,31	7,69	3,75	2800
350	9,8	12			740	11,2	17		

| 1930 | RASTEDE (ON 120, PG 421) | 1930 | FRITZ HINCKE (ON 139, PG 474) |
| 1935 | abgewrackt | 1941 | versenkt als Kriegshilfsschiff |

Nobiskrug, Rendsburg, 1920
| 247 | 39,40 | 7,34 | 2,92 | 1600 |
| 390 | 9,6 | 13 | | |

1930	PAUL KÜHLING (ON 137, PG 450)	1930	ADOLF VINNEN (ON 141, PG 478)
1937	BONN (PG 450, BX 326)	1940	versenkt als Kriegshilfsschiff
1949	abgewrackt		

Fischdampfer BONN
Foto: DSM

Platzarbeiten an der Pier
Foto: NORDSEE-Archiv

Landbetrieb Cuxhaven: Platzgang

Nach der Ankunft des Schiffes beginnen an der Pier die Aktivitäten der Platzgang. Bei den Seitenfängern beginnt die Arbeit, wenn das Schiff von der Auktionshalle zur Reedereikaje verholt ist. Die Männer der Platzgang bauen als erstes die Schottenbretter aus, hieven sie an Deck und hinterher das Alteis. Mit einem Wasserstrahl wird es außenbords geschwemmt. Danach beginnt das »Großreinemachen« im Fischraum.

Erste Etappe: Spülen mit Heißwasserstrahl und Bearbeitung mit Bürsten. Nächste Etappe: Zwei Kaltwasserspülungen, die erste mit desinfizierendem Tego-Zusatz. Dann folgt der Wiedereinbau der inzwischen geschrubbten Schottenbretter und schließlich die Neubeschickung mit Eis. Bedarf ca. 120 Tonnen! Wenn die Fischraumwäscher zwischen 8 und 9 Uhr den Fischraum klar haben, sind bis zu 230 Tonnen Alt- und Neueis bewegt worden. Weitere Aufgaben umfassen Fischmehlpumpen und Überpumpen von an Bord hergestelltem Tran, Verstauen von Holzkisten auf Frischfischfängern sowie Übernahme von Waggonsalzladungen auf die Schiffe. In der Aufliegezeit kommen noch das Trocknen der Fischräume mit ölbeheizten Hylo-Öfen und die Bearbeitung der Schotten mit einem neuen Farbanstrich hinzu.

1933 Hansa, Altona (1)
Kauf

Stülcken, Hamburg, 1914–1916
220   36,37   7,33   2,86   1400
350   9,7   13

1933	JOHANN HINRICH (HC 234)	1933	NEUMÜHLEN (HC 249)
1935	JOHANN HINRICH (ON 158)*	1935	NEUMÜHLEN (ON 157)*
1939	JOHANN HINRICH (PC-NC 328)	1937	Seefalke (BX 255)
1951	abgewrackt	1951	abgewrackt
1933	SIMON VON UTRECHT (HC 239, ON 163)	1933	GERA (HC 245, PG 491)
		1939	abgewrackt
1935	NEUFÄHR (ON 163)*		
1939	NEUFÄHR (DZG V, PC 353)**		
1949	Neufähr (NC 353)		
1951	abgewrackt		

* Eigner Deutsche Heringsfischerei Nordenham / Bereederung NORDSEE

** Eigner Danziger Heringsfischerei / Bereederung NORDSEE

1933   KERSTEN MILES (HC 238)
1935   KERSTEN MILES (ON 162)*
1936   Kersten Miles (BX 254)
1939   abgewrackt

Fischdampfer
JOHANN HINRICH
Foto: DSM

1933 Hansa, Altona (2)
Kauf

Stülcken, Hamburg, 1916–1920
227	36,53	7,37	2,87	1400
350	9,6	13		

1933	DITMAR KOEL (HC 228)		1933	ESCHWEGE (HC-PC 244)
1937	Munin (Kriegsmarine)		1939	SCHIEWENHORST (DZG III, PC 351)**
1945	versenkt als Kriegshilfsschiff		1949	Schiewenhorst (NC 351)
			1952	abgewrackt
1933	BAHRENFELD (HC 241, PG 490)			
1938	Untergang nach Kollision / Fischfang		1933	OTHMARSCHEN (HC-PC 252)
			1945	versenkt als Kriegshilfsschiff
1933	BONN (HC 226)			
1934	Untergang bei Fischfang		*	Eigner Deutsche Heringsfischerei Nordenham / Bereederung NORDSEE
1933	HEINRICH JENEVELT (HC-PC 231)		**	Eigner Danziger Heringsfischerei / Bereederung NORDSEE
1939	abgewrackt			

1933 GORCH FOCK (HC 246)
1937 Hugin (Kriegsmarine)
1945 GORCH FOCK (PC-NC 246)
1952 abgewrackt

Fischdampfer DITMAR KOEL
Foto: DSM

1933 Hansa, Altona (3)
Kauf

Janssen & Schmilinsky, Hamburg, 1916
225   37,21   7,34   3,00   1500
380   9,9   12

1933   HOCHKAMP (HC 247, PG 488)
1939   abgewrackt

1933   BLANKENESE (HC-PC 242)
1956   gestrandet

300   41,62   7,22   3,27   1900
520   10,3   13   (1921)

1933   CARSTEN REHDER (HC 243)
1936   GOTHA (HC-PC 243)
1946   Tofta Regin (Faröer-Inseln)
1952   abgewrackt

Deutsche Werke, Kiel, 1920
227   36,80   7,40   2,87   1500
400   7,6   13

1933   THORN (HC-PC-NC 240)
1950   abgewrackt

1933   KÄRNTEN (HC-PC 235)
1939   BODENWINKEL (DZG IV)*
1940   versenkt bei Fischfang

1933   OTTENSEN (HC-PC-NC 253)
1950   abgewrackt

1933   ÖSTERREICH (HC 251)
1937   Odin (Kriegsmarine)
1945   ÖSTERREICH (PC-NC 251)
1953   außer Dienst / Zielschiff
1955   abgewrackt

*   Eigner Danziger Heringsfischerei / Bereederung NORDSEE

Fischdampfer THORN
Foto: DSM

1933 Hansa, Altona (4)
Kauf

Seebeck, Geestemünde, 1913
201   37,72   6,88   2,57   1300
390   10,1   12

1933   KARPFANGER (HC-PC 236)
1939   abgewrackt

Stülcken, Hamburg, 1916
256   36,20   7,37   2,87   1400
350   9,4   11

1933   KASSEL (HC 237)
1935   KASSEL (ON 166)*
1939   STEEGEN (DZG II, PC 354)**
1949   Steegen (NC 354)
1952   abgewrackt

Reiherstieg, Hamburg
226   36,52   7,38   2,90   1500
380   9,8   13

1933   BUNTE KUH (HC 227)
1935   BUNTE KUH (ON 165, PC 327)*
1941   versenkt bei Fischfang

Hitzler, Lauenburg, 1917
221   37,30   7,30   2,94   1400
410   10,1   13

1933   NIENSTEDTEN (HC 250)
1935   NIENSTEDTEN (ON 164)*
1939   STUTTHOF (DZG I)
1945   versenkt bei Fischfang

Holtz, Hamburg, 1918
238   36,90   6,87   3,16   1400
370   9,6   12

1933   HANSA (HC-PC-NC 230)
1950   abgewrackt

Deutsche Werft, Hamburg, 1920
244   38,79   7,27   2,93   1600
400   9,8   13

1933   MARIE (HC-PC-NC 248)
1954   abgewrackt

1933   JANE (HC-PC-NC 223)
1953   außer Dienst / Zielschiff
1954   abgewrackt

*   Eigner Deutsche Heringsfischerei Nordenham / Bereederung NORDSEE
**   Eigner Danziger Heringsfischerei / Bereederung NORDSEE

Fischdampfer KARPFANGER
Foto: DSM

1933 Hansa, Altona (5)
Kauf

Koch, Lübeck, 1927-29

| 371 | 46,30 | 7,90 | 3,57 | 2500 |
| 640 | 10,9 | 15 | | |

1933	OTTO KÜHLING (HC 257)
1936	STETTIN (HC-PC 257)
1944	gekentert/Kriegshilfsschiff

1933	AUGUST WRIEDT (HC-PC 258)
1941	englische Kriegsprise
1942	Maria (Wrackschiff)
1951	abgewrackt

| 301 | 41,00 | 7,39 | 3,68 | 2300 |
| 500 | 10,1 | 15 | | |

| 1933 | WUPPERTAL (ON 128, HC 259)* |
| 1934 | Strandung bei Fischfang |

| 1933 | FREIBURG (ON 142, HC-PC 260)* |
| 1944 | versenkt als Kriegshilfsschiff |

| 325 | 43,60 | 7,40 | 3,68 | 2500 |
| 540 | 10,3 | 17 | | |

| 1933 | WIESBADEN (HC-PC-NC 261)* |
| 1954 | abgewrackt |

Frerichs, Einswarden, 1931

| 437 | 49,96 | 8,05 | 3,90 | 3000 |
| 770 | 11,6 | 18 | | |

| 1933 | WILHELM HUTH (HC-PC 263) |
| 1943 | versenkt als Kriegshilfsschiff |

* Eigner 1930: Wieting, Bremerhaven / Bereederung NORDSEE

Fischdampfer FREIBURG
Foto: DSM

Landbetrieb Cuxhaven: Fangeinsatzleitung

Die Fischereiabteilung steuert den Einsatz der Frischfisch- und Vollfroster-Flotte und die Vermarktung der Fänge. Vor dem Einsatz der Fangfabrikschiffe waren die Dampferbüros in Bremerhaven und Cuxhaven für die Disposition der Fangschiffe zuständig. Zu den wichtigsten Aufgaben der Fischereiabteilung gehören:
- Planung und Steuerung des Einsatzes der NORDSEE und der von ihr bereederten Frischfisch- und Vollfroster
- Betreuung der Schiffe während der Fangreisen
- Planung und Steuerung der Fischanlandungen nach Termin und Löschhafen
- verkaufsfördernde Kontaktgespräche mit der NORDSEE und dritten fischverarbeitenden Abnehmern
- Überwachung des Verkaufes der Direktanladungen von Fischen und Beifängen im Ausland
- Disposition der Anlandungen seegefrosteter Fische und Erzeugnisse in eigne und angemietete Tiefkühlläger
- Mitwirkung bei Vorschlägen für die Besetzung von Kapitänspositionen
- Mitarbeit bei Havarien und Versicherungsfällen, die mit dem Schiffsbetrieb zusammenhängen.

Bei den frühmorgendlichen Flottendispositionsbesprechungen ist die neueste Ausgabe des Nachrichtendienstes der Deutschen Seefischmärkte eine wichtige Gesprächsbasis. Der Einsatzleiter und sein Team sind ständig damit beschäftigt, alle eingehenden Schiffsmeldungen der NORDSEE-Flotte zu analysieren. 1969 wurden von der NORDSEE-Fangeinsatzleitung 57 Schiffe dirigiert, das war etwa die Hälfte der Gesamttonnage der deutschen Hochseefischerei. Die Planungen der Frischfischzufuhren erstrecken sich über einen Zeitraum von einem Jahr. Desweiteren werden die Kapazitäten der nicht am Frischfisch beteiligten Schiffe unter der Rubrik Salzfischfang, Zubringerfischerei und Auflieger erfaßt.

Der langjährige Leiter, Ernst Tanzen, hat diese Abteilung aufgebaut und maßgeblich geprägt. In seinem Geburtsort Nordenham begann er am 29. März 1927 eine kaufmännischen Lehre. Anfang 1935 beauftrage der damalige Reedereileiter den 24jährigen Tanzen mit dem Aufbau des Dampferbüros in Cuxhaven. Effektive Einsätze der Fangflotte, kurz- und langfristige Fangplanung nach Sorten und Mengen, Steuerung nach der Anlandungen nach Terminen und Löschhäfen waren die wesentlichen Arbeitsschwerpunkte des routinierten Abteilungsleiters. Im Zusammenhang mit der Konzentration des Reedeeibetriebes in Cuxhaven wurde Tanzen 1961 Operationschef der ganzen NORDSEE-Flotte. Nach 47 NORDSEE-Jahren in Nordenham und Cuxhaven gab die Reedereileitung der »Admiralität« Ernst Tanzen bei seiner Pensionierung 1974 einen Empfang.

Ernst Tanzen und sein Mitarbeiterstab. Foto: H. Wrede, Cuxhaven

1934–53 Deutsche Heringsfischerei (1)
Bereederung

Neubauten

Howaldt, Hamburg, 1936
476	49,80	8,36	3,92	3500
770	11,4	18		

1936	ERNST FLOHR
	(ON 169, PC 327, NC 329)*
1954	Gesine Müller (NC 329)
1956	PEINE (NC 423)
1960	Saipa 1 (Italien)
1962	abgewrackt

Rickmers, Bremerhaven, 1938
327	41,15	7,74	3,87	3000
540	10	14		

1938	MÜHLHAUSEN (PC 314)
1940	Untergang bei Fischfang

Seebeck, Geestemünde, 1939
639	57,01	8,58	4,43	4600
920	12,4	24		

1939	OTTO FLOHR (PC 317)
1951	Saarland (BX 608)
1962	abgewrackt

Seebeck, Geestemünde, 1942
491	50,56	8,33	4,18	4000
800	11,6	20		

1942	GOTLAND (PC 325)
1942	Kriegshilfsschiff
1945	GOTLAND (PC-NC 338)
1960	abgewrackt

Seebeck, Bremerhaven, 1953
565	53,09	8,74	4,35	4800
920	12,1	23		

1953	STUTTGART (HH 310)
1969	abgewrackt

Fischdampfer GOTLAND
Foto: DSM

1955 Deutsche Heringsfischerei (2)
Bereederung

Seebeck, Geestemünde, 1955
654 60,40 9,19 4,38 5170
1000 13,1 23

1955 HOF (NC 406)
1968 abgewrackt

1955 BRAUNSCHWEIG (BX 638)
1968 abgewrackt

1955 FRANKFURT A. MAIN (BX 639)
1961 Untergang bei Fischfang

Turbinentrawler
FRANKFURT A. MAIN
Foto: DSM

Landbetrieb Cuxhaven: Nautische Abteilung

Indienststellung des Fangfabrikschiffs MARBURG 1966. Von links: Cuxhavener Oberbürgermeister Karl Olfers, NORDSEE-Direktor Dr. Genschow, NORDSEE-Chairman M.H. Rehder, Kapitän der MARBURG Hermann Lüpkes, Kapitän K. Keirat, Leiter der nautischen Abteilung der NORDSEE, und der Funker Fritz Wessels.
Foto: K. Keirat, Cuxhaven

Es waren Nautiker, die als Leiter der Decksinspektionen zuerst in Nordenham und dann später in Bremerhaven und Cuxhaven mit den Schiffskapitänen alle Probleme der Fangeinsätze besprachen. Die Koordination mit anderen Abteilungen des Landbetriebes während des Hafenaufenthaltes eines Fangschiffes gehörte zum Alltag der Decksinspektion. Einer der bekanntesten NORDSEE-Decksinspektoren war Karl Brummer in Nordenham. Hier wurde er vor allem durch seine Vorliebe für den Verzehr von Enten bekannt, die von seinem Mitarbeiter, dem legendären Schlepperkapitän Hein Gante, »Hein, tut' mol!« geschossen wurden.

Kapitän Karl Keirat, bis 1958 als Kapitän auf verschiedenen NORDSEE-Schiffen im Einsatz, hatte Erfahrungen mit neuen Fanggebieten nach 1950. Nach seiner Ernennung als Decksinspektor in Bremerhaven 1959 machte er auch weiterhin mehrere Reisen pro Jahr als Fangkapitän in schwierige Fanggebiete. Somit konnte er sich immer persönlich ein Bild von den Zuständen auf den Fangplätzen machen. Zu seinen Mitarbeitern gehörte ein Sachbearbeiter, der die schriftlichen Meldungen der Schiffsführung bearbeitete. Außerdem war ein weiterer Nautiker in der Decksinspektion für die Aktualisierung der Seekarten und die Betreuung der Ortungs- und Funkgeräte zuständig.

Mit der Einführung der Seefrostung und längeren Fangreisen Anfang der 60er Jahre erweiterten sich die Aufgaben der Decksinspektion, die inzwischen nautische Abteilung hieß. Es wurde eine neue Logistik für die Betreuung der Fangschiffe auf den Fangplätzen und den Umschlag auf Kühlschiffe konzipiert. Kontakte mit Maklern und Schiffsausrüstern in den zeitweiligen Stützpunkten wurden aufgebaut und gepflegt. Diese Tätigkeiten erforderten von Kapitän Keirat und seinen Mitarbeitern längere Arbeitseinsätze direkt auf Fangplätzen der NORDSEE-Schiffe in Nord- und Südamerika, Grönland, Island, Norwegen und Südafrika. Kapitän Keirat wurde beauftragt, eine größere und umfangreiche Abteilung für den neuen Landbetrieb in Cuxhaven ab 1967 aufzubauen. Von hier wurden alle NORDSEE-Schiffseinsätze disponiert.

In einer internen Funktionsbeschreibung von 1982 ist die nautische Abteilung für die Fangtechnik und -ausrüstung, Nautik und Ortung sowie Hafenbewegungen (Pier, Schiffsbewachung, Schlepper) und Feuerschutz zuständig. Der Leiter der Abteilung ist der funktionelle Vorgesetzte der Kapitäne und kann den Werkstätten im Bereich der Nautik und Fanggeschirr Aufträge erteilen. Die Sicherstellung der Leistungsfähigkeit der Flotte auf den Gebieten Fangtechnik, Ortung, Navigation, Versorgung, Nachschub, Schiffs- und Pierinspektion, Bewachung und Schlepper gehört mit zu den wichtigsten Arbeitsbereichen eines nautischen Leiters. Zu den ständigen Aufgaben gehören u.a. Erstellung des Budgets Fanggeschirr/Nautik, Planung, Versuche und Einsatz neuer Fangtechniken, regelmäßige Gespräche mit Kapitänen und Schiffsoffizieren, Abwicklung von Schiffsan- und Verkäufen, Gespräche mit der Bundesforschungsanstalt für Fischerei, Planung, Organisation und Überwachung neuer Fischereiprojekte der Reederei im Ausland.

Weiterhin gehören zu den Tätigkeitsfeldern Personalführungs- und Leitungsaufgaben sowie die Gremienarbeit in verschiedenen Organen wie z.B. als Beisitzer im Seeamt Bremerhaven. Kapitän Keirat ist bis zum Ende der NORDSEE-Reederei 1985 als nautischer Leiter im Einsatz. Die Übergabe der Abteilung an die neue Reederei Deutsche Fischfang-Union beschließt seine 40jährige Tätigkeit bei der NORDSEE.

1938 H. Bischoff & Co., Bremen
Bereederung

Schulte & Bruns, Emden, 1938
344   41,40   7,72   3,03   3200
540   11   15

Danziger Werft, Danzig, 1938
325   41,22   7,75   3,33   3200
540   11   15

1938	BURG (PG 527)
1944	versenkt als Kriegshilfsschiff

1938	ALTENBURG (PG 528)
1945	versenkt als Kriegshilfsschiff

1938	BLANKENBURG (PG 529)
1940	versenkt als Kriegshilfsschiff

1938	COBURG (PG 530)
1944	versenkt als Kriegshilfsschiff

1938	HARZBURG (PG 531)
1945	versenkt als Kriegshilfsschiff

1938	LAUENBURG (PG 532)
1943	versenkt als Kriegshilfsschiff

1938	MARBURG (PG 533)
1947	Marburg (BX 314)
1962	abgewrackt

1938	REGENSBURG (PG 536)
1947	Regensburg (BX 312)
1980	abgewrackt

1938	ROTHENBURG (PG 537)
1945	versenkt als Kriegshilfsschiff

1938	SCHWARZENBURG (PG 538)
1945	versenkt als Kriegshilfsschiff

1938	MARIENBURG (PG 534)
1947	Marienburg (BX 312)
1952	Untergang bei Fischfang

1938	MEERSBURG (PG 535)
1947	Meersburg (BX 311)
1972	abgewrackt

Fischereimotorschiff
LAUENBURG
Foto: DSM

1939 Danziger Heringsfischerei, Danzig
      Bereederung

Neubauten
Danziger Werft, Danzig, 1939
353   41,39   8,35   3,37   3200
540   11,5   18

1939   BRÖSEN (DZG VI)
1945   Verbleib unbekannt

1939   GLETTKAU (DZG VII)
1944   französische Kriegsbeute
1946   General Clerk (Frankreich)
1969   abgewrackt

*Fischereimotorschiff BRÖSEN
als Kriegshilfsschiff
Foto: DSM*

Landbetrieb Cuxhaven: Netzwerkstatt

Die Netzmacher haben eine lange Tradition in der Hochseefischerei. Da das gesamte Netzgeschirr beim Schleppen extremen Anforderungen ausgesetzt ist, gehört ein Netzmacher zur Schiffsbesatzung, der kleine Schäden sofort beheben kann. In den Landbetrieben wurden nach der Reise die Schäden von ausgebildeten Netzmachern repariert. Die Schiffserfahrungen mit den Netztypen wurden von der Abteilung ständig ausgewertet und die Netze in weiteren Versuchen verbessert. Zur Netzwerkstatt gehörten auch die Spleißerei und die Segelmacherei.

Die Seitenfänger nahmen sechs komplette Netze mit auf die Reise, die Fangfabrikschiffe sogar zwölf. Das Fanggeschirr der NORDSEE-Schiffe bestand aus wenigen Netztypen. Mit der Größe der Schiffe wuchsen auch die Netze. Während in den 50er Jahren noch ein 260-Maschen-Netz zur Standausrüstung gehörte, sind es 1969 Netze mit Öffnungsweiten von 1600 bis 2500 und mehr Maschen. Bei den größten handelte es sich um pelagische Netze mit Öffnungsdurchmessern bis zu 30 Meter. Die Abmessungen der Netzhalle machten auch das Herstellen der pelagischen Netze mit Längen über 100 Meter möglich. Von jedem einlaufenden Schiff wurden mehrere Netze zur Instandsetzung abgeholt, um sie vor der nächsten Ausreise zu reparieren.

Die Mitarbeiter in der Spleißerei benutzten die ganze Länge der Pier beim Instandsetzen und Messen der Kurrleinen. Bei den Seitenfängern wurden die Inspektionen nach jeder zweiten Reise, bei den Fangfabrikschiffen, die längere Reisen machten, nach jeder Reise durchgeführt. Die Arbeit der Netzwerkstatt umfaßte die Schiffsversorgung bis in die Mastspitze. Sie war zuständig für die gesamte Takelage, Wartung und Lagerhaltung der Rettungsringe, Schwimmwesten und Sicherheitsgurte.

In der Segelmacherei waren zwei Fachkräfte mit den Planen und Schutzbezügen an Bord und den Polsterarbeiten für die Kammern und Messen beschäftigt.

Blick in die Netzhalle.
Foto: NORDSEE-Archiv

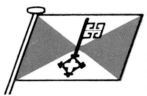

1954 F. Böhm & Co., Hamburg
Kauf

Seebeck, Bremerhaven, 1952-53
565   53,09   8,74   4,35   4800
920   12,1   23

1952   KÖLN (HH 306, NC 434)
1971   abgewrackt

1953   PASSAU (HH 307, BX 645)
1971   abgewrackt

1953   BREMEN (HH 308, BX 620)
1973   abgewrackt

Seebeck, Bremerhaven, 1954
650   60,40   9,19   4,38   4800
820   12,3   23

1954   GELSENKIRCHEN (HH 314)
1973   abgewrackt

Rickmers, Bremerhaven, 1954
637   58,24   8,84   4,46   4850
820   12,1   24

1954   KONSTANZ (HH 312)
1971   abgewrackt

1954   MAINZ (HH 313)
1973   abgewrackt

Fischdampfer KÖLN
Foto: DSM

1954 Hussmann & Hahn, Cuxhaven
Kauf

Seebeck, Geestemünde, 1938					Seebeck, Geestemünde, 1951				
489	50,52	8,30	4,20	4250	397	43,82	8,04	4,12	3260
780	11,5	20			780	11,2	19		

1954	DONAU (NC 315)	1954	ELBE (NC 390)
1961	abgewrackt	1955	Untergang nach Kollision mit Tanker

Fischdampfer DONAU
Foto: DSM

*Blick in die Baader-Werkstatt.
Foto: NORDSEE-Archiv*

Landbetrieb Cuxhaven: Zentralwerkstatt Baader-Maschinen

Im Oktober 1964 wurde in der bisherigen Bremerhavener Reparaturwerkstatt neben der Hauptverwaltung die Zentralwerkstatt für Fischverarbeitungsmaschinen, die »Baader-Werkstatt«, mit Hilfe der Herstellerfirma als erste ihrer Art in der Bundesrepublik eingerichtet. Sie betreute neben den Baader-Maschinen auf den Fangfabrikschiffen auch die der NORDSEE-Verarbeitungsbetriebe in Bremerhaven und Cuxhaven. Das Stammpersonal war von Baader direkt für die Arbeit an den Fischverarbeitungsmaschinen ausgebildet worden.

Die komplette Anlage für die Sorte Weißfisch, die »Baader 99«, ist ein vierteiliges System. Zentraleinheit ist die eigentliche Filetiermaschine (Typ 99) mit davormontierter Köpfmaschine (Typ 412) und gegenüber angeschlossenen zwei Enthäutungsmaschinen vom Typ 46. Mehrteilig sind auch die Maschinen für kleinen Weißfisch (Typ 38) und die Rotbarschmaschine (Typ 150), während die Heringsgrätmaschine (Typ 33) aus einem Stück besteht.

Während der Liegezeiten der Hecktrawler finden regelmäßige Inspektionen an Bord der Schiffe statt. Die »Baader-Werkstatt« ist vor Eintreffen des Schiffes vom Maschinenmeister mit einem Reparaturliste informiert worden.

In regelmäßigen Abständen werden die »Baader-Maschinen« in sämtliche Teile zerlegt und in Zusammenarbeit mit der Metallwerkstatt wieder auf den Schiffen eingebaut. Im Frühjahr und Spätherbst hat die Werkstatt viel mit der Umrüstung der Fangfabrikschiffe auf die Heringssaison zu tun. Die Baader-Werkstatt bildet Fischwerker und die Maschinenmeister auf den Fangfabrikschiffen im Umgang mit den »Baader-Maschinen« aus. 1968 waren über 200 Exemplare auf den Hecktrawlern und in den Landverarbeitungsbetrieben im Einsatz.

Die Spezialwerkstatt für Fischverarbeitungsmaschinen wurde 1973 von Bremerhaven nach Cuxhaven verlegt, da die Fischindustrie Bremerhaven und Seeadler Cuxhaven externe Wartungsdienste mit der Betreuung der Maschinen beauftragten. In Cuxhaven waren damit sämtliche Abteilungen des Landbetriebes konzentriert. Die Baaderwerkstatt wurde in die Metallwerkstatt eingegliedert.

1956 Niedersächsische Hochseefischerei Cuxhaven (Charter)
Finkenwärder Hochseefischerei Cuxhaven (Kauf)

Finkenwärder HF
Howaldt, Kiel, 1933
428   47,00   8,34   3,97   3200
770   11,3   20

1956   LÖRRACH (NC 425)
1960   abgewrackt

Seebeck, Geestemünde, 1940
480   50,52   8,35   4,18   4250
800   11,9   20

1956   ANDERNACH (NC 426)
1960   Saipa II (Italien)
1970   abgewrackt

Norderwerft, Hamburg, 1942
589   55,35   9,04   4,17   4400
950   12,5   22

1956   ULM (NC 427)
1960   abgewrackt

Deutsche Werft, Hamburg, 1944
542   53,65   8,44   4,21   4600
83   11,9   22

1956   FRIEDRICHSHAFEN (NC 422)
1963   abgewrackt

Deutsche Werft, Hamburg, 1949
507   53,79   8,42   4,12   4800
840   12,2   24

1956   GÖTTINGEN (NC 421)
1963   abgewrackt

Niedersächsische Hochseefischerei
Nobiskrug, Rendsburg, 1944
542   53,65   8,44   4,21   4600
830   11,9   23

1956   BORKUM (NC 403)
1961   abgewrackt

Deutsche Werft, Hamburg, 1949
399   44,05   8,22   4,24   3475
740   11   20

1956   NORDERNEY (NC 420)
1960   abgewrackt

Fischdampfer FRIEDRICHSHAFEN
Foto: DSM

1956 C.C.H. Bösch, Bremerhaven
Kauf

Ottenser Eisenwerke, Hamburg, 1941					Unterweser, Geestemünde, 1951				
519	54,18	8,42	4,12	4400	512	50,97	8,56	4,33	4500
810	12	22			830	11,7	22		

1956	WOLFSBURG (BX 286)	1956	MÖNCHENGLADBACH (BX 600)
1960	abgewrackt	1964	abgewrackt

Fischdampfer MÖNCHENGLADBACH
Foto: DSM

Schwimmende Fabriken

Auf den Frischfischfängern wird die Rohware mit Eis in einem Laderaum verstaut. Da der Fisch schnell auf dem Seefischmarkt sein mußte, gab es oft kurze Reisen. Die Schiffe mit Frostanlagen sind für längerfristige Fangeinsätze und die Direktverarbeitung an Bord konzipiert worden. Die Fangfabrikschiffe wurden auch als »schwimmende Fabriken« bezeichnet. Rationelle Fertigungsabläufe und Gewährleistung optimaler Qualitätspflege sind die wesentlichen Merkmale der Verarbeitungsanlagen unter Deck.

Der Weg des Fisches führt von der achtern gelegenen zweiteiligen Eingabeluke zunächst in den Sortier- und Schlachtraum. Von dort wird der Fang über die Sortierstrecke mittels eines Bandsystems auf die vier Sortierbunker verteilt. Diese können ca. 20 Tonnen sortierten Fisch aufnehmen. Aus den Sortierbunkern wird der Fisch über ein umfangreiches Bandsystem zu den »Baader«-Verarbeitungsmaschinen transportiert. Durch ein Verteilersystem können zwei Fischsorten an verschiedenen Maschinen verarbeitet werden. Dabei wird die strikte Teilung der Sorten bis zum Frosterbereich aufrechterhalten.

Das Verarbeitungsdeck besteht aus den Abteilungen: 1. Schlacht- und Sortierbereich, 2. Lagerung des sortierten Fisches 3. Filetierbereich, 4. Nachschneide- und Nachbehandlungsbereich und 5. Frosterbereich. Somit werden Rohware, Filet und grätenfrei geschnittene Ware in unterschiedlichen Arbeitsbereichen verarbeitet. Nach dem Durchlauf der Verarbeitungsstufen wird das Produkt in zehn Vertikalfrostern schockgefroren. Die Frosterkapazität auf der »Bremen-Klasse« beträgt 50 Tonnen Filet pro Tag. Im Tiefkühlraum können ca. 820 Tonnen Fischladung bei -30°C gelagert werden. Die Abfälle werden zu Fischmehl und -öl verarbeitet. Die Tagesleistung beträgt 30 Tonnen und das Lager umfaßt ein Volumen von ca. 350 Tonnen Fischmehl in Säcken.

Im vorderen Teil des Verarbeitungsdecks befinden sich die Kontrollwaagen und beiderseits des Transportbandes acht Jackstone-Vertikalfroster.
Foto: NORDSEE-Archiv

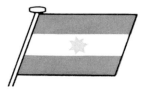

1959 Nordatlantische Hochseefischerei, Cuxhaven
Bereederung

Seitenfänger
Howaldt, Hamburg, 1950
| 586 | 53,37 | 8,73 | 4,33 | 4700 |
| 850 | 11,7 | 22 | | |

1959 SCHLESWIG-HOLSTEIN (NC 438)
1961 abgewrackt

Seebeck, Geestemünde, 1953
| 581 | 53,09 | 8,74 | 4,35 | 4800 |
| 940 | 12,2 | 23 | | |

1959 FRISIA (NC 436)
1968 abgewrackt

Nobiskrug, Rendsburg, 1945
(Weiterbau Hollandbau 1953)
| 536 | 51,58 | 9,19 | 4,21 | 4250 |
| 810 | 11,6 | 22 | | |

1960 TEUTONIA (NC 439)
1964 abgewrackt

Seebeck, Geestemünde, 1954–56
| 649 | 60,40 | 9,19 | 4,38 | 5000 |
| 920 | 12,8 | 24 | | |

1960 ALEMANNIA (NC 435)
1968 abgewrackt

1960 GERMANIA (NC 437)
1971 abgewrackt

Hecktrawler
Rickmers, Bremerhaven, 1965/66
981	61,97	10,42	6,44
535		80	
2350	15,3	26	

1965 TEUTONIA (NC 470)
1973 Teutonia (NC 470)
1975 DARMSTADT (NC 470)
1984 Polaris (Chile)
1998 abgewrackt

1966 SAXONIA (NC 471)
1973 Saxonia (NC 471)
1975 KÖLN (NC 471)
1986 Köln (NC 471)
1992 abgewrackt

Fischdampfer ALEMANNIA
Foto: DSM

1966 KR-Reeder Ernst A.P. Koch, Hamburg
Kauf

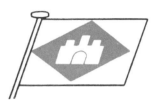

Seitenfänger
Stülcken, Hamburg, 1956
666 58,92 9,13 4,45 4800
1800 14 30

1966 ZEPHYROS (HH 319)
1969 abgewrackt

Hecktrawler
Rickmers, Bremerhaven, 1965
1394 70,96 12,82 4,61
290 530 240
2740 16,0 42

1969 OTHMARSCHEN (BX 733)
1975 Intersub III (England)
1997 noch in Fahrt

1969 ALTONA (NC 473)
1975 Intersub IV (England)
1997 noch in Fahrt

Hecktrawler OTHMARSCHEN
Foto: DSM

*Die neue Cuxhavener Pieranlage.
Foto: NORDSEE-Archiv*

Reedereibetrieb in Cuxhaven ab 1968

Die NORDSEE erwarb vom Land Niedersachsen an der Ostseite des neuen Fischereihafens ein Gelände von 44.000 qm. Hier entstand in einer 1½jährigen Bauphase ein Reedereikomplex mit einer Pier von über 800 Metern. Somit war es möglich, Wartung und Ausrüstung der strukturell gewandelten Flotte auf weitmöglichst rationelle Weise sicherzustellen. In dieser Form gehörte der neue Reedereibetrieb zu den größten Anlagen in Europa. Das Hafenbecken wurde sehr von der NORDSEE geprägt, da sich auf der gegenüberliegenden Seite der Verarbeitungsbetrieb »Seeadler« und die Fischmehlfabrik »Cufida« befanden.

Zu beiden Seiten des Verwaltungsgebäudes befanden sich vier große Werkshallen. Die größte beherbergte die Metall- und Holzwerkstatt mit den Abteilungen Dreherei, Rohrwerkstatt, Schmiede, Elektrowerkstatt, Elektroschweißerei und Lehrwerkstatt. Weiterhin war hier die technische Planung untergebracht, die für die Organisation im Zusammenspiel zwischen den Reparaturanforderungen der Schiffe und den Kapazitäten der Werkstätten zuständig war. In der zweiten befand sich das Magazin, während in der dritten Halle die Netz- und die Segelmacherei mit der Spleißerei arbeiteten. In der vierten – der kleinsten – Halle waren Fuhrpark, Malerei und Gerätelager untergebracht.

In dem fünfgeschossigen Verwaltungsgebäude hatten Personalbüro, Fischerei- und technische Abteilungen, Administration und die Reedereileitung ihr Domizil. In den angrenzenden Gebäuden waren das Heuerbüro, der Betriebsrat, die Kantine, ein Ladengeschäft für Seeleute sowie Sozial- und Umkleideräume eingerichtet.

Als mit der Ausweitung der Fanggrenzen die Kapazitäten der Fangflotte reduziert wurden, gab es auch weniger Arbeit in den Büros und Werkstätten. Die Landbetriebe verkleinerten ihre Abteilungen bzw. die Größe der Organisationseinheiten nahm zu. Es wurden mehr Fremdaufträge erledigt. Mit dem Ende der NORDSEE-Reederei Ende 1985 war die Anzahl der kaufmännischen und gewerblichen Mitarbeiter für die neugegründete Deutsche Fischfang-Union zu groß, so daß viele langjährige NORDSEE-Beschäftigte in den Vorruhestand gingen oder sich andere Arbeit suchten.

1969 Cuxhavener Hochseefischerei GmbH (1)
     Kauf

Seebeck, Bremerhaven, 1952
582   53,09   8,74   4,35   4800
980   12,3   23

1969   KURMARK (NC 410)
1973   abgewrackt

1969   MARK BRANDENBURG (NC 411)
1973   abgewrackt

Fischdampfer KURMARK
Foto: DSM

1969 Cuxhavener Hochseefischerei GmbH (2)
Kauf

Seebeck, Bremerhaven, 1955/57
648   60,40   9,19   4,38   4800
890   12,6   24

1969	WESTFALEN (NC 407)		1969	BADEN (NC 409)
1973	abgewrackt		1973	abgewrackt
1969	WÜRTTEMBERG (NC 408)		1969	THÜRINGEN (BX 658)
1973	abgewrackt		1974	abgewrackt

Fischdampfer WESTFALEN
Foto: DSM

1969 Cuxhavener Hochseefischerei GmbH (3)
   Kauf

Hecktrawler
Rickmers, Bremerhaven, 1960/61
1222   67,58   11,02   6,65
565   85
2055   14,6   46

1969	HESSEN (NC 449)	1969	SAAR (NC 454)
1976	Hessen (BX 763, NC 104)	1976	abgewrackt
1987	Untergang bei Fischfang		

Hecktrawler SAAR
Foto: DSM

*Hecktrawler »Seefahrt«, Baujahr 1967.
Foto: Kroehnert / NORDSEE-Archiv*

NORDSEE und die »Hanseaten«

Im August 1968 wurde zwischen der NORDSEE und der Oetker-Fischereigruppe, die aus den Reedereien »Hanseatische Hochseefischerei«, »Kohlenberg & Putz« und »Söhle« bestand, ein Kooperationsvertrag zum 1. Januar 1969 geschlossen. Beide Unternehmen blieben selbstständig. Die Kernpunkte der Vereinbarung beinhalteten die koordinierte Steuerung beider Flotten nach einheitlichen Fangplänen und gemeinsame Marktposition. Die Reedereien der Oetker-Fischereigruppe lösten ihre Landanlagen in Bremerhaven auf und ließen ihre Fangflotte, die aus 4 Vollfrostern und 11 Frischfischfängern bestand, durch die Landbetriebe der NORDSEE ausrüsten. Von diesem Abkommen versprachen sich die beiden Reedereien eine optimale Belieferung der Seefischmärkte in Bremerhaven und Cuxhaven.

In einem Zehn-Punkte-Konzept zur Rationalisierung vereinbarten die Vertragspartner, auf folgenden Gebieten zusammenzuarbeiten:
1. Erarbeitung eines gemeinsamen Fangplanes
2. Gemeinsame Marktposition
3. Gemeinsame Weiterentwicklung der Fangmethoden und des Fanggeschirrs
4. Gemeinsame Weiterentwicklung der Be- und Verarbeitungsmethoden und der Arbeitswirtschaft an Bord
5. Förderung der Ausbildung von Offizieren und Mannschaften sowie Nachwuchsschulung
6. Entwicklung und Durchführung gemeinsamer Nachschub- und Umschlagsverfahren bei langfristigem Schiffseinsatz in der Fernfischerei
7. Koordination fischereipolitischer Anliegen
8. Zusammenfassung bestehender Service-Einrichtungen
9. Gemeinsame Neubaupolitik
10. Gemeinsame Tiefkühllagerplanung.

In den folgenden zwei Jahren forcierten die NORDSEE und die Oetker-Gruppe ihr Frostfischgeschäft mit unterschiedlichen Zielrichtungen. Hinzu kam die Absicht der Bundesregierung, in einem weitreichenden Investitionsprogramm den Bau von Vollfrostern zu fördern. Mit der Übernahme der Gemeinwirtschaftlichen Hochseefischerei (GEG), Bremerhaven, und der dazugehörigen Tiko-Tiefkühlkette ergaben sich für die Oetker-Fischereigruppe neue Perspektiven. Der Vertrag wurde 1971 im gegenseitigen Einvernehmen aufgelöst. Die »Hanseaten« beendeten ihr Kurzgastspiel in Cuxhaven und kehrten zur GEG-Landanlage in Bremerhaven zurück.

1970 C. Kämpf / Homann, Bremerhaven
Bereederung

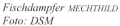

Seitenfänger

Seebeck, Bremerhaven, 1955
647   60,40   9,19   4,38   5000
980   13,1   24

1970   MECHTHILD (BX 637)
1972   abgewrackt

Rickmers, Bremerhaven, 1955
614   55,91   8,83   4,48   5300
1560   13,3   23

1970   J.HINR. WILHELMS (BX 636)
1972   abgewrackt

Unterweser, Bremerhaven, 1956
763   61,21   9,43   4,50   5700
1250   13,5   31

1970   HUGO HOMANN (BX 643)
1974   abgewrackt

* Eigner: Deutsche Heringsfischerei Cuxhaven / Bereederung: NORDSEE

Hecktrawler

Rickmers, Bremerhaven, 1957
681   58,78   9,62   4,21
570   72
1490   13,8   38

1970   CARL OTTO KÄMPF (BX 656, Kauf)
1976   Mellino VI (Panama)
1997   noch in Fahrt

Rickmers, Bremerhaven, 1964
1344   71,17   11,02   6,65
447   155   127
2365   15,4   44

1970   KOBLENZ* (BX 692)
1979   Maria Michaela
1994   abgewrackt

Rickmers, Bremerhaven, 1966
1047   58,97   10,82   6,53
648
2140   14,2   27

1970   JOCHEN HOMANN (BX 702)
1972   Karlsefni (Island)
1992   Untergang

1970   SAARBRÜCKEN (BX 704)
1987   Saarbrücken (NC 104)
1992   abgewrackt

Fischdampfer MECHTHILD
Foto: DSM

Ausrüstung für Seitenfänger und Hecktrawler
Foto: NORDSEE-Archiv

Landbetrieb Cuxhaven: Magazin

Für die Ausrüstung der Schiffsflotte hat die Reederei immer ein großes Vorratslager vorgehalten. Reisen in entfernte Fanggebiete haben einen höheren Ausrüstungsbedarf als Frischfischfänger. Über 6000 verschiedene Artikel von Nahrungs- und Genußmitteln, aus Technik und Pharmazie gehörten zum Warensortiment. Die Abteilung bestand aus einem technisches Magazin, einem Proviantlager und einem Zoll- und Freilager. Für die Mitarbeiter war es wichtig, vor der Ankunft der Schiffe genaue Bestellisten zu bekommen, damit nicht vorrätige Waren bestellt und rechtzeitig vor der Ausreise geliefert werden konnten.

Neben den regulären Reisen gab es immer wieder langfristige Planungsobjekte wie die jährlichen Salzfischreisen. Als Fischmehltransporter war 1969 auch schon die DARMSTADT, das älteste Schiff, im Einsatz: Auf der Anreise Nachschubgüter und Post und auf der Heimreise Fischmehl für die Fischindustrie. Die Aus- und Umrüstung wurden schon Anfang des Jahres geplant. Zu dieser Zeit wurde z.B. auch bereits der Nachschub für die Fangfabrikschiffe organisiert, die ihre Fänge in St. Pierre umschlugen. 1970 waren es täglich noch zwei Schiffe, die ausgerüstet werden mußten. Nach der Reduzierung der Flotte paßte sich das Magazin mit seiner Vorratshaltung den Veränderungen an.

1970 Norddeutsche Hochseefischerei Bremerhaven (1)
Kauf

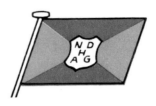

Seebeck, Bremerhaven, 1958
843   63,98   9,87   4,31   5400
950   12,6   29

| 1970 | SPITZBERGEN (BX 662) | 1970 | ISLAND (BX 664) |
| 1974 | abgewrackt | 1973 | abgewrackt |

Fischdampfer SPITZBERGEN
Foto: DSM

1970 Norddeutsche Hochseefischerei Bremerhaven (2)
Kauf

Hecktrawler

Unterweser, Bremerhaven, 1967/68				Seebeck, Bremerhaven, 1961			
1580	77,63	13,63	7,46	994	67,91	11,02	4,74
600	300			580	85	95	
?	15,7	57		2160	15,6	43	

1970	HILDESHEIM (BX 708)		1970	GRÖNLAND (BX 683)
1976	Sacip (Südafrika)		1972	Le Wimereux (Frankreich)
1997	noch in Fahrt		1997	noch in Fahrt

1970	KASSEL (BX 709)		Seebeck, Bremerhaven, 1966			
1976	Storessa (Südafrika)		1599	76,56	13,62	4,63
1997	noch in Fahrt		550	309	302	
			3000	15,3	48	

1970	FRANKFURT (BX 703)
1974	Vickers Vanguard (England)
1997	noch in Fahrt

Fangfabrikschiff HILDESHEIM
*Foto: Schiffsfoto Jansen /
Slg. W. Fuchs, Hamburg*

1970 Norddeutsche Hochseefischerei, Bremerhaven (3)
Kauf

Seitenfänger
Seebeck, Bremerhaven, 1955
649   60,40   9,19   4,38   5500
940   12,9   24

1970   MALANGEN (BX 632)
1972   abgewrackt

Hecktrawler
Unterweser, Bremerhaven, 1963
500   49,21   8,83   4,38
400
999   11,8   22

1970   LESUM (BV 108)
1972   Sletnes (Norwegen)
1981   abgewrackt

Seebeck, Bremerhaven, 1965
1599   76,56   13,62   4,63
270   600   302
3000   15,3   60

1970   DORTMUND (BX 710)
1974   Vickers Viking (England)
1997   noch in Fahrt

Fischdampfer MALANGEN
Foto: DSM

*Hecktrawler DARMSTADT
Foto: DSM*

NORDSEE-Schiffe in Chile

Die Kutter-Schleppnetzfischerei wurde von Deutschen und Belgiern um 1950 in Chile eingeführt. Im Oktober 1955 fuhren Walter Stengel und seine Familie mit zwei gekauften Kuttern von Cuxhaven auf eine lange Reise nach Valparaiso in Chile, wo sie nach 82 Tagen abenteuerlicher Überfahrt am 30. Dezember ankamen. Walter Stengel hatte in Deutschland einen Dreijahresvertrag unterschrieben, wonach er in Talcahuano, 500 km von Valparaiso entfernt, die Verwaltung der Fischereifirma Quiriquina leiten sollte. Nach kurzer Zeit war das bis dahin gutgehende Fischgeschäft durch neue Devisenbestimmungen für die deutschen Besitzer nicht mehr rentabel, so daß die Kutter verkauft wurden. Walter Stengel wurde arbeitslos. Erst 1958 bekam er eine neue Chance, ins chilenische Fischgeschäft einzusteigen. Ein ehemaliger deutscher Kutter, der nördlich von Talcahuano gestrandet und von der Versicherung als Totalverlust abgeschrieben war, konnte von Walter Stengel günstig erworben werden, wurde danach total überholt und Anfang 1960 eingesetzt. Dieses Schiff bildete den Grundstock der von Walter Stengel gegründeten »Pesquera El Golfo Stengel y Cia.«. In den nächsten Jahren wuchs die Fangflotte auf sieben Kutter an. Außerdem kam noch eine Fischmehlfabrik hinzu.

1977 gründeten die Söhne Klaus, Frank und Jan ihre eigene Firma, die »Pesquera Bio-Bio

Ltd.«. 1978 gab es den ersten Kontakt mit der NORDSEE. Die von der Kieler Hochseefischerei gecharterten Hecktrawler LÜBECK und KIEL wurden 1979 an die Stengelfirma verkauft, wo sie unter den Namen »Bio-Mar I« (ex KIEL) und »Bio-Mar II« (ex LÜBECK) in Fahrt kamen. Diese Schiffe waren die ersten modernen Heckfänger in der Fischerei in Chile. 1980 übernahm die »Pesquera El Golfo Stengel y Cia.« die FLENSBURG, 1984 die DARMSTADT und später die »Julius Pickenpack« von der Hamburger Reederei. Die von der Fang-Union in Cuxhaven erworbenen Schiffe »Dresden« und Darmstadt« 1993 die in »Bio-Mar IV« und »Bio-Mar V« umgetauft wurden, ersetzten die älteren ex-NORDSEE-Schiffe »Bio-Mar I« und »Bio-Mar II«.

Als letztes NORDSEE-Schiff wird die »Polaris« (ex DARMSTADT) 1998 aus der Fahrt genommen und wahrscheinlich verschrottet.

Die »Pesquera El Golfo« besitzt heute eine Fangflotte aus norwegischen, dänischen und isländischen Schiffen, die in der »Merluza«-Fischerei (Sammelbezeichnung für Kabeljau und Dorsch) eingesetzt sind. Die Jahresquote beträgt 75.000 Tonnen. Dieser Fisch wird zu 90% in Fabriken verarbeitet, gefrostet und exportiert. Der Rest wird in Chile als Frischfisch verkauft.

Die wichtigste Fischerei in Chile ist die Ringwadenfischerei. Die ersten großen Ringwadenschiffe wurden Anfang 1985 noch von norwegischen Eignern gekauft. Heute werden diese Schiffe alle in Chile selbst gebaut. Die Flotte in der Mittelzone von Chile besteht aus 120 Schiffen verschiedener Größe, zwischen 600 und 1800 Tonnen Fischraumkapazität.

Walter Stengel war einer der großen Pioniere der Fischerei in Chile. Er und seine Söhne haben die ersten größeren Fangschiffe in Chile eingeführt. Seit einigen Jahren ist Walter Stengel schon in Ruhestand, seine Ex-Firma besteht unter dem alten Namen Pesquera El Golfo weiter. 1998 besitzt das Unternehmen eine Fangflotte von vier Hecktrawlern und zwei Seitenfängern und acht Ringwadenschiffen. Außerdem gibt es eine 100-Tonnen-Fischmehlanlage, eine Fischverarbeitungsfabrik für »Merluza«, ein Kühlhaus, um 60 Tonnen »Jurel« (Makrele) zu frosten.

Die Firma der Stengel-Brüder, die »Pesquera Bio-Bio«, umfaßt eine Fangflotte von vier Hecktrawlern, zwei holländischen Großkuttern und sieben Ringwadenschiffen. Für die »Merluza« verfügt die Firma über eine Fischmehlfabrik von 80 Tonnen, eine Fischverarbeitungsfabrik mit Kühlhaus, und für »Surimi« eine 100-Tonnen-Fabrik sowie eine Konservenfabrik.

F. Stengel, Talcahuano/Chile

1971 Kieler Hochseefischerei, Kiel (1)
Bereederung

Seitenfänger
Howaldt, Kiel, 1954
632	56,69	9,23	4,33	5800
1530	12,5	24		

1971	HOLTENAU (SK 119)
1971	abgewrackt

1971	LABOE (SK 120)
1971	abgewrackt

Howaldt, Kiel, 1955
651	58,40	9,23	4,30	5800
1530	12,5	24		

1971	HEIKENDORF (SK 121)
1972	abgewrackt

1971	GLÜCKSBURG (SK 122)
1972	abgewrackt

Hecktrawler
Flender, Lübeck, 1960/61
915	62,63	10,52	4,82
?	?	95	
2055	15	38	

1971	HOLSTEIN (SK 104)
1979	Milu Vieira (Panama)
1997	noch in Fahrt

1971	SCHLESWIG (SK 105)
1979	Tony Vieira (Panama)
1997	in Fahrt

1971	LÜBECK (SK 107)
1979	Bio Mar 2 (Chile)
1993	abgewrackt

1971	KIEL (SK 109)
1979	Bio Mar 1 (Chile)
1993	abgewrackt

Fischdampfer GLÜCKSBURG
Foto: H.J. Heise, Rellingen

1971 Kieler Hochseefischerei, Kiel (2)
Bereederung

Flender, Lübeck, 1963
691   58,64   10,12   4,15
505
2400   15,1   26

1971   FLENSBURG (SK 124)
1980   Pelagos (Chile)
1993   abgewrackt

1971   ECKERNFÖRDE (SK 125)
1980   Don Osvaldo (Chile)
1993   abgewrackt

1971   GLÜCKSTADT (SK 101)
1980   Kommandør Michael (Dänemark)
1997   noch in Fahrt

Flender, Lübeck, 1965
923   58,64   10,12   6,40
505
2400   15   26

1971   HUSUM (SK 102)
1980   Kommandør Terese (Dänemark)
1997   noch in Fahrt

Flender, Lübeck, 1965
1786   74,10   12,54   6,87
740   300
2900   15,6   50

1971   FEHMARN (SK 103)
1977   San Maros (Argentinien)
1997   noch in Fahrt

Hecktrawler KIEL
Foto: DSM

Hecktrawler ECKERNFÖRDE
Foto: DSM

*Auflieger an der NORDSEE-Pier in Bremerhaven.
Foto: G. Binanzer / NORDSEE-Archiv*

Aufliegezeiten

Nach der Winterfischerei begann bei den Reedereien die Zeit der jährlichen Inspektionen, die Aufliegezeit. Um die laufende Versorgung der Seefischmärkte nicht zu gefährden, wurde nur eine bestimmte Anzahl Fischdampfer aus der Fahrt genommen.

In den Werkstätten und den Pieranlagen herrscht zu dieser Zeit Hochbetrieb. Hammerschläge und das Flackern der Schweißbrenner erhöhen den Lärmpegel in den Hafenbecken.

Die vom Salzwasser stark beanspruchte Schiffsaußenhaut wird mit einer Beize gereinigt und danach mit einer neuen Grundierung aus Mennige und einem zweimaligen Ölanstrich versehen. Alle Schiffsteile an Deck werden sorgfältig geprüft und, falls nötig, repariert oder erneuert. Unter Deck werden die Fischräume gründlich gereinigt und gestrichen.

Die Maschinenanlage wird von der Maschineninspektion »auf Herz und Nieren« geprüft. Falls erforderlich, werden die Maschinen an Land gehievt, um in der Metallwerkstatt repariert zu werden.

Für einen Unterbodenanstrich kommt jeder Auflieger ins Trockendock. Die Außenhaut des Schiffes wird vom Bewuchs gereinigt, gestrichen und bei Schadensfeststellung repariert. Schiffsschraube und Ruderblatt werden genau auf Schäden untersucht, da eine Nichtentdeckung eines Defekts schwerwiegende Folgen für die Schiffssicherheit haben könnte.

Die Besatzungen haben während der Aufliegezeit Urlaub oder arbeiten zusammen mit den Landbeschäftigten auf den Schiffen.

In den 80er Jahren gab es eine andere Form von Aufliegezeit. Als die Fanggebiete von den Anrainerstaaten begrenzt wurden, mußten immer mehr Schiffe aus der Fahrt genommen werden. Die Fischdampfer und die Fangfabrikschiffe lagen dann mehrere Monate an der Pier fest, bevor sie wieder auf Fangreisen gehen konnten.

NORDSEE-Hilfsschiffe (1) Transportschiffe

In den ersten Jahren hatte die NORDSEE noch keine eigene Eisfabrik. Die Eisräume wurden im Winter mit Natureis aufgefüllt, das aus Norwegen stammte. Die Transporte von Norwegen an die deutsche Küste wurden von großen Segelschiffen durchgeführt. Um in der Eisfahrt unabhängig zu sein, erwarb die NORDSEE ein hölzernes Vollschiff, das 1900 unter dem Namen UNION in Dienst gestellt wurde. Das Schiff war nur in der Sommerfahrt tätig. Im 16. NORDSEE-Geschäftsbericht von 1911/12 wird folgendes zu dem Schiff berichtet: »Wir verkauften das Vollschiff UNION, da wir infolge veränderter Dispositionen zwecks vorteilhafterer Eisversorgung keine weitere Verwendung für das Schiff hatten.«

Die Bark STANDARD, ein 1876 in den Vereinigten Staaten gebauter Segler, wurde von der NORDSEE als Stations- und Transportschiff für den Heringfang vor Islands Küsten angekauft. Bei Kriegsbeginn im August 1914 wurde sie in Akuryri/Island interniert. Während eines Sturmes 1917 kam die Bark ins Treiben und zerschellte an der Küste.

Tobey & Littlefield, Portsmouth/USA
1148   55,42   11,21   7,18

1900   UNION
1910   Verkauf nach Schweden
1915   verschollen

J.M. Hagar, Richmond/USA
1537   62,40   11,96   7,97

1906   STANDARD
1914   Internierung in Island
1917   Strandung/Totalverlust

Oben das Vollschiff UNION, unten die Bark STANDARD. Fotos: Slg. Dr. J. Meyer, Bremen

Schlepper NORDSEE *drückt den Fischdampfer* NIEDERSACHSEN *an die Pier.*
Foto: NORDSEE-Archiv

Landbetrieb: Hafenschlepper

Für die Bugsierdienste im Hafen benötigte die NORDSEE in den Standorten Nordenham, Bremerhaven und Cuxhaven Schlepper. Diese Schiffe waren »Mädchen für alles«. Wenn ein Schiff auf den Haken genommen werden soll, teilt sich die Mannschaft. Auf dem Schlepper bleiben der Kapitän, der Maschinist und ein Decksmann. Zwei andere steigen auf das zu verholende Schiff über, stellen die Trossenverbindung her und bleiben bis zum Festmachen da. An der Pier wartet der Festmacher, der die Leinen übernimmt.

Die Hauptaufgabe der Schlepper war es, die angehakten Fischdampfer von der Auktionshalle zum Reedereipier zu bugsieren. In Zeiten voller Liegeplätze im »Dreier-Pack« drückten die Schlepper das Schiff dann schon mal in eine »Parklücke«. Zur Kundschaft des Schleppers gehören aber auch Schiffe anderer Reedereien, wie Trawler, Logger und Kutter, die bei der NORDSEE ausgerüstet wurden.

Liegezeit kostet Geld. Der Platzmeister dirigierte die Schlepper nach den Ausreiseterminen der Fischdampfer. Zu den Aufgaben gehörte u.a. der sogenannte »Ammendienst« an den kohlebefeuerten Schiffen nach der Kesselreinigung. Dabei ging der Schlepper längsseits und füllte die kalten Kessel mit Warmwasser auf, das im Maschinenraum des Schleppers aufbereitet wurde. Außerdem wurden die gewaschenen Fischräume und Tanks der Schiffe gelenzt. Im Winter bei anhaltendem Frost wurden aus den Schleppern Eisbrecher.

Von den sechs Hafenschleppern unter der NORDSEE-Flagge wurden vier abgewrackt, darunter auch die erste NORDSEE, auf der der bekannte Kapitän Hein Gante das Kommando hatte. Die vierte NORDSEE wurde 1976 aus der Fahrt genommen und von einem holländischen Schiffsliebhaber gekauft. Der letzte Schlepper mit dem Namen NORDSEE wurde 1986 von der Deutschen Fischfang-Union übernommen und später abgewrackt. Von zwei Schleppern gibt es keine genaueren Verbleibdaten.

NORDSEE-Hilfsschiffe (2): Hafenschlepper

Seebeck, Geestemünde, 1903
39   18,00   4,50   2,10
90   Zweifach-Expansionsmaschine

1903   NORDSEE I (Nordenham)
1930   abgewrackt

Seebeck, Geestemünde, 1895
73   23,72   4,85   2,75
350   Dreifach-Expansionsmaschine

1930   NORDSEE II (Nordenham)
1934   NORDSEE (Bremerhaven)
1956   abgewrackt

Reiherstieg, Hamburg, 1923
48   17,20   5,00   2,60
200   Zweifach-Expansionsmaschine

1928   HOCHSEE I (Cuxhaven)
1970   abgewrackt

N.N., Harburg, 1922
28
165   Zweifach-Expansionsmaschine

1933   HOCHSEE II (Cuxhaven)
       Verbleib unbekannt

Janssen & Schmilinsky, Hamburg
72   21,00   5,42   3,00
300   Dreifach-Expansionsmaschine

1970   NORDSEE IV (Cuxhaven)
1976   Nordzee (Niederlande)
1998   noch in Fahrt

de Groot & Co, Slikkerveer/NL
89   22,23   6,04   2,86
450   Dreifach-Expansionsmaschine

1956   NORDSEE III (Bremerhaven)
1970   abgewrackt?

Seebeck, Geestemünde, 1904
80   23,62   5,54   2,78
330   Dreifach-Expansionsmaschine

(Umbau 1948:)
105   23,62   5,54   2,78
700   Diesel

1976   NORDSEE V (Cuxhaven)
1986   Nordsee (Cuxhaven)
1989   abgewrackt

Schlepper NORDSEE IV
Foto: NORDSEE-*Archiv*

DEUTSCHE SEEFISCHEREI 1998

Deutsche Fischfang-Union, Cuxhaven

Nach dem Ende der traditionellen Reedereien begann im Januar 1986 in Cuxhaven der Betrieb der Deutschen Fischfang-Union GmbH & Co. KG. Zu den Gesellschaftern gehörten das Land Niedersachsen, die NORDSEE, die Nordstern und die Stadt Cuxhaven. Die neue Firma übernahm die Landanlagen von der NORDSEE. Die Fangflotte bestand aus neun Schiffen, darunter die KÖLN, SAARBRÜCKEN, die Fangfabrikschiffe HANNOVER, KIEL, MAINZ und WIESBADEN. In dem Unternehmen waren 690 Mitarbeiter beschäftigt, darunter 520 auf den Schiffen.

In den ersten Jahren gab es durch gute Fänge und niedrige Brennstoffpreise positive Geschäftsabschlüsse. Die Preise für produzierte Ware (Frostfisch) stiegen und der »Brotfisch«, der Kabeljau, konnte gute Erlöse erzielen. Anfang der 90er Jahre änderte sich die wirtschaftliche Ertragslage. Es wurden weniger Fische gefangen und die Verkäufe brachten nicht den gewünschten Erlös. Schiffe wurden verkauft und die Anzahl der Seeleute verringerte sich von 520 auf 140.

1995 gab es einen zweiten Neuanfang. Die Altgesellschafter NORDSEE und das Land Niedersachsen verkauften ihre Anteile. Die isländische Firma Samherji aus Akureirji, die ein Konzept zur Gesundung und zur Weiterführung der Firma entwickelte, übernahm 49,5%. Die Nordstern Lebensmittel AG, vorher Nordstern Hochseefischerei, übernahm die anderen 49,5%. Die Stadt Cuxhaven hält nur einen 1%-Anteil. Die Fangflotte bestand 1995 aus dem Neubau des Frischfischfängers »Cuxhaven« und den Fangfabrikschiffen WIESBADEN, KIEL und MAINZ.

Nachdem die MAINZ 1996 an der Pier in Cuxhaven ausbrannte und das Unternehmen ein Ersatzschiff charterte, sind heute die KIEL, WIESBADEN und die zum Fangfabrikschiff umgebaute »Cuxhaven« im Einsatz. 190 Seeleute, davon 105 Portugiesen, fahren unter der Reedereiflagge der Deutschen Fischfang-Union. In der Verwaltung und der Netzmacherei sind 20 Mitarbeiter beschäftigt.

Der Landbetrieb, der für einen größeren Schiffsbetrieb konzipiert war, nahm immer mehr Fremdaufträge wie Arbeiten auf Schiffen anderer Reedereien, Reparaturleistungen im Industrie- und Anlagenbau an. Im September 1996 übernahm die Firma S.A.M. den Landbetrieb der Deutschen Fischfang-Union, der aus 60 Mitarbeitern, darunter 12 Auszubildenden, besteht.

Der Verkauf der Ware Fisch begrenzte sich bis 1994 fast ausschließlich auf Deutschland. Im Zeitalter des »Globalfisches« sind Länder in Ostasien und Großbritannien die größten Kunden. Größere Fänge, gesteigerte Produktivität und Ausweitung der Fangsorten brachten dem Unternehmen in den letzten Jahren positive Geschäftsabschlüsse. Für die Zukunft plant die Deutsche Fischfang-Union den Bau eines neues Fangfabrikschiffes.

W. Teichert, Cuxhaven

Frischfischtrawler »Cuxhaven« Foto: NORDSEE-Archiv

Fischfang vor der norwegischen Küste

Am 2. Oktober 1997 läuft das Fangfabrikschiff KIEL zu den Fangplätzen an der nordnorwegischen Küste und der Barentssee aus. Der Kapitän und die Besatzung sind voller Hoffnung, Weihnachten wieder in Cuxhaven zu sein. An Bord befinden sich 45 Seeleute – zwei Jahre zuvor waren es noch 61, darunter auch der letzte Funker des Schiffes. Inzwischen werden die Funkanlagen, die Satellitenprogramme »Satcom« und die Inmarsat-Systeme »A«, »M« und »C« vom Kapitän und den Steuerleuten bedient.

Die KIEL kommt in die südnorwegischen Fanggründe. Der Fischsucher zeigt hier keinen Fisch. Die Fahrt geht weiter Richtung Norden. Erst in Höhe der Lofoten bei »Röstbank« wird die Fischerei aufgenommen. Der Fang ist jedoch gering. Nur 5 bis 8 Tonnen Filet pro Fangtag, das meiste Seelachs. Es geht langsam nördlicher. Das Wetter ist gut und es werden zwei gute Fangtage zwischen »Main-Ecke« und »Spitzkowski«. Die Suchfahrt geht weiter. Auf dem Fangplatz »Svensgrund« befindet sich eine große Flotte kleiner Boote, die die sogenannte »Snurrwadenfischerei« betreiben. Das Küstenwachschiff »Tromsø« befindet sich auch auf dem Fangplatz. In diesem Gebiet ist ein Aussetzen der Netze nicht möglich, da die vielen Boote mit ca. 1,5 Seemeilen (ca. 2.500 Meter) langen Scheuchleinen fischen. Die KIEL geht auf Wartepostion und beobachtet die Situation. Nach einer Stunde werden die Netze in einem nicht genutzten Gebiet ausgesetzt. Nach 20 Minuten Schleppfahrt befinden sich 15 Tonnen Seelachs im Netz, ein gutes Zeichen. Auch eine ungewöhnlich große Sorte Seelachs. Das Fischen auf Position »Svensgrund« ist bis zum 20. Oktober möglich, dann wird dieses Fanggebiet gesperrt.

Die KIEL nimmt daraufhin Kurs »Nord-Westbank«. Am 3. November sind schon 400 Tonnen Filet im Schiff, als von der Reederei die Order kommt, den Fisch im norwegischen Hafen Alta zu löschen. Nach zwei Tagen geht es wieder auf Fischfang. Weihnachten zu Hause rückt in weiter Ferne. Sechs Stunden nach dem Auslaufen zeigt der Anzeiger auf der Postion »Fuglo« Fischschwärme. Nach 1½ Stunden Schleppzeit sind 35 Tonnen Seelachs im Netz. Nur mit Mühe kommt das prall gefüllte Netz an Deck. Die nächsten sechs Tage fischt die KIEL auf dieser Position 150 Tonnen Seelachsfilet. Hier ist die Quote nun abgefischt.

Die Fahrt geht nördlich zu der Position »SW Ecke Bäreninsel«. Die Tagesfangmenge beträgt hier zehn Tonnen Kabeljaufilet. Das neue Fanggeschirr der KIEL bewährt sich. Welch ein Unterschied zu vorher! 1995 betrug das Gewicht der Scherbretter maximal zwei Tonnen pro Brett, heute je drei, vier bis acht Tonnen. Die altbewährten 180 Fuß-Netze wurden durch 250 Fuß große und robustere »Bacalao 612« ersetzt. Zur Standardausrüstung dieses neuen Netztyps gehören ein Füllgradmesser auf dem Steert sowie eine kabellose Netzsonde. Diese Sonde übermittelt auf einem Farbdisplay Informationen über Netzöffnung, Fischeinläufe, Wassertemperaturen am Grund sowie die Wassertiefe des Netzes. Eine weitere Sonde zeigt eine Abstandsmessung zwischen den Scherbrettern an. Mit diesen Netzen kann jetzt in großen Wassertiefen von 1400–1500 Metern problemlos gefischt werden, da das Netz ständig unter Kontrolle ist. Die »Scanmar/Furuno«-Systeme sowie die isländischen Scheerbrettmodelle von »Polyeys« haben sich in der Praxis sehr gut bewährt. Aber auch die Schlepptrossen, die »Kurrleinen« haben jetzt einen Durchmesser von 34 mm, bei der Indienststellung des Schiffes vor 25 Jahren waren es noch 28 mm.

Die KIEL erreicht Ende November den neuen Fangplatz »SW Ecke Bäreninsel«. Hier beträgt die Wassertiefe 160 bis 400 Meter. Im weiteren Umkreis fischen englische und russische Trawler. Das Schwesterschiff der KIEL, die WIESBADEN, fischt zur gleichen Zeit in der »Svalbardzone«, einem Gebiet außerhalb der norwegischen 200 Sm-Wirtschaftszone. Im Fanggebiet der KIEL nimmt die Anzahl der Fangschiffe zu. Erst 40 Schiffe, dann Anfang Dezember 86 Schiffe in einem 12 Sm Radius. Eine erfolgreiche Fischerei ist bei dieser Schiffskonzentration nicht mehr möglich. Es geht kein Fisch ins Netz, der Platz ist abgefischt. Die KIEL geht auf Kurs SO in Richtung »Skolpenbank«, wo auf 30 Grad Ost im Grenzgebiet zwischen Norwegen und Rußland in der sogenannten »Grauzone« Kabeljau ins Netz geht. Auf diesem Fangplatz befinden sich einige englische Trawler, von denen der Kapitän der KIEL den Tip erhalten hatte. Eine Woche vor Weihnachten ist auch dieser Platz abgefischt.

Es geht wieder zurück zur »SW Ecke Bäreninsel«. Von der großen Fangflotte keine Spur mehr. Fischen hier nun allein. Am 20. Dezember bekommt das Schiff »Besuch« aus der Luft. Es ist nicht der Nikolaus, sondern ein Hubschrauber der norwegischen »Coast-Guard« mit zwei Inspektoren. Es werden die Netzmaschen kontrolliert und die Schiffsfangdaten mit denen der Fischereidirektion in Bergen verglichen. Nach sechs Stunden werden die beiden Kontrolleure von einem Beiboot des inzwischen eingetroffenen Fischereischutzschiffes »Nordcap« abgeholt. Alles o.k. und keine »Remarks« im Protokoll!

Weihnachten rückt näher. Der Kapitän erlebt zum ersten Mal in seiner 39jährigen Fahrenszeit ein Fest ohne Weihnachtsbaum! Es war vor allem ein Verdienst des Kochs, der Mannschaft mit einem besonderen Festtagsessen und selbstgebackenem Kuchen Weihnachtsstimmung zu vermitteln. Endlich, am 9. Januar, tritt die KIEL die Heimreise an. Am 13. Januar - nach 103 Tagen - macht die KIEL im Heimathafen Cuxhaven die Leinen fest.

W. Gewiese, Nordholz

Keine schwarze Magie: Die Black-Box

Weltweit gibt es wohl nur drei Kategorien von Menschen, die immer ganz bei der Wahrheit bleiben: Von alters her die Fischer und Jäger, in neuerer Zeit die Golfer. Von den Fischern soll hier die Rede sein, ob der Angler am Fluß und See, der Tagesfischer im Süß- und Salzwasser oder der Hochseefischereikapitän auf dem weiten Meer. Letzterem sollen jetzt, im hochtechnisierten Zeitalter am Ausgang des 20. Jahrhunderts, auf internationaler Basis die Daumenschrauben angelegt werden. Um die Fischbestände vor extremer Ausbeutung zu schützen und um auf Dauer den höchstmöglichen Fischeierertrag zu liefern, benötigt die Wissenschaft verläßliche Statistiken über Fang, Fangaufwand, Position, Datum, Uhrzeit u.a.m. im Interesse einer erfolgreichen Durchführung der gemeinsamen EU-Fischereipolitik. Dazu dient seit einigen Jahren die satellitengestützte Überwachung der größeren Fischereifahrzeuge mit Hilfe der sogenannten »Black-Box«. Diese Einrichtung, bisher in der Erprobungsphase, wird ab 30. Juni 1998 im wesentlichen für Fischereifahrzeuge über 24 Meter Länger über alles angewandt (Ausnahme: Mittelmeer und mit Einschränkung: Drittländergewässer). Ab 1. Januar 2000 sollen dann alle über 24 Meter großen Fangschiffe weltweit, egal ob bei den Aleuten, vor Madagaskar oder auf der Doggerbank, über eine »Black-Box« verfügen. Es handelt sich dabei um eine Vorrichtung - einem Pilz nicht unähnlich - an exponierter Stelle des Schiffes, die von außen nicht beeinflußbar mit einem schwarzen Kasten verbunden ist, der sogenannten »Black-Box«, die voller »High-Tech« steckt. Über Satellit können nun jederzeit von Land per Knopfdruck eine Vielzahl von Daten eines jeden Fischereifahrzeuges abgerufen und simultan auf farbigem Bildschirm dargestellt und ausgedruckt werden, wie Fahrzeugkennziffer, Position nach Länge und Breite, derzeitige Tätigkeit (z.B. Fischen, Treiben, Dampfen) mit Geschwindigkeit und Kurs, u.a.m. Alle Daten werden selbstverständlich archiviert. Ein automatischer Alarm wird ausgelöst, wenn Meldungen von einzelnen Fahrzeugen überfällig sind. Die Genauigkeit beläuft sich dank der heutigen technischen Möglichkeiten auf 100 Meter.

H. Dornheim, Hamburg

Das Fanggeschirr wird vorbereitet.
Foto: DFFU, Cuxhaven

ANHANG

Nordsee-Jubilare: Seeleute der Reederei

Die Reedereileitungen in Nordenham, Bremerhaven und Cuxhaven legten immer großen Wert auf die Würdigung verdienter und langjähriger Mitarbeiter. Aus diesem Anlaß wurden in kleinen Feierstunden der Werdegang und die Arbeit der Jubilare geehrt. Neben verschiedenen Präsenten wurden dem Jubilar für 25 Jahre Betriebstreue und mehr ein silbernes bzw. goldenes Nordsee-Abzeichen an das Revers gesteckt.

In der nebenstehenden Liste sind die Jubilare erfaßt, die 40 Jahre und mehr als Seeleute bei der Nordsee-Reederei tätig waren. Die Bezeichnung der Funktion an Bord entspricht der letzten Dienststellung. Das Sternchen (*) gibt einen Hinweis auf eine Landstellung nach der aktiven Seefahrtszeit. Die Nordsee-Nachrichten würdigten diejenigen Jubilare, die 50 Jahre bei der Nordsee beschäftigt waren. Der Reedereileiter sprach auf den Jubilarverstaltungen dann auch schon einmal von der »Goldenen Hochzeit mit der Nordsee«. Die Liste ist nicht vollständig, es fehlen vor allem die Jubilare der ersten Stunde.

Name	Jahrgang	Funktion/*	von–bis	Name	Jahrgang	Funktion/*	von–bis
Heinrich Baars	1900	Maschinist	1924–1964	Hinrich Lührs	1909	Netzmacher*	1928–1968
Otto Beckero	1898	Heizer*	1919–1959	Siegfried Meyer	1900	Maschinist	1924–1966
Robert Becker	1907	Maschinist	1930–1972	Heinrich Müller	1905	Netzmacher*	1923–1964
Walter Beckmann	1915	Kapitän*	1930–1976	Walter Nork	1920	Matrose*	1938–1979
August Benz	1906	Maschinist*	1931–1971	Arnold Nothmann	1927	Kapitän*	1941–1985
Carl Bischof	1894	Netzmacher*	1908–1958	Hermann Ogrzala	1927	Netzmacher*	1936–1976
Gustav Boes	1906	Maschinist	1929–1971	Jürgen Oltmanns	1910	Hochseefischwerker	1928–1968
Otto Bohlien	1902	Maschinist	1929–1968				
Heinrich Brink	1911	Kapitän*	1924–1964	Friedrich Otto	1894	Kapitän*	1909–1959
Rudolf Brinkmann	1920	Matrose*	1935–1975	Max Otto	1899	Kapitän*	1914–1964
Anton Brumund	1912	Fischwerker*	1930–1970	Karl Plump	1898	Maschinist	1922–1964
Walter Bruns	1902	Maschinist	1918–1968	Wilhelm Potschka	1909	Funker	1932–1974
Hinrich Buss	1874	Kapitän	1897–1938	Alfred Queisser	1880	Maschinist	1904–1945
Hinrich Buss	1909	Kapitän	1931–1971	Adolf Rauh	1905	Maschinist	1924–1977
Johann Buss	1901	Kapitän	1921–1966	Friedrich Rein	1910	Heizer*	1928–1968
Hans Damröse	1907	Maschinist*	1921–1971	Conrad Reise	1898	Maschinist	1922–1963
Heinrich Dannemann	1898	Maschinist	1913–1963	August Renken	1912	Funker	1931–1971
Peter de Vries	1923	Matrose*	1939–1979	Johann Roters	1908	Kapitän*	1927–1967
Rudolf Ebert	1901	Maschinist	1925–1966	Anton Sauer	1898	Matrose	1919–1959
Edmund Einfeld	1898	Matrose	1921–1963	Erwin Schäfer	1911	Maschinist	1934–1974
Fritz Engeler	1909	Motorenwärter*	1929–1969	Gustav Schmick	1889	Kapitän	1914–1954
Walter Fickbohm	1915	Kapitän*	1930–1977	Helmut Schmietendorf	1913	Bestmann*	1936–1976
Wilhelm Flessel	1902	Kapitän	1922–1962	Wilhelm Schröder	1903	Maschinist	1926–1969
Walter Folgmann	1904	Maschinist*	1927–1967	Ahlrich Schulte	1902	Kapitän	1922–1964
Friedrich Gerking	1910	Maschinist	1931–1971	Ernst Seele	1897	Kapitän*	1914–1954
Johannes Gewald	1891	Kapitän*	1914–1956	August Sell	1889	Maschinist*	1913–1953
Alfred Gewinn	1898	Maschinist	1920–1963	Hermann Simon	1904	Matrose*	1925–1967
Willi Gnass	1921	Netzmacher*	1939–1979	Hans Stahlbuck	1924	Kapitän*	1939–1979
Wilhelm von Häfen	1897	Kapitän	1912–1962	Johann Stölken	1901	Kapitän*	1919–1966
Heinrich Halfbrodt	1914	Hochseefischwerker*	1936–1976	Friedrich Strehle	1902	Matrose*	1926–1966
				Heinrich Strenge	1874	Kapitän	1898–1939
Wilhelm Harms	1896	Maschinist	1919–1961	Friedrich Stroebel	1911	Netzmacher*	1930–1970
Albert Havemann	1898	Maschinist	1921–1961	Hans Surbeck	1901	Steuermann*	1925–1965
Theodor Heeren	1896	Kapitän*	1919–1959	Friedrich Süsens	1905	Fischwerker	1930–1970
Karl Keirat	1924	Kapitän*	1946–1986	Wilhelm Teichfischer	1900	Matrose*	1922–1966
Gerhard Klück	1908	Steuermann*	1929–1969	Otto Tretzlaff	1897	Maschinist	1920–1962
Fritz Koppelmann	1902	Kapitän	1921–1961	Hermann Toben	1922	Kapitän	1937–1980
Friedrich Korte	1904	Kapitän	1924–1969	Bruno Tietz	1894	Kapitän	1914–1954
August Kuhlmann	1904	Kapitän	1921–1968	Leonhard Verheugen	1910	Maschinist	1930–1974
Paul Kühn	1914	Maschinist	1928–1968	Willi Viol	1900	Kapitän	1919–1964
Adolf Lentz	1907	Kapitän	1922–1967	Ernst Wesemann	1911	Maschinist	1930–1974
Hans Leppin	1908	Funker	1931–1971	Hermann Vowinkel	1901	Maschinist	1923–1966
Otto Lucht	1914	Kapitän*	1930–1976	Albrecht Wiemken	1915	Maschinist*	1929–1979
Albert Lüdtke	1891	Kapitän	1907–1957	Karl Will	1909	Kapitän	1929–1969

Jubilarslaufbahnen

Die Brüder Friedrich und Max Otto.
Foto: NORDSEE-Archiv

Kapitän Albert Lüdtke 1937 im Dampferbüro.
Foto: DSM

Schon als Junge wollte der in Zanow/Pommern geborene **Albert Lüdtke** zur See fahren. 1907 musterte er dann in Bremerhaven an. Nach dem Besuch der Seefahrtsschule 1919 kam er als erster Steuermann auf den Fischdampfer Hanseat, wo er zwei Jahre später das Kommando übernahm. Bis 1952 war er als Kapitän auf verschiedenen NORDSEE-Fischdampfern tätig, bevor er die Funktion eines Decksinspektors in der Reedereiabteilung übernahm. Außerdem war er Beisitzer am Seeamt.

Am 24. März 1913 begann für den Nordenhamer **Heinrich Dannemann** bei der NORDSEE seine Maschinenschlosserlehre. Anfang 1919 musterte er als Heizer auf der ALLER, einem »Karbiddampfer«, an. 1924 erwarb der Jubilar das C-3 Patent, machte dann auf der WÜRZBURG noch einige Reisen als »Zweiter« und dann ab 1925 als »Erster«. Zu seinen Lieblingsschiffen gehörte die MÜNCHEN, auf der er von 1936 bis 1939 fuhr. Nach dem Zweiten Weltkrieg heuerte er auf dem Neubau BREMERHAVEN (»Ein prächtiger Dampfer, ein Seeschiff durch und durch«) an. 1961 wurde die WESEL sein letztes Schiff.

Innerhalb von fünf Jahren erlebte die NORDSEE ein seltenes Familienjubiläum. Zuerst wurde 1959 der ältere Bruder **Friedrich Otto**, und dann 1964 sein jüngerer Bruder Max vom Reedereileiter für seine Arbeit gewürdigt. Friedrich Otto stammte aus einer Seefischerfamilie. Sein Vater war ein NORDSEE-Kapitän der ersten Stunde und später Heuerbaas in der Reedereiabteilung Nordenham. Der junge Friedrich musterte als Schiffsjunge 1909 auf der MECKLENBURG an. Ende des Jahres gehörte er zu der Besatzung der SACHSEN, die am Heiligabend im Hafen von Oporto/Portugal zusammen mit vielen anderen Schiffen bei einer Sturmflut strandete. Danach begann für ihn die Zeit der Segelschiffe, da er für das Steuermannspatent eine Fahrenszeit auf den Windjammern benötigte. Zu seinen letzten Schiffen gehörte die STANDARD, die während der isländischen Heringsfischerei als Stationsschiff der NORDSEE diente. 1919 war es dann soweit, daß er als Steuermann anheuern konnte. Kurze Zeit später war er dann bis 1947 als Kapitän auf mehreren NORDSEE-Schiffen tätig. Bis zu seiner Pensionierung 1957 war der Jubilar im Landbetrieb beschäftigt.

Max Otto, der jüngere, fuhr immer im Kielwasser seines Bruders. Sie haben buten und binnen Bord an Bord gelegen, haben über Sprechfunk miteinander palavert, mit Lotsen Honorare heruntergehandelt und beide waren Kapitäne mit einer Fischnase. Sein Vater war es, der den jungen Max als Schiffsjunge auf dem Schlepper von Hein Gante angemustert hat. Nach dem Ersten Weltkrieg begann seine Matrosenzeit. 1924 Steuermann und 1930 Kapitänsexamen gehörten zum weiteren Berufsweg des jüngeren

Otto. 1934 bekam er sein erstes Schiff. Nach der Wiederaufnahme der Fischerei war Max Otto von 1946 bis 1950 Heuerbaas in der Bremerhavener Reedereiabteilung. Die Landtätigkeit tauschte er danach für fünf Jahre gegen die Kommandobrücke eines Fischdampfers ein. Als 1955 eine Stelle in der Decksinspektion Bremerhaven frei wurde, fiel die Wahl auf dem Kapitän Max Otto. Somit wechselte er innerhalb weniger Jahre zum zweiten Mal die Brücke mit dem Landbetrieb.

»Wenn'ck nich mehr 'n See togan kunn, ick glöw, ick gung in«, meinte **Wilhelm von Häfen** 1952, als er für 40 Jahre bei der NORDSEE geehrt wurde. 1912 begann seine Seemannslaufbahn mit der Anmusterung als Schiffsjunge auf dem Nordenhamer Schlepper von Hein Gante. Nach der Rückkehr aus der englischen Kriegsgefangenschaft (»Dat weer 'n lang Uplegetied!«) machte er sein Steuermannspatent. 1931 bekam er dann sein erstes Schiff. Mit dem Fischdampfer INNSBRUCK wurden er und seine Besatzung zur Kriegsmarine eingezogen. Nach 1945 machte Kapitän Willi von Häfen mit der OSTPREUSSEN Island-Rekordreisen von 11 bis 12 Tagen. Willi von Häfen war maßgeblich daran beteiligt, daß die deutsche Hochseefischerei ab 1950 den Heringsfang im englischen Kanal befischen konnte. Für diese Pioniertat wurde der Kapitän auf dem Tag der Hochseefischer 1953 geehrt. Die MAINZ war das letzte Schiff des Willi von Häfen.

*Albrecht Wiemken.
Foto: Albrecht Wiemken*

Am Morgen des 14. April 1929 beginnt für **Albrecht Wiemken** und fünf andere Jungen in der Reparaturwerkstatt der Nordenhamer Reederei eine vierjährigen Lehre als Maschinenschlosser. Nach deren Ende folgt der Firmenumzug von Nordenham nach Bremerhaven. Bei Albrecht Wiemken, jetzt Geselle, entsteht die Sehnsucht, mit hinauszufahren auf die See. Ende 1934 heißt es dann »Leinen los« zur ersten Reise als Lehrheizer auf dem Fischdampfer ERNST VON BRIESEN. Nach seiner zweiten »Lehrzeit« fährt er bis 1939 als Heizer auf verschiedenen NORDSEE-Schiffen, bevor er im Juni 1939 das Seemaschinistenpatent C3 macht. Die erste Reise auf der WEISSENFELS blieb dann auch die letzte Fangreise vor dem Zweiten Weltkrieg. Die WEISSENFELS wurde »Kriegshilfsschiff«. Bis 1944 war Albrecht Wiemken auf diesem Schiff als Maschinist tätig. 1946 konnte er dann als »Erster« bzw. »Zweiter« bis 1951 auf mehreren NORDSEE-Schiffen fahren. Nach der Abmusterung von seinem letzten Schiff, der ESSEN, übernahm er die Stelle eines Wachmaschinisten im Eiswerk in Bremerhaven. Als das Eiswerk dem Tiefkühllager Platz machen mußte, wurde Albrecht Wiemken bis zu seiner Pensionierung Betriebsschlosser. Aus der Prophezeihung des Reedereileiters anläßlich des 25jährigen Betriebsjubiläums, wo dieser sagte: »Ihr Lehrvertrag wird bei Erreichung des Rentenalters wohl ein Lebensvertrag mit der NORDSEE«, wurde 1979 Wirklichkeit.

*Kapitän Willi von Häfen.
Foto: DSM*

Gedenkbuch für die Hochseefischer

Bei einem Staatsbesuch in Bremen besuchte Bundeskanzler Dr. Adenauer am 13. Februar 1953 auch Bremerhaven. Nach dem Empfang des Kanzlers an der Columbuskaje folgte eine Fahrt durch den Fischereihafen. An der Pier zwischen den Auktionshallen war ein mit Blumen geschmücktes Pult aufgebaut. Darauf lag das Ehrenbuch der auf See gebliebenen Hochseefischer. Um das Pult standen sechs NORDSEE-Seeleute.

Aus dem Gedenkbuch »Ehrenmal Deutscher Seeleute« und dem Ehrenbuch des deutschen Hochseefischers stammen die nachfolgenden Eintragungen über Untergänge von NORDSEE-Fischdampfern.

Erste Seite im Ehrenbuch der auf See gebliebenen Hochseefischer.

*Bundeskanzler Adenauer unterzeichnet im Ehrenbuch des deutschen Hochseefischers sein Geleitwort, das er anläßlich der Stiftung des Buches am Tage des Hochseefischers 1953 übermittelt hatte. Rechts daneben NORDSEE-Direktor Fornell.
Foto: NORDSEE-Archiv*

Fischdampfer WIESBADEN

Untergang: 19.10.1898
1. Habben Wattjes, Ostgroßefehn 1859 Flaggkapitän
2. Carl Croon, Aurich 1868 Kapitän
3. Friedrich Freels, Frischenmoor 1863 Bestmann
4. Harm Schmidt, Klein-Remels 1856 Netzmacher
5. Tobe Toben, St. Joost 1869 Matrose
6. Johann Müller, Neuharlingersiel 1870 Matrose
7. August Bugge, Swinemünde 1847 Matrose
8. Carl Schmitten, Beckerhagen 1860 1. Maschinist
9. Gerhard Harms, Neustadt 1872 2. Maschinist
10. Georg Freudenthal, Vorbrück 1861 Heizer
11. Christian Rehmstedt, Wichtens 1871 Koch

Fischdampfer AACHEN

Untergang Dezember 1898
1. Gustav Hinsch, Lehe 1870 Kapitän
2. Gerd Bakker, Boekzetelerfehn 1854 Steuermann
3. Arthur Witte, Wendichpuddinger 1866 Netzmacher
4. Heinrich Dettmers, Barßel 1850 Matrose
5. Joseph Ovelgönne, Schemde 1863 Matrose
6. Wilhelm Schmidt, Nassau 1881 Matrose
7. Joachim Brockmann, Lübeck 1875 1.Maschinist
8. Ker Hylkema, Aerum/Niederlande 1869 2. Maschinist
9. Heinrich Stühring, Bensen 1860 Heizer
10. Conrad Borchers, Barßel 1867 Koch

Fischdampfer MANNHEIM

Untergang Januar 1900
1. Rudolf Dreyer, Papenburg 1861 Kapitän
2. Heinrich Engeln, Herbrum 1874 Steuermann
3. Paul Krüger, Pöhlen 1881 Matrose
4. Behrend Lübben, Altfunixsiel 1880 Matrose
5. Friedrich Saathoff, Spetzerfehn 1858 Matrose
6. Harm Schön, Neuefehn 1874 Matrose
7. Georg Kallmeyer, Schleswig 1847 1.Maschinist
8. Friedrich Schulze, Potsdam 1856 2.Maschinist
9. Wandelin Buck, Erbingen 1864 Heizer
10. Otto Diekmann, Warsingsfehn 1860 Koch

Fischdampfer PRIMUS

Untergang Januar 1901
1. Paulus Peters, Westeraccumersiel 1863 Kapitän
2. Wilhem Ostinga, Neuefehn 1868 Steuermann
3. Gustav Hagberg, Helsingfors 1873 Matrose
4. Berthus Müller, Westrhauderfehn 1874 Matrose
5. Hermann Reents, Westrhauderfehn 1876 Matrose
6. Hendrik van Dyk, Wildervank/Niederlande 1878 Matrose
7. Dierk Menke, Holterfehn 1883 Leichtmatrose
8. Ludwig Notholt, Oldenburg 1863 1. Maschinist
9. Ernst Tschech, Libau 1868 2. Maschinist
10. Theodor Bärtl, Wangerin 1847 Heizer
11. Neele Fröhlich, Holzdorf 1856 Koch

Fischdampfer DÜSSELDORF

Untergang März 1901
1. Detert Deters, Barßel 1867 Kapitän
2. Johann Cassens, Carolinensiel 1869 Steuermann
3. Gerd Krull, Voßbarg 1868 Netzmacher
4. Johann Mansholt, Klein-Hesel 1863 Matrose
5. Folkert Hinrichs, Warsingsfehn 1881 Matrose
6. Harm Poppinga, Norden 1858 Matrose
7. Albert Mooy, Amsterdam 1869 Matrose
8. Karl Wilken, Geestemünde 1877 1. Maschinist
9. Johann Eickhoff, Warfleth 1877 2. Maschinist
10. Karl Boas, Hamburg 1859 Heizer
11. Johann Kaczmareck, Berdischowo 1876 Koch

Fischdampfer MINISTER JANSEN

Untergang März 1906
1. Theodor Dirks, Barßel 1871 Kapitän
2. Tjard Krull, Westeraccumersiel 1878 Steuermann
3. Otto Horning, Breslau 1879 Matrose
4. Conrad Meyer, Riepen 1884 Matrose
5. Friedrich Kunze, Nordenham 1888 Matrose
6. Bohle Prahm, Holterfehn 1889 Matrose
7. August Ströbel, Philippsdorf 1879 1. Maschinist
8. August Doll, Hannover 1865 2.Maschinist
9. Franz Lesseck, Karnitten 1882 Heizer
10. Eduard Bobbe, Essen 1872 Koch

Fischdampfer MÜNCHEN

Untergang Feburar 1908
1. Heinrich Rieken, Burlage   1875   Kapitän
2. Johann Reents, Neuharlingersiel 1869   Steuermann
3. Hans Otten, Langeoog   1874   Netzmacher
4. Evert Penning, Warsingsfehn   1879   Matrose
5. Heinrich Böhme, Hartum   1886   Matrose
6. Heinrich Kreft, Niedernwöhren   1887   Matrose
7. Friedrich Krieger, Ausweiler   1879   1. Maschinist
8. Heinrich Meyborg, Warsow   1884   2. Maschinist
9. Paul Günzel, Spandau   1874   Heizer
10. Anton Heyen, Papenburg   1880   Koch

Fischdampfer AUGSBURG

Untergang 31. Oktober 1910
1. Johann Albers, Lübbertsfehn   1873   Matrose
2. Harm Schmidt, Süderneuland   1881   Matrose
3. Carl Brahms, Boekzetelerfehn   1874   Matrose
4. Otto Jäkel, Reppichau   1882   1.Maschinist
5. Paul Bock, Jägelack   1877   2.Maschinist
6. Johannes Pieritz, Stralsund   1879   Koch

Fischdampfer DRESDEN

Untergang Mai 1917
1. Hinrich Manssen, Warsingsfehn   1876   Kapitän
2. Edde Herren, Neuefehn   1848   Steuermann
3. Heinrich Voß, Westrhauderfehn   1883   Netzmacher
4. Johann Boyks, Phiesewarden   1880   Matrose
5. Wilhelm Huxholdt, Stadthagen   1892   Matrose
6. Friedrich Meinke, Blumenthal   1899   Matrose
7. Heinrich Feuß, Geestemünde   1884   Matrose
8. Justus Jungbluth, Bremen   1875   1. Maschinist
9. Emil Griesmann,
      Kötzschenbroda   1898   2. Maschinist
10. Karl Dählmann, Osternburg   1883   Koch

Fischdampfer FRANKFURT

2. November 1917 von engl. Kriegsschiff versenkt
1. Hermann Janssen, Ohrtermersch   1893   2. Steuermann
2. Albert Gromoll, Czarnowske   1880   Netzmacher
3. Julius Witt, Uhrendorferweg   1897   Matrose
4. Johann Rosner, Woischnitz   1866   1. Maschinist
5. Mathias Jörgensen, Havneby   1860   Koch

Fischdampfer HOLSTEIN

Untergang November 1921
1. Theodor Schumacher, Lienen   1883   Kapitän
2. Jons Schobries, Pokallna   1883   1. Steuermann
3. Carl Johannsen, Almor   1890   2. Steuermann
4. Hermann Duw, Vogelsang   1879   Netzmacher
5. Otto Schwandt, Clausdorf   1884   Matrose
6. Diedrich Harzmann,
      Sillenserwisch   1885   Matrose
7. Georg Frederstorf, Bernburg   1889   Matrose
8. Firtz Haak, Nordenham   1905   Leichtmatrose
9. Max Endres, Rottweil   1884   1. Maschinist
10. Nicolaus Killmer, Meißen   1888   2. Maschinist
11. Julius Tyc, Ilversgehofen   1892   Heizer
12. Rudolf Fregien, Prinzlaff   1874   Koch

Fischdampfer SCHILL

Januar 1924 verschollen
1. Wilhelm Meyer,
      Oberhammelwarden   1878   Kapitän
2. Otto Schabbel, Bodenwinkel   1889   1. Steuermann
3. Friedrich Deterding, Enzen   1892   2. Steuermann
4. Adolf Lehmann, Elbing   1893   Netzmacher
5. Wilhelm Weeken, Römelmoor   1884   Matrose
6. Harm Block, Rahe   1889   Matrose
7. Gustav Steinfeld, Mirau   1900   Matrose
8. Hinrich Plump,
      Kirchhammelwarden   1907   Junge
9. Emil Ewert, Tarp   1881   1. Maschinst
10. August Lübben, Ohmstede   1893   2. Maschinist
11. Hange Freeks, Neermoor   1898   Heizer
12. Hans Voigt, Heppens   1899   Heizer
13. Hinrich Sanders, Norderney   1889   Koch

Fischdampfer BAYERN

27. Januar 1925 Strandung/Untergang
1. Wilhelm Brau, Brake   1892   Kapitän
2. Heinrich Redeker, Hagen   1895   1. Steuermann
3. Gustav Plump, Nordenham   1886   2. Steuermann
4. Hermann Prahm,
      Ostrhauderfehn   1892   Netzmacher
5. Georg Buß, Holterfehn   1899   Matrose
6. Anton Holtmann, Flachsmeer   1900   Matrose
7. Johann Steenhoff, Habbrügge   1902   Matrose

8. Ferdinand Wolter, Nordenham	1908	Leichtmatrose
9. Hinrich Brummer, Großensiel	1893	1. Maschinist
10. Friedrich Nevermann, Wismar	1893	2. Maschinist
11. Hermann Griebenow, Gollnow	1892	Heizer
12. Hermann Oltmanns, Wüppels	1898	Heizer
13. Johann Vahlenkamp, Seefelderschort	1897	Koch

Fischdampfer BERLIN

seit dem 23. November 1928 verschollen

1. Rupert Moosmüller, Bremerhaven	1882	Kapitän
2. Carl Beyer, Taubenheim	1884	1. Steuermann
3. Gottlieb Dornbusch, Meerbeck	1894	2. Steuermann
4. Heinrich Osthoff, Bochum	1895	Matrose
5. Alfred Führing, Cuxhaven	1904	Matrose
6. Karl Modersitzki, Neukrug	1899	Matrose
7. Paul Berszieck, Agilla	1909	Matrose
8. Heinrich Hohn, Frankfurt/Main	1908	Leichtmatrose
9. Ludwig Boos, Ludwigshafen	1893	1. Maschinist
10. Otto Spingel, Rendsburg	1898	2. Maschinist
11. Robert Albrecht, Grabow	1900	Heizer
12. Godburg Friedrichsen, Meldor	1903	Heizer
13. August Lange, Leipen	1896	Koch

Fischdampfer UHLENHORST

seit dem 9. Januar 1937 verschollen

1. Peter Meier, Finkenwärder	1891	Kapitän
2. Hans Olthafer, Cuxhaven	1903	1. Steuermann
3. Gerhard Heuck, Cuxhaven	1911	2. Steuermann
4. Theodor Berghorn, Padingbüttel	1909	Netzmacheer
5. Gerhard Herrler, Neuenfelde	1905	Matrose
6. Max Moskwa, Aumund	1910	Matrose
7. Emil Mendrzycki, Layss	1907	Leichtmatrose
8. Meene Reemts, Iheringsfehn	1898	1. Maschinist
9. Gustav Klein, Königsberg	1883	2. Maschinist
10. Fritz Barthel, Schlotheim	1912	Heizer
11. Fritz Marten, Bromberg	1899	Heizer
12. August Wangelin, Görries	1887	Koch

Fischdampfer HEINRICH HOHNHOLZ

am 12. April 1948 beim Fischfang im Skagerrak gesunken, wahrscheinlich Minentreffer

1. Fritz Klatt	1896	Kapitän
2. Johannes Ahrok	1898	Steuermann
3. Heinrich Rix	1893	1. Maschinist
4. Otto Setter	1908	2. Maschinist
5. Johann Nord	1888	2. Maschinist
6. Johannes Gerbes	1899	Netzmacher
7. Harri Schlegg	1930	Matrose
8. Kurt Schlinginst	1929	Matrose
9. Gerog Sieber	1919	Matrose
10. Hermann Gnoyke	1928	Matrose
11. Gerd Murra	1905	Heizer
12. Victor Bierfeld	1903	Heizer
13. Karl-Heinz Schlicht	1923	Trimmer
14. Heinrich Roms	1906	Koch

Fischdampfer ELBE

am 29. September 1955 nach Kollision vor der Doggerbank gesunken

1. Friedrich Drinkuth	1910	Kapitän
2. Horst Weiss	1930	2. Steuermann
3. Wilhelm Dunkelberg	1907	1. Maschinist
4. Günter Gruzdz	1924	2. Maschinist
5. August Kreth	1908	Koch
6. Lothar Westphal	1934	Kochsmaat
7. Willi Hinz	1915	Matrose
8. Ferdinand Schechten	1935	Matrose
9. Günter Pannhorst	1936	Matrose
10. Ernst Schneckener	1936	Matrose
11. Arno Böhnke	1937	Matrose
12. Hans-Sören Schwarz	1937	Matrose
13. Gerd Hüttmeier	1935	Heizer
14. Heinz Corleis	1936	Heizer
15. Harry Templin	1931	Trimmer

Hecktrawler MÜNCHEN

am 25. Juni 1963 auf ein Riff vor Grönland gelaufen.
27 Todesopfer und 15 Überlebende!

1.	Manfred Morgenroth, Cuxhaven	1937	3. Steuermann
2.	Lothar Bork, Cuxhaven	1925	Koch
3.	Klaus von Bargen, Cuxhaven	1920	Fischwerkmeister
4.	Hermann Meyer, Otterndorf	1911	Fischwerkmeister
5.	Otto Bender, Cuxhaven	1915	1. Maschinist
6.	Kurt Hinz, Cuxhaven	1921	3. Maschinist
7.	Kurt Rathjen, Altenbruch	1943	Maschinen-Assi
8.	Robert Jahr, Cuxhaven	1913	Motorenwärter
9.	Gustav Henning, Cuxhaven	1920	Netzmacher
10.	Joachim Geissler, Cuxhaven	1923	Funker
11.	Christian Hübinger, Cuxhaven	1939	Matrose
12.	Willi Kowalski, Otterndorf	1909	Matrose
13.	Günter Hoffmann, Cuxhaven	1924	Matrose
14.	Rolf Zander, Cuxhaven	1940	Matrose
15.	Hans Prange, Altenwalde	1921	Matrose
16.	Felix Fürst, Cuxhaven	1927	Matrose
17.	Peter Schenk, Leinen	1945	Matrose
18.	Harald Rudnis, Cuxhaven	1941	Matrose
19.	Franz Rimkus, Cuxhaven	1916	Matrose
20.	Ewald Lühr, Cuxhaven	1930	Matrose
21.	Paul-Gerhard Koch, Hochheim	1940	Matrose
22.	Siegfried Hübner, Salzgitter	1940	Fischverarbeiter
23.	Friedhelm Mutter, Murg-Baden	1941	Leichtmatrose
24.	Jose Nouvas-Soution, Spanien	1931	Matrose
25.	Juan Valino-Fresco, Spanien	1934	Matrose
26.	Manuel Rodriguez-Conde, Spanien	1928	Matrose
27.	Manuel Iglesias-Docampo, Spanien	1930	Matrose

14 Tage nach dem Untergang der ELBE im September 1955 fand in der Cuxhavener Martinikirche die Gedenkfeier für die 15 Männer statt, die bei diesem Unglück den Tod fanden. Vor dem Portal der Kirche waren rechts und links Kränze niedergelegt, und unter dem Läuten der Glocken versammelten sich in dem Gotteshaus die Angehörigen der Toten und viele Menschen, die mittrauerten. Unter ihnen der Vorstand und Aufsichtsrat der NORDSEE, Vertreter der Bundesregierung, der niedersächsischen und bremischen Landesregierungen sowie die Oberbürgermeister von Cuxhaven und Bremerhaven. Im Innern der Kirche, vor dem blumengeschmückten Altar, lag auf einem mit der Reedereiflagge bedeckten Katafalk der an der Untergangsstelle aufgefischte Rettungsring der ELBE, ein erschütternder Zeuge der Vorgänge an der Doggerbank. Die Blumen der Angehörigen, ein großer Kranz der NORDSEE-Reederei und ein zweiter der Stadt Cuxhaven waren vor diesem Ring niedergelegt. Sechs Matrosen standen zu beiden Seiten des Podestes und hielten Ehrenwache für ihre toten Kameraden. Seemannspastor Wapenhensch hielt die Gedenkrede, zu deren Anfang er die Namen der 15 Toten verlas und in deren Verlauf er noch einmal das Unglück schilderte, das für 15 Seeleute 24 Stunden nach dem Auslaufen aus dem Heimathafen den Tod brachte.

Seit dem Untergang der MÜNCHEN 1963 gilt der 25. Juni bei der NORDSEE als Gedenktag für ihre auf See gebliebenen Hochseefischer. Ihnen zu Ehren legt eine Abordnung der Reederei an diesem Tag an der Gedenkstätte auf dem Brockeswalder Friedhof in Cuxhaven einen Kranz nieder.

Um die Erinnerung an die verunglückten Seeleute in der Bevölkerung wachzuhalten, wurde am 5. September 1993 die Seefahrergedenkstätte St. Petri in Cuxhaven feierlich eingeweiht. Geschaffen durch die Initiative des Kirchenkreises, der Seemannsmission und des Nautischen Vereins Cuxhaven sind hier die Namen der auf See gebliebenen Seeleute dokumentiert. Anläßlich der NORDSEE-Jubiläumsfeier 1996 legte die Geschäftsführung einen Kranz an der Gedenkstätte nieder. Der Toten wird durch einen Sonntag der Seefahrt, im März eines jeden Jahres, in der Kirche St. Petri in Cuxhaven gedacht.

Trauerfeier für die Verunglückten des Fischdampfers ELBE *in Cuxhaven.
Foto: DSM*

*Gedenkstätte für Seeleute.
Foto: Buschardt / NORDSEE-Archiv*

INDEX DER SCHIFFSNAMEN

Die Sortierung im Index erfolgt streng alphabetisch nach vollem Schiffsnamen (inklusive eventueller Titel bzw. Vornamen). Die »Reichspräsident v. Hindenburg« oder die »Adolf Vinnen« finden sich daher unter »R« bzw. »A«.

A

AACHEN 95, 97, 128, 225
ADOLF KÜHLING 173
ADOLF VINNEN 176
ALBERT BALLIN 45, 164
ALEMANNIA 196
ALLER 105, 222
ALTE LIEBE 128, 170
ALTENBURG 187
ALTONA 166, 197
ANDERNACH 193
ANNIE 150
AUE 108
AUGSBURG 83, 84, 96, 98, 135, 226
AUGUST WRIEDT 113, 182

B

BADEN 99, 175, 200
BAHRENFELD 179
BARMEN 169
BAUMWALL 160
BAYERN 99, 113, 226
BERLIN 95, 101, 105, 119, 128, 138, 157, 227
BEUTHEN 156
BIELEFELD 84, 108, 134
BISMARCK 59, 106, 107, 108
BLANKENBURG 187
BLANKENESE 180
BLUMENTHAL 91
BODENWINKEL 180
BOLLERMANN 108
BONN 47, 55f., 87, 131, 137, 140f., 145, 170, 176, 179
BORKUM 162, 193
BRANDENBURG 96, 116

BRAUNSCHWEIG 98f., 107, 124, 146, 185
BREDEBECK 172
BREMEN 23, 56, 91, 137, 144, 145, 174, 190
BREMERHAVEN 66, 91, 128, 139, 169, 174, 222
BRESLAU 96, 103, 167
BROOK 159
BRÖSEN 188
BUDAPEST 103
BUNTE KUH 181
BURG 187
BÜRGERMEISTER MÖNCKEBERG 153
BÜRGERMEISTER SMIDT 166

C

CARL J. BUSCH 58, 162
CARL OTTO KÄMPF 148, 203
CARL RÖVER 115
CARSTEN REHDER 180
CELLE 146
CHEMNITZ 109
CLAUS BOLTEN 164
COBURG 187
CREMON 160
CUXHAVEN 89, 128, 138, 156, 170

D

DANZIG 119
DARMSTADT 58, 131, 196, 204, 208, 209
DELME 108
DELMENHORST 166
DETMOLD 128
DIENSTAG 149
DIREKTOR LINCKE 154
DIREKTOR SCHWARZ 162
DITMAR KOEL 179
DONAU 29, 191
DORTMUND 43, 58, 109, 132, 207
DÖSE 161
DR. A. STRUBE 65, 66, 167
DRACHENFELS 90, 97, 100
DRESDEN 95, 109, 226

DUEREN 95
DUISBURG 40, 132
DÜSSELDORF 66, 84, 95, 128, 135, 154, 157, 225

E

ECKERNFÖRDE 211
EHRENFELS 100
EIMSBÜTTEL 157
EISENACH 112
ELBE 191, 227–229
ELBE I 163
ELBE II 153
ELBERFELD 108
ELSASS 99
EPPENDORF 157
ERFURT 108
ERLANGEN 51, 59, 104, 141
ERNST FLOHR 184
ERNST KRITZLER 156
ERNST KÜHLING 174
ERNST VON BRIESEN 174, 223
ESCHWEGE 179
ESSEN 45, 46, 89, 115, 134, 169, 223

F

FARMSEN 152
FEHMARN 211
FISCHEREIDIREKTOR LÜBBERT 157
FLENSBURG 209, 211
FORST 157
FRANKEN 119
FRANKFURT 156, 185, 206, 226
FREIBURG 182
FREIBURG I.BR. 29, 55, 76, 77, 131, 141
FRIEDA 154
FRIEDRICHSHAFEN 193
FRISIA 196
FRITH HOMANN 84
FRITZ HINCKE 176
FULDA 102, 107, 146
FÜRTH 108

G

GEESTE 105
GEESTEMÜNDE 128
GELSENKIRCHEN 190
GEORG ROBBERT 108
GERA 178
GERMANIA 196
GLEIWITZ 112
GLETTKAU 188
GLÜCKSBURG 210
GLÜCKSTADT 23, 211
GORCH FOCK 179
GOTHA 180
GOTLAND 184
GÖTTINGEN 193
GRAZ 166
GRIMM 160
GRIMMERSHÖRN 128, 170
GRÖNLAND 206
GROSS HANSDORF 152
GUIDO MÖHRING 164

H

H. HOHNHOLZ 167
HAGEN 135
HALBERSTADT 169
HALLE 43, 146
HAMME 108
HANNOVER 31, 75, 95, 109, 130f., 144, 216
HANS WRIEDT 113
HANSA 58, 181
HARVESTEHUDE 153
HARZBURG 187
HEIDELBERG 103, 131, 141
HEIDENHEIM 119
HEIKENDORF 210
HEINRICH HOHNHOLZ 227
HEINRICH JENEVELT 179
HELLBROK 155
HENRY P. NEWMAN 156
HERMANN FRIEDRICH SCHRÖDER 113
HERRLICHKEIT 160
HESSEN 158, 201
HILDESHEIM 55, 120, 129, 206
HOCHKAMP 180
HOCHSEE I 215
HOCHSEE II 215
HOF 127, 185

HOHENFELS 100
HOLSTEIN 99, 146, 210, 226
HOLTENAU 210
HUGO HOMANN 203
HUNTE 105
HUSUM 211
HÜXTER 160

I

INNSBRUCK 171, 223
ISLAND 98, 161, 205

J

J.F. SCHRÖDER 146
J.HINR. WILHELMS 203
JACOB GOLDSCHMIDT 175
JANE 181
JEVER 171
JOCHEN HOMANN 203
JOHANN HINRICH 178

K

KARL KÜHLING 174
KARLSRUHE 25, 129
KÄRNTEN 180
KARPFANGER 181
KASSEL 85, 125, 143, 181, 206
KATTREPEL 160
KEHDINGEN 147
KERSTEN MILES 178
KIEL 31, 58f., 61, 105, 144, 209-211, 216-218
KIRCHWÄRDER 37, 38
KOBLENZ 55, 84, 113, 129, 133, 203
KÖLN 23, 48f., 58, 75, 82, 95, 105, 119, 190, 196, 216
KONSTANZ 130, 190
KONSUL DUBBERS 174
KONSUL REEPEN 171
KUGELBAKE 128
KURMARK 119, 199

L

LABOE 210
LAUENBURG 187
LEHE 91, 128

LEIPZIG 43, 96, 109
LESUM 105, 107, 207
LICHTENFELS 100
LINZ 167
LÖRRACH 193
LÜBECK 173, 209, 210
LUNE 105
LÜNEBURG 119
LÜTZOW 108

M

MAGDEBURG 43, 96, 156
MAINZ 47, 49, 59, 95, 144, 175, 190, 216, 223
MALANGEN 207
MANNHEIM 95, 105, 124, 128, 225
MARBURG 41, 56, 96, 107, 141, 186, 187
MARIE 181
MARIENBURG 187
MARK BRANDENBURG 199
MARTIN DONANDT 167
MASUREN 119
MAX KOCHEN 153
MAX M. WARBURG 85, 119, 152
MECHTHILD 203
MECKLENBURG 99, 119, 222
MEERSBURG 187
MEISSEN 99
MEMEL 118
MINDEN 22, 23, 59, 135
MINISTER JANSEN 95, 97, 225
MOLTKE 106, 107, 108
MÖNCHENGLADBACH 194
MONTAG 149
MOSEL 103
MÜHLHAUSEN 184
MÜNCHEN 23, 83, 90, 95-97, 107, 145, 151, 157, 165, 227, 234
MÜNSTER 66, 126

N

NASSAU 152
NECKAR 97, 98, 103
NEUFÄHR 178
NEUFUNDLAND 161
NEUMÜHLEN 178
NEUWERK 153
NIEDERSACHSEN 128, 157, 214

231

NIENSTEDTEN 181
NIXE 149
NORDENHAM 22f., 124, 126, 135, 166, 168f.
NORDERNEY 193
NORDLAND 161
NORDSEE 214
NORDSEE I 83, 215
NORDSEE II 215
NORDSEE III 215
NORDSEE IV 215
NORDSEE V 215
NÜRNBERG 17, 33f., 60, 65, 106, 119f., 130, 132
NYMPHE 149

O
OCHTUM 105
ODENWALD 122f.
OFFENBACH 169
OLDENBURG 118
OSNABRÜCK 129
ÖSTERREICH 119, 142f., 180
OSTFRIESLAND 119
OSTMARK 116
OSTPREUSSEN 118, 223
OTHMARSCHEN 179, 197
OTTENSEN 180
OTTO FLOHR 184
OTTO KROGMANN 164
OTTO KÜHLING 182

P
PASSAU 130, 190
PAUL KÜHLING 176
PEINE 184
PICKHUBEN 124, 159
PLAUEN 146
POMMERN 118
POSEN 125
PRÄSIDENT MUTZENBECHER 167
PRÄSIDENT ROSE 108
PRÄSIDENT VON MÜHLENFELS 95
PREUSSEN 97, 99, 113
PRIMUS 150, 225

R
R. WALTER DARRE 115
RASTEDE 176
REGENSBURG 46, 47, 55, 134, 187
REICHENBACH 166
REICHSPRÄSIDENT V. HINDENBURG 175
REMSCHEID 163
RENDSBURG 23
RESIE 150
RHEIDERLAND 146
RHEIN 102
RHEINFELS 100, 107
RICHARD C. KROGMANN 164
RICHARD OHLROGGE 164
RITZEBÜTTEL 156, 162
ROON 106
ROSEMARIE 172
ROTHENBURG 187
ROTHERBAUM 158

S
SAALE 103
SAAR 201
SAARBRÜCKEN 23, 34f., 45, 134, 203, 216
SACHSEN 43, 99, 133, 146, 222
SACHSENWALD 122
SALZBURG 171
SATURN 150
SAXONIA 63, 196
SCHIEWENHORST 179
SCHILL 108, 226
SCHLESIEN 58, 118
SCHLESWIG 99, 107, 210
SCHLESWIG-HOLSTEIN 196
SCHÖNEBECK 91
SCHÖNFELS 100
SCHOPENSTEHL 159
SCHWABEN 119
SCHWARZENBURG 187
SENATOR BRANDT 155
SENATOR HEIDMANN 161
SENATOR HOLTHUSEN 108
SENATOR LATTMANN 152
SENATOR MICHAHELLES 161
SENATOR MUMSSEN 155
SENATOR OSWALD 159
SENATOR PREDÖHL 158
SENATOR REFARDT 163
SENATOR SACHSE 158
SENATOR SANDER 157
SENATOR SCHAEFER 163
SENATOR SCHRAMM 152
SENATOR SCHRÖDER 108
SENATOR STHAMER 158
SENATOR STRANDES 162
SENATOR STUBBE 157
SENATOR V. BERENBERG-GOSSLER 153
SENATOR VON MELLE 159
SENATOR WESTPHAL 161
SEYDLITZ 108
SIMON VON UTRECHT 178
SONNTAG 149
SPEYER 126
SPITZBERGEN 133, 205
ST. PAULI 155
STADE 128
STANDARD 33, 213, 222
STECKELHÖRN 160
STEEGEN 181
STEIERMARK 121
STEINWÄRDER 162
STETTIN 182
STRASSBURG 96, 107
STUBBENHUK 159
STUTTGART 38, 39, 66, 95, 144, 175, 184
STUTTHOF 181

T
TANNENBERG 81, 118
TEUTONIA 136, 196
THORN 180
THÜRINGEN 58, 116, 133, 200
TIROL 121
TÜBINGEN 23, 41, 55, 56, 75, 131, 141

U
UHLENHORST 158, 227
ULM 193
UNION 213
URANUS 150

V
VEGESACK 91, 167
VOLKSDORF 163
VOLKSWOHL 147

W

WANDRAHM 159
WEISSENFELS 72, 98, 112, 137, 223
WERRA 102, 105
WESEL 76, 128, 222
WESER 167
WESERMÜNDE 166
WESTFALEN 118, 200
WESTPREUSSEN 125
WIEN 96, 108, 121
WIESBADEN 95, 144, 182, 216, 217, 225
WILHELM HUTH 182
WITTEN 23, 129
WOLFSBURG 194
WULSDORF 91, 128, 166
WUMME 108
WUPPERTAL 45, 132, 164, 182
WÜRTTEMBERG 99, 113, 200
WÜRZBURG 23, 59, 96, 108, 135, 222

Y

YORCK 108

Z

ZEPHYROS 197
ZWICKAU 154

LITERATUR

100 Jahre Frische: NORDSEE Bremerhaven 1996

Bundesministerium für Ernährung, Landwirtschaft und Forsten: Fischereischutzboote und Fischereiforschungsschiffe der Bundesrepublik Deutschland, Hamburg 1982

Dierks, August: Männer – Trawler – Meere, Bremen 1961

Dierks, August: Hat die Seefischerei eine Zukunft?, Bremerhaven 1966

Keune, H.A.: Männer am Netz, Teil 1, Berlin 1939

Logbuch – 75 Jahre NORDSEE, Bremerhaven 1971

Mohr, A.: Fischfang tut not, Leipzig 1928

Müller-Waldeck: 40 Jahre NORDSEE, Bremen 1936

Petersen, Claus: 100 Jahre Fischereihafen Bremerhaven, Bremerhaven 1996

Rohdenburg, Günther: Hochseefischerei an der Unterweser, Bremen 1975

Seeberufsgenossenschaft: Ehrenmal Deutscher Seeleute, Hamburg 1939

Seeberufsgenossenschaft: Jahresberichte Seeberufsgenossenschaft, Hamburg

Walter, W.: Schiffsregister NORDSEE-Schiffe, Bremen 1998

Wöbbeking, G.: Unilever in Deutschland, Hamburg 1998

BILDQUELLEN

Sofern bei den Bildern nicht anders angegeben, stammen alle Abbildungen aus den ehemaligen Beständen der NORDSEE-Reederei. Diese hat einen erheblichen Teil ihres Archivs dem Deutschen Schiffahrtsmuseum Bremerhaven übergeben, wo die Sammlung unter der Bezeichnung »Nordsee-Archiv« geführt wird. Abbildungen aus diesen Beständen tragen in diesem Band die Quellenangabe DSM.

Abbildungen, die aus dem noch beim Unternehmen geführten Archiv stammen, haben als Quellenangabe »NORDSEE-Archiv«.

Bücher für Seebären

Peter Kuckuk (Hrsg.)
Unterweserwerften in der Nachkriegszeit
Von der »Stunde Null« zum »Wirtschaftswunder«

208 S., 50 Abb., Pb.
24.90 DM

Hermann Banser u.a. (Hrsg.)
Heringsfänger
aus Schaumburg-Lippe und dem Gebiet der Mittelweser

192 S., 100 Abb., geb.
48.– DM

H. Gerstenberger (Hrsg.)
Von Land zu Land
Aus der Geschichte Bremischer Seefahrt

224 S., 40 Abb., Pb.
19.80 DM

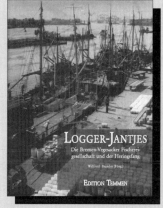

Wilfried Brandes (Hrsg.)
Logger-Jantjes
Die Bremen-Vegesacker Fischerei-Gesellschaft und der Heringsfang

280 S., 280 Abb., geb.
48.– DM

 Fordern Sie unseren Gesamtprospekt an!

Edition Temmen Bremen – Hohenlohestr. 21 – 28209 Bremen – Tel. 0421/34843-0
 Fax 0421/348094